노을 치마 펼치고

노을 치마 펼치고

2025년 7월 31일 초판 1쇄 인쇄 발행

지 은 이 | 손영종
펴 낸 이 | 박종래
펴 낸 곳 | 도서출판 명성서림

등록번호 | 301-2014-013
주　　소 | 04625 서울시 중구 필동로 6 (2, 3층)
대표전화 | 02)2277-2800
팩　　스 | 02)2277-8945
이 메 일 | msprint8944@naver.com

값 12,000원
ISBN 979-11-7439-019-6

이 책은 한국예술인복지재단의 2025년도 창작지원금으로 발간 제작되었습니다

※ 본 책의 구성 및 맞춤법, 띄어쓰기는 작가의 의도에 따랐습니다.
※ 이 책의 저작권은 저자와 도서출판 명성서림에 있습니다.
※ 이 책 내용의 일부 또는 전부를 재사용하려면
　 반드시 저자와 도서출판 명성서림의 동의를 얻어야 합니다.
※ 무단 전재 및 복제를 금합니다.
※ 파본은 바꾸어 드립니다.

손영종 수필집

노을 치마 펼치고

도서출판 명성서림

머리글

― 당신이 떠난 뒤, 나는 글을 쓰기 시작했다

당신이 떠난 지 이제 겨우 두어 계절.
겨우 몇 번의 비가 내렸고,
몇 번의 꽃이 피었다 져 갔습니다.
하지만 제 시간은 아직 그날에 멈춰 있습니다.

오늘도 그렇게 혼자 공원에 앉았습니다.
햇볕은 좋았고, 나무들은 한가했습니다.
문득 고개를 들었더니 노랗게 익은 살구가 가지 끝에
송글송글 매달려 있었습니다.
참 곱다 싶었습니다.
가만히 보고 있자니 마치 당신을 보는 것 같았습니다.
팔순의 나이에 이제야 당신이 살아온 날들이 저 살구처럼 차곡차곡 익어 있다는 걸

우린 젊었을 땐 빨리빨리 살아왔죠.
무엇을 하든 진실하게 남에게 불편하지 않게 남을 도우며 왔다는 사실입니다.

하지만 지금은 그냥, 익은 살구 하나 바라보는 이 순간이
이렇게 미안한 걸 이제야 말합니다.

이 글은 처음부터 책을 낼 생각은 없었습니다.
그저 견디기 위해 혼잣말처럼 적어 내려간 문장들,
그리움의 조각들을 하나씩 꺼내놓는 작업이었습니다.
하지만 문득 깨달았습니다.
이 글들이 단지 슬픔을 기록하는 것이 아니라, 당신과 함께한 시간, 그리고 당신이 없는 삶을 살아가는 저를 조용히 안아 주는 위로가 되고 있음을요.

이 책은 그래서 어떤 의미에서는 '당신에게 보내는 편지'이고, 또 다른 의미에서는 '저를 잃지 않기 위한 기록'입니다.
당신의 죽음은 끝이 아니었습니다.
당신 없이 살아내는 하루하루가, 진짜 시작이었는지도 모릅니다. 이 글을 읽는 당신도 혹시 누군가를 떠나보낸 사람이라면, 이 글이 조금이나마 당신의 밤을 덜 외롭게 해 주기를 바랍니다.

그녀가 그러했듯,
조용히, 따뜻하게.

다리목 공원에서
해송

차례

4 머리글

제1부 밤과 낮 사이

14 밤과 낮 사이
16 따가운 햇살 아래
18 부용산을 물끄러미 바라보면 그 옛 생각나
21 기다림의 값
23 마지막 밤 당신을 부르며
25 땀은 나의 문장이다
27 잘 익은 살구 하나
30 감자, 그 따뜻한 둥근 마음
32 봄, 숲과의 인연
34 여름날, 무지랭이 숲으로
38 이별을 준비하는 가을 숲
41 숲은 아무 말 없이 나를 기다렸다
43 나는 여전히 숲을 향해 걷는다

제2부 진기 명기 소나무들

46 _____ 도정산 산행

49 _____ 고룡이와 미룡이를 찾아 감악산으로

53 _____ 잘 가게나 똑똑 친구

56 _____ 오랜만의 홀로 산행

58 _____ 주관적 분위기로 돌진하는 말

61 _____ 푸르른 물 위에 뜬 남이섬

64 _____ 진기명기 소나무들

69 _____ 수업을 마치고 둘레길을

75 _____ 봄인 듯 천보산으로

78 _____ 인생을 살며 옷은 어떻게 만들어졌나

81 _____ 인생은 실수의 시작이고 끝이다

84 _____ 마음이 무거울 땐 산을

87 _____ 말년에 엮인 친구들

90 _____ 수련처럼 핀 꽃

92 _____ 현실의 극복은

95 _____ 설날은 소금산(343m)에서

제3부 아쉬움 남긴 그대

100____고통을 이기려다 쏟아진 눈물
103____아름다웠던 그 몸은
105____119를 불러 병원으로
108____얼굴에 기쁨이 솟아나기를 원하지만
110____일주일 되던 17일 새벽
114____삼일장을 치르던 그날
117____아내를 보내고 처음 나들이
121____아내 떠나보낸 열흘이 되는 날
124____아이들의 오고 간 이야기 토요일은 쓸쓸하다
128____11월 일자리와 수요일
131____시간이 갈수록 마음은 먹구름
134____세월은
137____무엇을 위해 한 해를 넘기나!
139____수필 부분 신인상 받는 날
142____메디컬 케어 봉사활동
147____어떻게 생각하고 어떻게 지내야 되나

제4부 잊으려고 하지만

- 152   도드람산 자락 생일날
- 155   부용산 버섯과 나무와 잎새들 친구
- 159   어젯밤 큰손녀의 문자?
- 162   지금 가고 있는 길은
- 166   딸아이의 생일
- 169   내가 살던 고향 땅
- 174   들꽃놀이 둘레길의 봄 첫날
- 176   봄꽃놀이 둘레길 무지랭이골
- 181   여름날처럼 익어 가는 회룡골
- 187   들꽃 산책 응암산 무봉2리
- 190   은방울꽃이 마중 나온 무지랭이골
- 195   오전 내내 우울한 시간 보내다
- 200   문예창작반에 시기 삼아 청강생
- 202   세상과 더불어 왜 어지러운가

제5부 오뚜기 훈련

206 ____ 나그넷길에 멈춰 선 단풍잎
208 ____ 장마가 끝난 원두막의 칼럼
212 ____ 개미처럼 살라
215 ____ 오늘 이 모습 이대로
219 ____ 내일이면 아내 떠난 지 꼭 한 달 코다리찜
222 ____ 김치찌개에 눈물 밥
226 ____ 가을 보내는 날의 마음
229 ____ 12월 12일은 56일째 날이다
232 ____ 벌써 두 달이 되는 날이다
234 ____ 절뚝거리며 들어온 딸아이
237 ____ 해가 열리고 다짐하는 자신
241 ____ 우울증인가 보건소를 찾는 발걸음
244 ____ 자신이 이렇게도 허약할까
246 ____ 나 홀로 노인 요리훈련
249 ____ 나의 하루 일과를 살펴본다
252 ____ 도드람산 기슭의 우리 님을 찾아

제6부 기다림의 날들

- 256 ___ 삶의 넋은 마음이 아프다
- 260 ___ 국경일엔 무엇을 주고 남겼는지 부끄럽다
- 263 ___ 선배시민 **宣培特民**으로서 **自願奉仕**
- 266 ___ 오랜만의 다정다감한 웃음
- 269 ___ '한국문학' 문학대상 받던 날
- 272 ___ 4월의 세째 주 수요일
- 277 ___ 도드람산 기슭의 에덴 파라다이스
- 281 ___ 4월도 마지막 가는 주일
- 285 ___ 지나온 꿈같은 시간들
- 288 ___ 어제와 오늘의 모습을 보면 아직도?
- 292 ___ 어제의 나는 어디로 갔을까
- 295 ___ 12월의 둘째 주 토요일이다
- 298 ___ 한 해도 8일 남겨 둔 23일
- 302 ___ 설 연휴 2월 10일
- 305 ___ 아침 고요 수목원으로 가는 노병들
- 309 ___ 아메리카노로 마음 열고

제1부

밤과 낮 사이

밤과 낮 사이

밤과 낮 사이에 당신이 있습니다

어둠이 내리면 당신을 생각합니다
새벽이 오면 또
당신의 빈 자리를 안고 일어납니다
밤과 낮 그 사이를 건너는 동안
나는 당신에게 매일 편지를 씁니다

이 글들은 한 사람의 남편이
홀로 남은 시간 속에서
사랑을 되새기고
그리움에 몸을 기대고
용서를 구하는 마음으로 써 내려간 기록입니다

나는 늘 늦었습니다
당신이 기도해달라고 손을 내밀던 그날
나는 울기만 했습니다.
이제라도 기도하듯 글을 씁니다
당신께 받은 사랑을 받은 생을
조심스레 펼쳐 보입니다

아내였던 당신에게 드리는
늦은 고백이자 긴 작별입니다
그러나 아직 이별이라 말하지 못하겠습니다
당신은 여전히 나의 밤이자 나의 낮이기 때문입니다.

2025년 6월 어느 날

따가운 햇살 아래

따가운 햇살이
이마를 내려치면
숨죽였던 땀이
한 줄기 물길 되어 흐른다

이 무더위 속에서도
무지랭이들
참았던 말처럼
천천히 흘러내리는 땀방울 하나

세상 시끄러워도
그건 내 몸의 고백
잠시 손수건 대신
바람 한 점이면 좋겠다

한 점 잎은 팔랑이다
떨어지는 이파리는
내 이마를 닦아준다
손수건인 것처럼....

다리목 공원에 앉아서

부용산을 물끄러미 바라보면 그 옛 생각나

아내가 없는 날이다. 무더위가 한 참 기승을 부리던 정오의 시간이다.
 베란다에서 바라본 부용산, 그녀와 오르던 그때의 생각이 온통 내 마음을 도배질하고 있다. 그러니 외면할 수는 없고 주섬주섬 채비를 한다. 준비랄 게 뭐 있겠나만은 그래도 입에 넣을 커피와 빵 한 조각, 그리고서는 오전 시간을 이용하여 오른다.

그래도 능선을 타니 등골엔 땀방울이 송글송글 맺혀 간다.
 아내완 주 한 차례씩은 등반을 했다. 싱그러운 풀잎의 향기와 낙엽 쌓인 땅의 지열은 코끝을 상큼 찌른다. 망루에 도착하니 그 옛날 개암나무가 무성하다. 한 잎을 들추니 입을 뾰족이 열고는 발랄한 청춘의 20대인 양 수줍은 듯 낯을 가린다. 아직은 속이 차지 않아 보여 만저 보고만 섰다.

그녀는 강원 이북 출신이라 개암을 몰랐다.
 처음 개암을 먹던 날 고소하다면 몇 개를 먹은 것 같다. 이후 주 한 번은 산을 오른 셈이다.
 개암이 익을 무렵이면 나뭇가지 틈에 앙증맞게 숨은 열매들이 모습을 드러낼 그날도 마침 개암 몇 알을 주웠다. 나는 조심스레 껍질을 까 하나 건넸다. "고소하지?"라며 웃자, 그녀는 고개를 끄덕이며 미소 지었다. 그 후로 그녀는 내가 집에 돌아오기를 기다렸다.

함께 산에 오르기 위해 개암이 우리를 기다려 주는 줄 알았다. 그녀도 그랬으리라 믿어진다.

무뚝뚝한 경상도 머스마처럼 말은 없어도 맛을 느끼는 눈빛은 숨길 수 없었다.

그 순간의 따뜻함, 그 맛의 여운은 지금도 그녀는 하늘나라에서 그 맛을 기억하고 있을까.

그저 멀찍이 선 나 자신을 본다. 그녀의 얼굴이면 말 한마디 떠오른 것들이 눈시울을 그저 두지를 않는다.

우린 망루에서 펼쳐보이는 수락산이며 그 아래 옹기종기 모여든 집들을 바라보면 신혼 때, 저렇게 집들이 없었는데….

언제가 모여든 시가지를 바라보면 하산을 한다. 중턱에 큼직한 두꺼비 한 마리 엉금엉금 비탈을 타고 있다. 개구리가 뭐 이렇게 생겼느냐고 한다. 그래. 어찌 당신이 두꺼비를 알겠는가!

"개구리가 왜 이렇게 못 생겼노."라고 웃으며 말을 한다.

"그건 개구리가 아니라, 뚜꺼비라예."라고는 한마디 더 덧붙였습니다.

"근데 왜 산에 있지? 들에나 있어야 하는 놈 아니야"

그 말이 끝나자마자,

또 다른 이야기를 들려주었습니다.

제1부 밤과 낮 사이 19

"두꺼비는 새끼를 만들기 위해 자기 몸을 뱀에게 약을 올리다 뱀에게 잡아 먹혀야 되는 거야"
"그래서 그놈 산을 오르는 기다. 뱀을 찾으러."

그 말에 아내는 잠시 멈춰 섰습니다.
두꺼비가 그렇게 느릿느릿 오르는 까닭이 자기 살을 내어주기 위해서라니….
이 얼마나 처연하고 기막힌 순환인지….
아무도 알아주지 않아도, 자신의 존재를 이어가기 위해 몸을 내어주는 생명. 그 고요한 희생이 그날따라 산바람보다 더 선명히 아내의 마음을 흔들었습니다.

들꽃도 몰랐다.
두꺼비가 산을 오른 이유
생을 이어준 건
외로운 한번의 헌신이었다.

기다림의 값

마로니에 공원
싱글이라며 그리로 나오라고 한 그녀
무더운 오후 벤치에 앉아 기다렸다
기다림은 때때로 설렘이지만
그날은 덥고 목마른 약간의 희망 섞인 고역이었다

해는 기울고 내 인내도 기울 즈음
뒤에서 누군가 내 이름을 불렀다
소리에 귀가 번쩍 마음도 반쯤 일어섰다

돌아보니
그녀는 옆에 남자를 하나 달고 있었다

이게 뭔가 싶어
애써 태연한 얼굴로 한마디 툭 던졌다
"기다리는 걸손, 못생겼으면
여름에도 이렇게 처져 살기보단

차라리 죽는 게 낫겠네."

그녀가 웃지도 않고 말했다
"불쌍해서 나왔더니…"

웃음이 났다
쓰디쓴 웃음
내가 왜 이 더운 날
불쌍하다는 이유로 위로 받고 싶어 했을까

사랑도 기대도
결국은 남의 일
그날 이후 난 기다림의 값을 조금 덜 지불하기로 했다
특히 옆자리가 빈 사람들만 상대하자고

마지막 밤 당신을 부르며

당신이 떠난 밤
나는 병실 창밖을 향해 기도 아닌 기도를 했습니다
하나님을 원망하며 당신을 살려달라 애원하며
내가 대신 갈 수 있다면 가겠다고
이 나이에도 어리광 같은 절규를 올렸습니다

그 짧은 순간
당신은 내 목을 껴안고 기도해 달라 했지요
나는 기도할 줄 몰라
당신의 손을 쥔 채 울기만 했습니다

그날 이후 나는
모든 밤이 당신의 이름으로 시작되고
모든 낮이 당신의 부재로 채워집니다

당신을 이천 에덴공원 물 위에 뿌렸지만
나는 아직도
당신의 숨결이 창문 틈으로 들어올까
불을 끄지 못하고 있습니다

오늘도 혼잣말을 합니다
'잘 지내고 있지요?
그곳에도 낮과 밤이 있나요?'
나는 여전히 여기서
당신을 기다립니다.

땀은 나의 문장이다

여름 햇살은 참 솔직하다
비켜 가지도, 물러서지도 않는 햇살
정오는 더욱 옷깃을 적시니 걷는 일은 삼가고
시원한 에어컨을 찾지만 여유롭지 않으니
이마를 찌르고 목덜미를 뜨겁게 태우고
마침내 등을 타고 흘러내리는 땀으로 말한다

나무 몇 그루 선 다리목 공원의 벤치에 앉았다
등 뒤로 내리꽂히는 햇살은
그늘 한 자락 없이 나를 통째로 끌어안았다
마른 입술을 훔치고 이마를 닦아낸다
그러고 보면 올해 들어 참 오랜만에
이렇게 흘리는 땀을 닦기는 처음인 것 같다

어릴 적엔 땀이 일상이었다
굴렁쇠로 논두렁을 달리고 골목을 뛰놀며 손등이며 발등까지
온통 땀으로 범벅이던 시절이 생각난다

어머니는 우물가에 세워놓고는
그런 내 등을 쓱 닦아주며 하시는 말씀이
"이래야 사람이 산다"라고 웃곤 하셨다
그 말이 여름 햇살보다 따뜻했다
잠시 잠깐의 땀은 어머니 얼굴 보노라 잊고 있었다

이제는 한 줄기 땀에도 숨이 차다
그래도 이 더위 속에서 흘리는 땀방울이 왠지 반갑다
어디선가 살아 있다는 신호 같고
묵은 마음 한 칸을 씻어내는 기분이랄까
그렇게 저렇게 살아 온 지가 팔십 년이다

따가운 햇살 아래
나는 여름을 다시 만난다
그 속에서 땀은 나의 문장이 된다
거짓 없고 꾸밈도 없는 솔직한 오늘의 고백처럼
이렇게 글을 쓰며 또 하루를 즐긴다.

잘 익은 살구 하나

지금 나는 싱글이다
23년 10월 17일 아침 5시부터 누군가와 함께 살지 않고
혼자 산다 외롭기는 하지만
그렇다고 전부 외로운 것만은 아니다
혼자의 시간 속에는
그 젊을 때를 생각하면 잔잔한 글쓰기를 취미 삼아
한 자씩 쓰노라면 흐르는 시간이 마르지 않고
새록새록 자라 오른 이야기들은 누구도 방해하지 않는 평화가 온다
다만 마음속 이야기를 건넬 사람이 간절할 때가 있다

오늘도 그렇게 혼자 공원에 앉았다
햇볕은 좋았고
나뭇잎들은 한가로이 춤을 추면 다가온다
문득 고개를 들었더니
노랗게 익은 살구가 가지 끝에 송글송글 매달려 있었다
노오란 얼굴에 붉은 점들이 부산 대구 안양
의정부에서 삶에 고향인 것처럼 주저앉아 그대를 보내었다.

보낸 그대의 얼굴처럼 참 곱다 싶었다
가만히 보고 있자니 마치 그녀를 보는 것 같았다.

한 시절을 지나
이렇게 익어가는 중이구나 하고 또 자신을 돌아보니
백발이라도 머리카락이라도 있었으며 하고
팔순은 젊었을 땐 빨리 살고 싶었다는 생각 가운데
그대와 난 무엇을 하든 의미를 찾고
흔적을 남기고 싶었다
하지만 지금은 그냥
익은 살구 하나 바라보는 이 순간이 좋다
그저 존재하는 것만으로도 의미가 된다는 걸
그러나 떠나보내고서 이제야 배운다

지금도 익어가는 중이다
말갛게 조용히 팔순의 하루가 살구처럼 햇볕 아래 물들고 있다
나 이제 이르러서야 알겠다
살아온 날들이 어떤 열매처럼 차곡차곡 익어 있다는 걸

젊었을 땐 빨리 살아가고 싶었다
무엇을 하든 의미를 찾고 흔적을 남기고 싶었다
하지만 지금은 그냥 익은 살구 하나 바라보는 이 순간이 좋다
그저 존재하는 것만으로도 의미가 된다는 걸 이제야 배운다

오늘도 익어가는 중이라고 말갛게 조용히 부르짖지만
그녀는 말이 없고 잘 익은 살구 하나 내 앞에 뚝 떨어진다

이렇게 팔순의 하루가
살구처럼 햇볕 아래 물들고 있다.

감자, 그 따뜻한 둥근 마음

흙 속에서
말없이 자라난 너는
햇살 한 줌 몰라도
온기를 품고 있었다

비바람 몰아쳐도
흙이 안아주었고
너는 그 안에서
천천히
천천히 속을 채워갔다

칼끝에 베일 때
눈물 한 줄기 흘리지 않고
속살을 내어주는 너
그 조용한 희생 앞에서
나는
잠시 말을 잃는다

삶아지면
포근한 숨결이 피어나고
구운 뒤엔
조금은 투박한 위로가 된다

어머니 손에서
식탁 위로
그리고
내 마음속 깊은 곳으로
네가 와 있었다

감자 하나에
그리움이 있다
한 그릇의 따뜻함이
이 세상의 전부처럼 느껴질 때가 있다.
....

봄, 숲과의 인연

생명이 지구를 흔드는 힘으로 우리 앞에 다가오는 계절이 있다.
꽃들이 피어나고, 햇살이 따뜻해진다. 그 중에서도 숲은 가장 먼저 가장 조용하게
나를 향해 말을 걸어온다.
겨우내 굳었던 땅이 물을 품고, 나무의 가지가 부풀어 오를 즈음이다.
나는 오래된 운동화를 꺼내 신고 숲길을 향해 걷기 시작했다.
그 길 위에서 마주한 첫 번째 봄의 언어는 진달래 핀 언덕이었다.

꽃잎 하나, 둘
바람에 흔들리는 그 모습이 어쩌면 이렇게도 다정할 수 있을까.
마치 내 이름을 알고 있는 듯, 내가 지나가기를 기다리고 있었던 것처럼
꽃은 환히 웃으며 말했다. 그녀의 맑은 목소리이다.
"올 걸 알았어."
숲은 말이 없지만, 그날은 예외였다.
산수유의 노란 점들, 노루귀의 자그마한 몸짓, 먹으면 미친다는 미치광이 풀,

그리고 한쪽 바위틈에 고개를 내민 제비꽃들까지
모두가 봄을 증언하고 있었다.

나는 조용히 숲길에 주저앉아 작은 흙 냄새를 맡았다.
겨울을 견디느라 잊고 있었던 향기였다.
어디선가 들려오는 딱따구리의 '툭툭' 소리마저 반가운 인사처럼 들렸다.
그날 이후 나는 봄의 숲을 자주 찾았다.
누군가와 정을 붙여 가듯, 숲과도 자주 만나야 인연이 깊어진다는 걸 알게 되었다.
그리고, 매일 조금씩 달라지는 숲을 보며 나도 조금씩 달라졌다.
누구를 용서하게 되었고, 누군가를 떠올릴 수 있게 되었다.
내 안의 오래된 겨울이 조금씩 녹아내렸다.

봄 숲은 화려하지는 않지만, 그러나 숨겨진 생명력은 누구보다 강하다.
지구의 가장 깊은 곳에서부터 피어오르는 듯한 그 힘은 언제 왔는지 조용히, 그러나 분명히 나에게 말을 건다.
'살아내자. 다시 피어나자.'
그 말이 듣고 싶을 때, 나는 또다시 숲을 향해 걸어간다.
내가 도착하기도 전에 이미 숲은 거기 서서 기다리고 있다.
……

여름날, 무지랭이 숲으로

한여름이었다.
볕이 너무 따가워 나무 그늘이 간절하던 날.
햇빛에 반짝이는 아스팔트는 오븐 속 같았고,
바람마저 숨을 죽인 듯 조용했다.
나는 아무 생각 없이 동네 뒷산에 있는 작은 숲길로 들어섰다.
시원한 바람 한 줄기쯤 만날 수 있지 않을까 하는 마음이었지만
그날 나는 뜻밖의 친구를 만나게 되었다.

그 숲은 오래된 동네만큼이나 소박했다.
이름 없는 오솔길, 사람 몇이 다녀간 흔적뿐인 흙길, 그리고 가지를 마음껏 뻗은
느티나무 한 그루가 있었다. 마치 누군가를 오래 기다리기라도 한 듯
그 나무는 그늘을 넓게 펼쳐 놓고 조용히 서 있었다.
나는 그 그늘 아래 앉았다. 마침 버려진 나무 의자 하나가 나무 옆에
놓여 있었다.
앉자마자 '탁' 하고 어딘가에서 나뭇잎 하나가 내 무릎 위로 떨어졌다.
마치 인사라도 건네는 듯한 그 작은 우연에 나는 혼자 웃음이 났다.

'네가 먼저 인사하는 거니?'

소리 내지 않고 속으로 말을 건넸다.

그 순간, 어디선가 바람이 살짝 불어왔다. 나뭇잎들이 사르르 흔들렸고,

나무는 조용히, 그러나 분명히 대답했다.

'그래, 기다렸지.'

그날 이후 나는 가끔 그 나무를 찾아갔다. 아침이건 오후이건,
비 오는 날이면 우산을 쓰고서라도.

말없이 앉아 있다가, 들꽃 몇 송이 이름을 외우고,

지나가는 다람쥐를 눈으로 좇고,

바람의 냄새가 바뀌는 순간을 알아차리는 것만으로도 마음이 채워졌다.

나무에게 이름도 지어주었다. '소슬이'라고

바람처럼, 그늘처럼, 소슬한 위로를 주는 나무라고 해서 지었다.

소슬이와 나 사이엔 말이 없었다. 하지만 마음을 나누는 데 꼭 말이 필요한 건 아니었다.

그저 곁에 있다는 것만으로도, 내 안에 작게 소란스러웠던 것들이 가라앉고,

무겁던 생각들이 초록빛으로 물들었다.

여름의 숲은 시끄럽다.

매미는 쉼 없이 울고, 나무들은 서로를 향해 숨을 쉬며 이야기하고,

햇살은 나뭇잎 사이로

뚝뚝 떨어진다. 그런 와중에도 그 안에 앉아 있으면 오히려 고요하다. 자연의 소란 속엔

사람을 위한 고요가 있다.

때로는 나무 아래에서 도시락을 먹기도 했다. 한 입 먹고 하늘 한번 올려다보고,

도시락 위로 나풀거리는 벌 한 마리에게 작은 감도 나눠주고.

소슬이 그늘 아래서 먹는 밥은 어쩐지 더 천천히 씹히고 더 고소했다. 그건 음식 맛이 아니라 마음의 맛이었을 것이다.

누군가는 숲에 들어가 피톤치드를 맡고 건강을 챙긴다고 말하지만, 나는 그보다 더 귀한

것을 얻는다. 그건 방황하는 마음의 숨통을 조이기 위함이다. 세상 속에서 지치고 닳은

마음이 숲에서 아주 작게, 그러나 진하게 숨을 쉬게 된다.

어느 날은 이런 생각도 들었다.

'소슬이는 내가 오지 않는 날 외롭진 않을까?'

그래서 하루라도 가지 않으면 미안한 마음이 들었다. 그렇게 여름날,

나와 숲은 천천히 인연을 쌓았다. 이름을 부르진 않아도 서로를 기억하는 사이.

소란하지 않게, 그러나 꾸준히 곁에 있는 사이. 이제 여름이 오면, 나는 먼저 숲을 떠올린다.

그건 나무와의 약속 때문이기도 하고, 내 안의 고요를 다시 찾아가는

길이기도 하다.

   숲은 말이 없다. 하지만 나를 잊지 않는다. 그래서 나는 여름마다 그곳으로 간다.

   내 마음 한 조각을 나무 그늘 아래 놓고 오기 위해.

이별을 준비하는 가을 숲

낙엽처럼 가버린 그 님은 잎들이 물들어간다고 하자 떠났으니…
가을이 오는 일이 이별처럼 느껴진 건 그때부터였다.

숲은 조용히 물들기 시작했다.
처음엔 몇몇 잎에만 연한 붉은 기운이 돌았다. 어디선가 바람이 서늘하게 불고,
그 잎들은 바람에 몸을 맡기며 마치 속삭이듯 말했다.
'이제 곧 헤어질 시간이야.'
나는 그 말이 싫었다. 이별을 준비하라는 말이 싫었다. 그래서 더 자주 숲을 찾았다.
빨간 잎, 노란 잎, 아직도 초록빛을 품은 잎들을 눈에 담고 또 담았다.
소슬이, 여름날 나와 함께해 준 그 나무는 이제 잎을 떨어뜨릴 준비를 하고 있었다.
바람이 불 때마다 잎은 하나, 둘 천천히 바닥으로 내려앉았다.
그 모습이 꼭, '잘 가.' 하고 인사하는 것 같았다. 나는 말없이 잎을 주워 모았다.
가랑잎 하나에도 마음이 묻어날까 소중히, 조심스레 쥐었다.

이별은 그렇게 말없이 다가와 손에 가벼운 무게로 남는다.
그날은 숲이 특별히 조용했다.
매미 소리 대신 참새들의 재잘거림, 초록 이파리 대신 낙엽이 발끝에 밟히는 소리.
그 소리들이 하나하나 마치 오래된 기억을 흔드는 듯했다. 나는 그 님을 생각했다.
함께 숲길을 걸었던 날, 나뭇잎 위에 앉은 물방울을 같이 바라보던 시간들.
이젠 그 모든 것이 잎처럼 바람에 실려 흩어졌다.

그 님은 왜 그랬을까.
잎이 물들기 시작하자 떠났다. 아름다워질 시간에 작별을 고했다.
마치 더 깊은 아픔을 주지 않기 위해 일찍 떠난 것처럼.
그러나 남은 나는, 그 아름다움 속에서 매번 그 님을 떠올린다.
붉은 잎 하나에도, 서늘한 바람에도, 그림자처럼 따라붙는 그리움.
가을의 숲은 화려하다.
그러나 그 화려함은 이별을 감춘 겸손한 위장 같다.
무르익은 단풍 아래서 숲은 천천히, 말없이 이별을 준비하고 있다.
그런 숲과 함께하는 나는 떠나간 이들을 마음속에 하나씩 묻는다.

나는 안다.
숲이 잎을 버리는 건 다시 피어날 봄을 품기 위해서라는 걸.
그러니 나도 떠난 이를 마음 깊은 곳에 묻는다.

언젠가 기억 속 어딘가에서 다시 피어날 날을 위해.
바람이 잦아들고 숲은 이제 뼈대를 드러낸다.
그렇게 또 하나의 계절이 지나간다. 말없이, 그러나 선명하게.

숲은 아무 말 없이 나를 기다렸다

귀따기 꽁꽁 얼어붙은 아침 나는 숲으로 향했다.
코끝이 시리고 발끝이 얼어붙는 날씨. 그러나 묘하게 그 겨울이,
차가운 바람 몰아치던 그날이 자꾸만 그리워졌다.
겨울의 숲은 텅 비어 있었다. 잎은 다 떨어지고 하얗게 내린 서리만이
나뭇가지 끝에 걸려 있었다.
소슬이도 앙상한 팔을 드러낸 채 조용히 겨울을 견디고 있었다.
나는 말없이 그 나무 앞에 섰다. 아무 말도, 아무 소리도 없었지만
마음속에서 오래된 소리가 들려왔다. 그녀의 목소리였다.
그 겨울, 나는 그녀의 품에 머물렀다.
세상이 아무리 차가워도 그녀의 가슴은 따뜻했다.
귀가 시리다며 그녀는 내 목도리를 고쳐주었고,
나는 그 손길에 매번 겨울을 잊었다.

그녀는 내 마음이 머물던 숲이었다.
말 많지 않았고, 다정했으며, 늘 그 자리에 있었다. 그 숲과 닮아 있었다.
하지만 그 숲을 나는 지키지 못했다. 바람이 거세게 몰아치던 어느 겨울,
그녀는 나보다 먼저 봄을 향해 걸어가 버렸다.

나만 그 자리에 남아 찬바람 속에서 서성이고 있었다.

그래서 겨울이 오면 숲을 찾는다. 그녀가 마지막으로 눈길을 보냈던 나무,

우리 둘이 쌓인 눈을 함께 밟던 길.

그 길 위에 지금은 나 혼자 걷는다.

숲은 그날 이후 한 번도 나에게 묻지 않았다.

왜 혼자인지, 왜 말이 없는지, 왜 해마다 같은 자리를 찾아오는지.

그저, 아무 말 없이 기다렸다.

얼어붙은 마음이 햇살에 녹기를, 바람에 흔들리기를, 언젠가 다시 움트기를.

그해 겨울은 유난히 매서웠다. 그러나 나는 그 매서운 바람을 감사히 맞았다.

그녀를 안고 있던 계절이었기에 그때의 온기를 잊지 않기 위해서였다.

숲은 알고 있다.

사람이 무엇을 잃고, 무엇을 기억하며, 어디로 돌아오는지를.

이 겨울 숲에서 나는 그녀를 다시 떠올린다.

말하지 않아도 가슴 속에 다시 살아나는 온기.

그녀가 머물던 가슴에 나는 여전히 묻혀 있다.

그 겨울은 차갑지만 그 겨울은 깊고도 따뜻하다. 그녀가 내게 남긴 계절이기 때문이다.

그리고 숲은, 그 모든 것을 안다는 듯 여전히 아무 말 없이 나를 기다리고 있다.

나는 여전히 숲을 향해 걷는다

글 쓰는 동안 나는 다시 사계절을 살았다
봄에는 다시 피어나고
여름에는 나무 아래 앉아 쉼을 얻고
가을에는 지나간 인연을 가만히 안고
겨울에는 가장 깊은 마음을 꺼내 보았다

어쩌면 우리는
숲을 걷는 것이 아니라
삶이라는 계절을 지나며
자기 자신을
혹은 누군가를 다시 만나는 것인지도 모르겠다

숲은 늘 그 자리에 있었다
나는 바쁘고 흔들리고 자주 잊었지만
숲은 한 번도 나를 잊지 않았다
기다려 주었고 들어주었고 안아주었다

사계절이 다 지나고 난 지금
나는 안다
숲이 나를 기억하고 있다는 걸
그리고 나 역시
그 숲을 기억하는 한
나는 결코 혼자가 아니라는 걸

이제 다시 봄이 오고 있다
나는 또다시 숲을 향해 걷는다.

제2부
진기 명기 소나무들

도정산 산행

엊그제 23년도 달력을 책상에 둔 것 같은데 벌써 2월의 입춘이다. 어제까지만 하더라도 영하의 날씨였으나 오늘은 영상의 날씨라 산을 좋아하는 동아리 일행은 운동 겸 청학리 뒷산 도정산을 오른다. 눈은 녹았지만, 낙엽에 깔려 있는 땅은 빙판이라 매우 미끄러워 조심조심 오르지만 만만찮은 길이다.

오랜만의 산행이라 함께하는 일행들의 이야기는 녹았다 얼었다 하니 발의 움직임은 썰매 아닌 썰매를 탈 때마다 웃음은 골짜기를 뒤흔든다. 그렇게 웃고 즐기니 닫힌 마음이 열리는지 하늘은 맑고 스쳐 가는 바람은 조금 귀를 얼얼하게 하지만 어제의 어두움은 메마른 나뭇가지처럼 흔들리다 차츰 훤히 열리고, 밉고 아쉬웠던 시간이 구름처럼 떠다니다 금방 어디론가 사라져 뻥 뚫린 걸음은 가볍다.

도착한 곳이 약수터라 물줄기 얼지 않고 졸졸 흐르는 물에 목을 축이니 마음 또한 맑아진다. 한적한 곳에 둘러앉아 보니 자연 속 카페라 커피의 맛은 어디에 비교가 되지 않는다. 목적지를 향하여 걸음은 또 시작된다.

능선은 길고 지나다 보면 선바위들은 촛대처럼 생긴 바위가 있는가 하면 두꺼비가 암놈을 타고 있는 수놈이라 뒤를 따르던 여인네들 금방 사랑바위라고 명한다. 이렇게 나그네 산행은 깃대봉에 이른다. 토개공에서 측량한 지리좌표인 삼각점을 보니 표고 288.3m이다.

그러나 정상의 표지석은 보이지 않고 조금을 더 가야 정상이라고 한다. 여유로운 시간이지만 엉덩이는 긴 통나무 의자를 보자 반가운 듯~ 하지만 인사를 나누자마자 일어서니 섭섭한 생각이 드는지 불평한다.

그러나 혼자의 걸음이 아닌 4인의 행동이라 함께 할 수밖에 없었다. 느릿느릿 두꺼비 걸음은 5분도 채 되지 않아 정상의 표지석이 웃으며 반기니 포토 존이다. 쉼터에 앉아 보니 팔부 능선을 넘어가는 시간의 흐름이 얼굴의 여기저기에서 그 흔적들이 보인다.

배 속의 거지 귀신은 배고픔을 참지 못하고 죽겠다고 야단이다. 주섬주섬 연 배낭에는 컵라면이 얼굴을 보이자 70°의 끓는 물에 응어리진 몸이 풀어진다. 불과 3~4min 지나고 난 뒤 후르륵 바람 소리에 뒤돌아볼 틈도 없이 꼬불꼬불한 면들은 먹혀 버렸다 잠깐 목욕한 붉은 국물 또한 하늘 한번 쳐다보다 어디로 흘러갔는지 빈 컵만이 허탈한 표정을 짓고 있다.

나무들과의 이야기는 바람 타고 이 능선에서 저 능선으로 오르락내리락하는 바위에 선 굽은 소나무 주저앉아 버린다. 그리고 뿌리를 내린다. 미래목 글짓기에서 입상작 김예진 작가의 '뿌리'가 머리를 쓰쳐 간다.

'작은 씨앗 하나/ 내 마음속에 들어와/ 서서히 뿌리를 내린다// 자라난 뿌리들/ 내 몸 한구석에서/ 작은 나무를 만들었다// 서서히 자라나는 푸른 나뭇가지/ 하나, 둘 피어나는 아름다운 색들의 꽃/ 꽃이 지면 가지 끝에 매달리는 열매들// 그 아주 작던 나무 하나가/ 언젠

가 아주 커져서 잎이 빼곡해질 때면/ 내 마음도 나무처럼 푸릇푸릇 가득 차 있겠지....'

   산은 산세가 그리 가파르지 않은 긴 능선이라 하이킹 코스로는 그지없이 좋은 곳이요, 주변의 주민들에게는 생활의 활력을 얻을 수 있는 쉼터로 좋은 산이다. 지난날 산을 오를 그때는 군데군데 시판이 걸려 있었지만 하나도 보이지 않아 아쉬움이 남는다. 다 철거한 모양이다. 그래도 시가 능선을 이루고 있을 때에는 쉬엄쉬엄 읽고 음미하면서 걷는 즐거움도 있었지만....

고룡이와 미룡이를 찾아 감악산으로

　산이 우리를 불러서 가는 것이 아니라 이제는 우리가 산이 좋아서 간다. 동두천 길 들녘은 가을의 무르익음이 한결 마음을 풍성하게 해 준다. 얼마를 달렸을까 가파른 콘크리트 포장 길 범륜사로 힘겹게 오른다. 감악산은 백두대간이 금강산을 향해 오다 분수령에서 서남쪽으로 뻗은 것이 한북정맥이라, 양주에서 갈라져 적성 쪽으로 뻗은 산줄기가 감악산이다.
　산은 깊고 바위 돌길이라 지난해 산사태의 흔적은 가슴이 아리다.
　하늘이 보이지 않을 정도로 가려 있는 잣나무 숲은 그야말로 명상의 숲이다. 아마 그곳에 앉아 있노라면 시 한 수는 얻고 왔으리라 믿는다. 바윗길을 조심조심 밟으며 오르는 길은 피곤을 잊은 듯 묶은 밭과 사람이 산 흔적들이 남아 있다.
　주변은 복숭아나무가 여기저기 있고 군데군데 숯가마 터가 있다. 이는 1960년 말까지만 하더라도 숯을 굽는 사람들이 많았다고 한다. 그러고 보니 온통 산이 참나무 숲으로 보인다.
　숲길의 이야기는 동서양의 역사에 달인인 산들바람 신이 나지만, 간간이 청담의 한소리가 박자를 맞추니 자기의 주장이나 신념이 아니라 밝은 웃음, 진솔하고 친밀함은 성실과 믿음 그것들이 각자의 마음을 더 열어 놓으니 산행은 즐겁다. 묵은 밭 삼거리에서 임꺽정 봉으로 가야 하는데 이야기 굿에 정상을 향해 가고 있었다.

안골이 시작되는 중턱에서 우선 오이와 빵과 커피로 목을 축이고 계곡 타고 커피 향은 온 능선을 뒤덮는다. 멀리 능선이 보이는 듯하다.

서로들 웃고 즐기는 사이에 얼음골재 허리 능선에 왔다. 목재 테그 계단이 끝나고 고릴라 바위에 팔각정이 있고 한 수십여 미터를 오르니 정상이다.

시야가 흐리긴 하여도 100대 명산답게 깎아지른 바위 사이에서 검은 빛과 푸른빛이 동시에 흘러나오는 듯 신비스럽고 신령하게도 보인다. 지경은 파주시 적성면과 양주시 남면과 연천군 전곡면에 걸쳐 있는 산으로, 삼국 시대부터 명산으로 알려져 있다.

글씨도 보이지 않은 감악비는 빗돌대왕비 혹은 물자비로 불리는 연대 미상의 비석이다. 그리고 고룡이와 미룡이의 캐릭터가 있는데 고룡이는 고대, 구석기, 고인돌 등 과거를 상징하고, 미룡이는 미래지향적인 희망과 미래 발전을 상징한 거라고 한다.

능선을 타고 임꺽정 봉을 향한다. 하늘을 찌를 듯 솟아난 바위를 둘러서 임꺽정굴에 봉우리와 매봉재에 위치한 굴은 고구려를 치러 온 당나라 장수 설인귀가 이곳에 진을 쳤다는 설이 있다. 죽순처럼 솟구친 바위들 더 험하게 느껴진다. 암벽을 타고 조심조심 내려오다 바라본 장군봉, 깎아지른 듯한 암벽 위 소나무 한 그루 그 생김새가 예술이다. 한참을 머물며 고개를 돌리자 낯설고도 익숙한 두 개의 바위가 마주보고 있었다. 하나는 능선 끝에 뿌리를 내린 듯 단단했고, 다른 하나는 그 곁에 부드럽게 기대선 듯 고요했다.

누군가는 말한다. 옛날, 이곳에 두 마리 용이 살았다고. 하늘을 향해 오르던 용들이 인간 세상의 정에 마음을 두어 이 땅에 머물다 결국 돌이 되었다고. 전설은 언제나 허황하나, 그 허황함 속에 마음을 두는 일은 오히려 지금의 나를 되돌아보게 한다. 날던 것을 멈추게 한 건 대체 무엇이었을까. 하늘이 아닌 이 땅, 그것도 깊은 산속의 바위로 남기를 택했다면, 그 안에는 어떤 슬픔이, 어떤 사랑이 있었던 걸까.

나는 고룡이를 바라보며 아버지를 떠올렸다. 단단하고 고독한 사람. 그 옆의 미룡이에게서는 어머니의 그림자가 겹쳐졌다. 말없이 곁을 지키고, 맞서기보단 감싸안는 품성. 두 바위는 수백 년 동안 마주 선 채 서로를 향하고 있지만, 그것이 부부의 거리일까? 혹은 삶과 삶 사이의 간극일까? 사람도 결국 바위가 되어 가며, 닿지 못한 채 서로를 향해 선다.

돌은 시간의 언어다. 그 위로 흐른 바람과 비, 햇살과 어둠이 층층이 쌓여 무늬가 된다. 고룡이와 미룡이는 침묵 속에서 모든 이야기를 품은 채 서 있다. 말하지 않지만 말이 되는, 움직이지 않지만 세상을 기억하는 존재. 언젠가 우리도 그렇게 바위처럼 남을 수 있을까. 말보다 오래가는 무언가로. 하산하는 길, 나는 자꾸 뒤를 돌아보게 되었다. 둘은 여전히 그 자리에 있었다. 변한 건 나뿐이었다. 처음엔 흥미로웠고, 그다음엔 경이로웠으며, 내려올 무렵엔 묘한 슬픔으로 남아 있었다. 아마도 그 슬픔은, 끝내 하늘로 가지 못한 용에 대한 연민이 아니라, 결국은 땅 위에 남는 삶의 이해였으리라.

하늘을 잊은 바위 둘이 서로를 향해 산에 남은 것처럼, 우리도 누군가를 향한 마음으로 하루를 살아낸다. 날지 못해도 괜찮다고, 남은 자리에서도 충분히 아름답다고, 감악산은 그렇게 말하고 있었다.

해는 서산에 기울고 까치는 까아악 까악 길을 따라 쫓는 듯하다. 깎아 지른 바위를 지붕 삼고 아래엔 아기 불상이 천여 개가 즐비하게 놓여 있는 범륜사다.

오늘의 산행은 즐거웠으나 간담을 서늘하게 하는 출렁다리에서 나비처럼 훨훨 날다 아름다운 계곡을 흔드는 여인의 괴성에 추락할 것 같다.

잘 가게나 똑똑 친구

우린 복지관에서 엮인 친구이다.

일자리에서 힘들고 재미있었던 친구들이다. 팀원이라곤 모두 8인, 일들은 모두가 피하는 사회봉사단이다. 생명사랑 지원단이다. 지금은 사회복지사들이 주관하며 50대 아주머니들이 활동하다 그것도 요즘은 보이지 않는다.

하는 일들이 홀로 사시는 독거노인 실태 조사와 말동무 역할이다. 일주일 3일은 봉사를 해야 한다. 한 사람이 노인 10인을 방문하고 생활의 실태를 일지로 남겨야 하는데 한 사람 방문하면 서너 장의 양식에 보고서를 만들어 제출해야만 일이 끝난다.

담당 복지사와 충돌도 많았다. 노인의 생활은 말로 다 헤아릴 수조차 없다. 매캐한 방 안 공기에 뒹구는 소주병 그리고 약봉다리들....

밥을 먹었는지 약을 먹었는지도 모른다. 말을 붙여도 횡설수설하는 분들도 있다. 방문을 하면 어찌 그렇게 반가워하는지...

그만큼 밖과 거리가 멀다는 느낌이다. '늙으면 다 저렇게 되겠지' 하는 나 나름의 생각은 삶이 그렇게 어려운가 싶다. 살아 있어도 죽은 거나 다름없는 실정이다.

우리 8인은 복지관에서 제일 인텔리라고 자부하는 이들이다. 각자의 자부심과 인정과 배려로는 누구보다 넘친다. 회의할 땐 팀장이라 이들의 상황은 누구보다 잘 알고 있다.

홍규는 참 좋은 친구이다. 양말 공장을 하다 자녀들에게 물려준 지도 얼마 되지 않는다고 한다. 경북 대구 출신으로 점잖고 인자한 성격은 너털웃음에 3년을 함께 이 일을 하였지만, 성질부리는 것을 보지 못했으니 말이다.

여행을 좋아해 팔도강산을 시간만 나면 돌아다니는 편이다.

심장이 좋지 않아 스텐트를 몸에 지니고 살아왔다. 어제까지도 서로 웃으며 즐거워했는데....

인생은 그렇게 왔다 가는가 보다. 그래도 섭섭하지만 83년을 좋으나 궂으나 주어진 현실을 어떠한 이유를 붙이지 않고 살아왔으니 말이다. 인생의 살아온 길도 에움길이 있었을 것이고 그 길은 지름길보다 넓은 길보다 돌아가고 좁고 험한 길을 걸었을 것이다.

어릴 적 좁고 꼬불꼬불한 논두렁길을 걸으며 우린 자라 왔다. 오솔길도 푸서릿길도 산비탈 산자락 길도 강가나 바닷가 벼랑의 험한 길 벼룻길도 마다않고 우린 살아왔다. 이제 고목이 되니 그저 지나온 발자국 머리를 스치며 지나는 길들이다.

그 길들은 삶의 그 자체인데 말이다.

우린 평생을 길 위에서 헤매고 잘못된 길을 가거나 한길을 묵묵히 걷거나 걸었지만 그 길들은 오르막길이 있으면 내리막이 있었고 탄탄대로가 있으면 막다른 골목도 있었다. 여보게 친구 세상의 길은 어떻게 편하고 쉬운 길만이 있을까. 없다. 누구나 나만의 길이 있었다는 걸 나이 들고 보니, 죽음이 두렵지 않으니 이제 보이는 것 같다.

길은 누구나 목적지를 위해 가지만 그 존재는 떠나기 위해 존재하는 것 아닌가!

결국은 길 위에서 길을 물으며 살아가는 게 아닐까!

내가 돌보던 구순이 가까운 노인이 있었네. 대한민국 최고의 학부인 서울공대 출신인데…

나에게 하소연은, "늙으니 힘이 없다. 잘나가는 기업도 조카들에게 다 넘겨주고 원룸도 아닌 이런 쪽방에 살지만 한 달에 한 번도 찾아오지 않는다"라고 한다. 노인이 눈시울을 적시며 하소연 아닌 말, 한 시간도 두 시간도 시간 가는 줄 모르고 이야기하다 헤어지곤 했지….

인생 자체 허망일 뿐이다. 편히 가시게. 좋은 자리나 잡아두고 계시게….

안원찬의 시 '가슴에 이 가슴에'가 머릿속을 스치니 적어 본다.

'여보게 친구/ 산기슭에 걸터앉은 구름 좀 보게/ 쉬고 있지 않은가/ 너는 뭐가 그리 바빠/ 먼저 가려 하는가// 여보게 친구/ 아무리 바빠도 좀 쉬어 가게나/ 이제 고된 삶 놓고/ 살 만한 세상/ 왜 등지고 가려 하는가/ 먹구름도 쉬엄쉬엄 가지 않는가// 여보게 친구/ 괴롭거든 실 것 울어보게나/ 그리고 동심으로 돌아가/ 하나하나 떠올려 짚어보게나// 그리고 흑백의 세상 다 두드려/ 마음껏 열어보게나/ 남은 세월 아깝지도 않은가'

들여다보지 못하고 떠나보내니 미안하구나…….

오랜만의 홀로 산행

9월이 되니 기온이 확실히 달라졌다.
 토요일 날이 밝아지자 하루의 일과를 더듬어 본다. 오랜만에 산행을 해 보자고 다짐하면 어느 쪽을 택할까. 수락산 향로봉이다. 사람이 뜸하니 혹시나 한다. 몸의 컨디션이 말이 아니다. 언제 어느 때 어떠한 돌발사고가 있을지 아무도 모른다.
 그만큼 마음도 육신도 약해졌으니 조만간 무슨 일이 생길 것 같아 조심조심 움직이지만, 보는 사람으로 하여금 피해를 주는 인생이 되고 말았다. 그러니 무슨 일이 있어도 사람 왕래가 많은 쪽을 택하는 게 좋을 것 같다.
 용암산 중말고개로 정하고 주섬주섬 배낭을 챙긴다. 빵 하나, 커피 석 잔을 가지고 집을 나선다. 무지랭이골 계곡을 오른다. 힘이 든다. 통나무 그네에 누워 시간을 보내기로 마음먹고 쉬엄쉬엄 걸음은 거북이걸음이다.
 아무리 힘이 들어도 목적지는 가야지 하고 입술을 깨문다. 산을 오르는 이들의 걸음은 30대에서 내가 제일 고령으로 보인다. 아 아 이제 한계점에 이른 듯싶다.
 물소리 새소리 들리지만, 산행을 즐기는 산린이들의 대화, 세상과 자연의 속삭임은 기쁨의 노래가 없다. 허리를 짚고 무릎을 몇 번 툭툭 치기도 하고 허리가 아파 서서 쭈욱 펴서 하늘을 보고 아버지 한다. 아픔의 소리만이 들릴 뿐이다. 꾸역꾸역 걷는 걸음도 걸음이라고 목적지인 통나무 그네 쉼터에 이른다. 평상에 앉아 이야기꽃을 피우는 이가 있는가 하면, 그네에 누워 하늘 보며 명상에 젖은 이도 있다. 주변을 두리번거리니 내가 쉴만한 곳은 아주머니가 열심히 운동을 즐기고 있다. 4~50대 아줌씨들은 삶을 자기 나름대로 즐기지만 아쉬운 것은 조용한 경음악이라도 들리고 리듬에 맞추어 운동을 하면 더 즐겁고 힘이 생길 것 같아 조금은 덜덜하다.

체력 단련하던 아줌씨 나름의 시간을 즐기고 하산한다. 그 자리에 누워 하늘을 보니 가을이다. 맑은 하늘 아래 누운 채 명상하다 보니 나를 괴롭히는 한 친구, 샘이 나는지 까만 모기들 소리 없이 공습을 계속하더니 몇 마리가 죽자 이제 떼거지로 몰려 덤빈다. 전쟁 속 쉼은 살기 위한 동작만 나누다 커피 한 잔에 빵을 먹고는 에어파스를 뿌리니 조금은 편해지는 듯하다. 다시 사정없이 달려드니 후퇴 선언하고 하산 길….

계곡물에 발 담그니 마음이 물처럼 맑아진다. 졸졸 흐르는 물에 곡조를 붙이니 바람이 너울대고, 새들도 한 곡조 나누니 자연과 더불어 만난 시간 '계곡물이 가라사대'를 쓰며 해송은 천지를 창조한 그분께 감사한다.

> 가을 하늘이 맑으니/ 너도 하늘처럼 맑구나// 그런데/ 넌 날 때부터 맑으니/ 그럼요/ 보는 이들에 따라 다르긴 하지만// 착하고 즐거운 사람은/ 맑게 보이고/ 어둡고 고민에 빠져 있는 사람은/ 맑아도 흐리게 보이지// 흐르다 보면/ 맑았다 흐렸다 하다/ 바다에 이르며 고난과 평화가/ 공존하지 너처럼

주관적 분위기로 돌진하는 말

　단톡방엔 서로의 안부가 줄을 지어 파도처럼 출렁인다.
　수요일 모두가 기다리는 시간, 반가운 사람들의 웃음은 마지막 세월을 편히 쉬겠다는 모양새이지만, 나이보다 마음의 건강이 눈으로 보이는 건강으로 마음의 장을 이룬다.
　진*범 씨의 아내를 생각하며 그 옛날 알콩달콩 나누던 이야기는 바로 사랑의 꽃을 피울 때가 강물처럼 푸르게 흘러가니 속앓이를 드러내는듯 싶다. 눈에서 떠나지 않은 모습은 얼마나 가슴이 아플까! 안쓰럽고 위안이 되어주지 못한 자신을 볼 때 인간의 삶은 원망도 불평도 나눌 수 없는 현실을 얼마나 미워질까!
　철학 시간에 배운 문자엔

　　　지자智者는 지지사야知之師也니 재지사야才之師也라 덕지우야德之友
　　　也는 지능통달知能通達이라 재능부판才能部判은 덕능감화德能感化고
　　　유성인지지惟聖人之智는 용재인用濟人이라.

　풀이해 보면, 지식이 능하면 모든 일에 통달하고 재주가 능하면 맡은 일을 잘 판단하고 덕이 능하면 모든 사람을 잘 감화케 한다. 지智의 가장

큰 것은 천지의 이치를 아는 것이요, 다음은 자신을 깨닫고 남에게 인간 상호 간의 인사를 잘 지키는 일이다. 지식知識은 배워서 과거사에 능하지만 지혜智慧는 영靈을 통하여 아는 영지靈智이기에 미래는 밝다. 라는 어제의 오랜만의 철학哲學 시간에 받은 문자이다.

진*범 씨는 속내가 깊으며 자기를 잘 드러내지 않고 분위기에 적응하는 분위기 메이커이다. 건강하시고, 사랑하는 아내를 잘 지켜 주시길 기원한다.

수업이 끝나자 회원 모두가 다리목 공원에 나와 자기의 아름다운 시 한 편을 전시하기 위해 간판에 걸레질을 한다. 동참한 모두에게 감사를 하고 싶다. 때마침 우편배달부의 전화이다. 6단지까지 와서 우편물을 수령하란다. 미술 시간에 오해로 인한 소송이다. 보기 싫은 자의 3차 답변에 따른 답변이다. 14일 변론이 끝났으면 하는 바람이다.

머리를 쓰쳐 가는 일들은 소송이란 어이가 없는 일이지만 법관들이 하는 일이라 알 수가 없다. 사람이 죄를 짓고 어떻게 살까! 아무런 과실도 없는데 늘 마음을 감돌고 있는 기분은 묘기만 하다. 하나님은 "죄의 삯은 사망"이라고 하셨으니 말이다.

명심보감의 천명편天命篇에 보면, 자왈子曰=)獲罪於天확죄어천이면 無所禱也무소도야니라. 공자가 말하기를 "나쁜 일을 하여 하늘에 죄를 얻으면 빌 곳이 없다"라고 하였다. 죄짓고는 못 산다는 말이다. 그런데 죄를 짓지 않고도 어이없는 일에도 법원에 변상 소장이 날아왔으니 어이 마음이 편할 수가 있겠는가. 성질 같으면 '무고죄'로 고소하고픈 마음이 굴뚝같으나 신앙생활이 그토록 앞에 진을 치니 말이다.

점심 식사 후 커피 한잔에 마음들이 녹아내린다.

회원 모두가 전시할 간판에 모여들어 어떤 이는 관리하는 지자체인 주민등록센터에 의뢰하자는 친구며 서로 자기 주관으로 웅성거린다. 총무를 불러 세우고는 지시하는 수밖에....

　모두가 다섯 명이니 세 명씩 한 그룹을 만들어 내일 목요일까지 청소하라고 지시하고는....

　6단지로 우체부를 만나러 간다. 등기 우편물은 혹시나 했는데 역시나 3차 답변에 따른 원고의 답인 것이다. 읽기조차 싫어진다. 羅 선생이 전화를 했다. Cafe에 있다고 한다. 오고 가고 하는 말은, 김*덕 여사의 말속에는 섭섭해 여기는 눈치라 은근슬쩍 분위기에 따른 말들이 무대가 되어 버린다.

　삶은 속고 속는 것이라, 달면 달려들고 자기 편리한 대로 정이란 까마득히 잊은 채 말도 없이 자기들끼리 휩쓸려 가버린다는 것. 나이가 많으면 그렇게 섭한 생각이 들곤 한다는 걸 알아야죠 한다.

　　　孔子 : BC. 551~479, 春秋時代 노魯나라의 대학자요 이름은 丘, 字는 중니仲尼로 유교의 원조이다. 그의 말과 기록물은 '論語'가 있다.

푸르른 물 위에 뜬 남이섬

 일자리 팀원들이 6대의 대형버스45인승에 몸을 맡긴다.

 신곡교회 마당에서 09시 20분에 출발한다는 버스는 20분이 지난 뒤 출발했다. 일반 국도와 고속도로를 질주하며 달린다. 햇살은 아직 뜨겁고 바람은 가을 향내를 안기니 시원하다. 하늘은 천고마비天高馬肥의 계절답게 맑다.

 버스 승차는 일자리 팀별이 아니고 나이순으로 자리도 배정되어져 있다. 우리가 탄 차가 2호차83~85이니 1호차는 85이상일 것으로 생각되어진다. 2호차에서 좌석은 맨 뒤쪽이다. 뒤의 긴 의자는 인솔자 이*미 선생이 앉았다.

 창밖을 내다보지만 푸른 산 여기저기 들어선 아파트뿐이다. 어딘가 어딘지 알 수가 없다. 이런 대형버스를 몰고 고속도로를 신나게 달려보았으면 하는 기분이 든다.

 어느덧 가평에 이른 것 같다. am11:20분이다. 먼저 식당으로 들어선다. 이곳은 관광지라 주차장도 대형버스를 주차할 수 있도록 준비되어 있다. 강산골 숯불닭갈비집이다. 확 트인 전망은 앞은 푸른 물이 흐르는 강이요. 뒤엔 얕은 산으로 청명한 날씨이니 공기 또한 음식처럼 깔끔하다. 춘천이니 닭갈비를 빼놓을 수는 없는 것. 한 테이블에 네 명씩 앉아

불판에 이글거리는 닭살, 맛은 둘이 먹다 하나 죽어도 모르는 그 맛....
노인들이라 눈요기뿐이고 밥 넣고 볶으니 맛은 일품이다.
春川 닭갈비의 유래를 보니 막소금 툭툭 뿌린 닭갈비가 돌판 위에서 지글지글 익어가고, 장작불은 활활 타오른다. 닭을 준비하는 날 일이 끝나 양계장 일꾼이 마당에 모여 서로의 노고를 위무할 때, 한 잔씩 돌리며 먹던 닭갈비, 잊힐 일이 없는 맛이다.
춘천 닭갈비의 시조는 이렇게 시작된다. 더 멀게는 고구려 때부터 즐겨왔다. 중국 진晉나라 수신기搜神記에서는 맥貊에서 닭갈비를 즐겼다고 전한다. 신복읍에 백국 유적지가 남아 있다.
그 옛날 양계장 앞마당에서 즐기던 닭갈비의 맛은 이제 쉽사리 맛볼 수 없다. 그러나 아주 불가능한 것은 아니다. 요즈음 외국인들도 좋아하는 세계적인 음식으로 커 가고 있다는 자부심으로 드시길 부탁한다는 주인장의 말이다.
식후경이라, 먹고서 나루터로 나갔더니 50명도 타고 남을 배 두 척이 남이섬을 왕래한다. 우린 육지에서 섬으로 들어선다. 오랜만의 나들이라 그래도 팀상인데...
팀원 모두에게 아이스커피로 잠깐의 휴식을 취하며 '남이섬' 한자를 적어본다.

구름 한 점/ 물위에 떴다// 숲길에 언어 바람 따라/ 이국의 꽃들은/ 젊음을 안고 핀다// 모두가/ 가을 하늘처럼/

맑다. 밝다 끝나고 섬을 한 바퀴 돌아본다.

늙은이들 포즈를 취하며 카메라맨이 되어 달라고 하니 여기저기 찰칵 찰칵....

넓은 들에 타조 여섯 마리 가을 운동회를 관람시켜 준다. 그 옛날 3~40대의 이곳 가을은 푸른 초장이었는데....

유니테코 회사 이사공장장으로 있었던 그때 직원들과의 섬은 사뭇 다르다. 지금은 울창한 숲길에 잔디밭으로 많은 이방인이 모여든다.

그러니 꼭 이국땅에 온 느낌이며 세월은 흐른 듯 늙은 고사목들도 우리를 비웃는 듯 백골이 되어 서 있다. 환경 또한 소도시처럼 잘 정비되어 있고 타조 경기장도 있다. 마음 같았으면 섬 전체를 한 바퀴 돌아보고 싶은 욕심은 있었으나 다리가 아파 다 돌아볼 수는 없고 하여 섬의 1/2만....

진기명기 소나무들

입하가 지난 지도 한 주간이 되었다.
청명한 날씨에 한여름처럼 낮 기온이 24도라고 한다. 토요일이라 산행을 하려 산들바람, 정원, 웅봉, 청담, 나 5인이 청담 씨 차를 탄다. 우릴 태운 청담 씨는 좁은 길을 요리조리 헤매더니 양주 복지리 사거리에서 좌회전을 한다.
홍죽약수터를 지나 홍죽고개에다 조심스럽게 주차를 하고 등산로를 따라 올라간다. 촉촉이 젖은 흙길은 어느 때보다도 한산하고 숲을 이룬 잡목들은 하늘을 가리고 있다.
조금을 오르니 연리지 한그루는 소나무와 참나무로 서로 다른 둘이 하나가 되어 다리를 비비 꼬고 사랑을 나누며 인고의 세월을 버티고 섰다, 하늘 높은 줄 모르고 서 있는 모습은 우리 인간보다 더 아름다워 보인다. 햇빛이 간간이 길을 가려 주고 바람 또한 가냘프게 솟아내는 산들바람이 땀방울을 씻기며 우리를 한강봉과 챌봉 나눔 길에 세운다.
이정표에 한강봉은 1.2km이고 챌봉은 0.5km라고 가리키니 한강봉을 올라서 가자는 의견과 챌봉으로 바로 가자는 이야기에 머뭇거렸다.
후-훅하고 지나가는 산악자전거, 나 하나 몸도 힘들어하는데 대단해 보이기도 하고 부럽기도 하다. 젊음으로 되돌아가고 싶은 생각이 안개처럼 자욱해진다. 수백 리 길을 걸은 느낌이다. 이 쾌청한 공기를 휘젓고 험한 능선을 탄다는 것은 괘씸하기도 하고 이해도 안 된다. 자신들의 행위를 조금은 알까 싶다.

가파른 능선을 내려와 보니 3~4백m 전방에 헬기장이 보인다.

산불이 지나간 뒤인가. 키 작은 잡목들, 좌우로 비탈진 능선엔 띄엄띄엄 육칠십 년은 되어 보이는 소나무들, 하늘을 지붕 삼아 멋들어진 포즈를 하고 섰다. 구르고 걷다 섰다 하며 멈춘 곳, 넓은 평지 모퉁이에 작은 돌을 주워 모아 그 위에 반듯하게 깎아서 둔 석판이 우리가 찾는 챌봉이다.

전망이라고는 동서 사방으로 병풍처럼 두른 산밖에 없다. 사패산과 도봉산, 불곡산과 앵무봉, 산에 가렸다 보이는 송추며 파주의 아파트는 띄엄띄엄 보인다. 점심 식사할 장소를 찾느라 울대고개 쪽으로 내려간다.

거의 60도의 경사진 비탈길을 걷다가 굴러서 떨어진 곳엔 한 상의 콩, 밤, 은행, 대추, 팥 등으로 어우러진 밥은 환상의 그림 자체이다. 배가 불러도 한강 줄기를 타고 들어가는 밥과 몇 해를 묵은 매실주가 한강 물 흐르듯 배 속으로 잘도 흘러들어 간다.

한참 수다를 떨고 가파른 길을 기어오르니 멋들어진 소나무들의 팻말은 '몽유송원夢有松園'이란다. 소나무 한 그루마다 양소유의 부인이니 첩이니 하고 목판에 적혀 있다. 목판은 떨어져 없는가 하면 있는 곳은 한두 곳 그것도 글씨를 알아볼 수가 없다.

중국의 무협지에 나오는 인물들인가! 핸드폰이 생각하더니 아니다. 김만중의 '구운몽'이란 소설에 나오는 인물로 양소유가 꿈속에서 벼슬하여 사랑을 나눈 여덟 명의 여인들 이야기이다.

여기 나오는 인물들은 함북정맥 끝자락인 호명산 챌봉에 있는 여덟 그루의 소나무 이야기, 그 생김은 한 그루 한 그루가 가냘프게 보이고 섹시하게 보이고 우직하게 보이고 날렵하게 보이고 아담하게 보이는 것과 우아하게 보이는 것과 온화하게 보이는 것들에 붙여진 이름들이 '몽유송원'이다.

명패가 붙은 첫 부인은 황제의 양녀인 영양 공주 정경패로 미모의 인덕을 겸비한 온화한 모습이 마치 아침의 태양처럼 연꽃이 물 위에 솟아오른 듯, 비탈진 언덕에 땅을 짚고 하늘에 다다를수록 우산처럼 펼친 그 몸은 매끈하고 붉은 모습이다.

한참을 내려가니 둘째 부인인 난양 공주로 용모가 뛰어난 이소화는 토라진 여인처럼 앙큼하기도 하고 예쁘기도 한, 언덕에 선 한 그루 크리스마스트리인 듯 솔잎은 한낮의 햇살에 빛나니, 입은 옷이 신선 같이 세상 먼지 한 점 없이 하늘 비도 비켜서 가다 흥분하여 뛰어올 듯 서 있다.

바람에 하늘거리며 선 한 그루는 한쪽 가지만이 늘어뜨리고, 그 그림은 구름 같은 머리가 귀밑까지 늘어져 옥비녀를 찌르고 춤을 추는 모습이다. 그녀는 과거 보러 가는 양소유의 길을 글솜씨 자랑으로 걸음을 멈추게 한 첫째 첩인 진채봉으로 구사량의 난으로 등 돌렸으나 황궁의 재회로 그녀의 섹시함에 빠져든다.

능선 아래쪽엔 남녘을 바라보며 선 한 그루, 그 잎새들 홍초의 입고 비녀 꽂은 머리를 한 가냘픈 모습으로 햇볕에 선연하니 신선 같다. 그녀는 본부인 정경패 몸종으로 자매처럼 지내는 가춘운이 서모왕의 시녀로 분장한 정분이다.

오르다 허리를 짚고 섰다. 눈에 들어온 한 그루, 그 가지에 잎사귀는 치마폭을 펼친 듯하다. 셋째 첩인 낙양의 명기 계심월이라 글솜씨 뛰어나니 과거 급제할 수 있는지 낭자들은 그녀에게 묻는다. 과거 길에 지은 詩 읽는 날렵하고 용모가 단정하니 하늘에서 내려왔나 양소유 주색에 빠져든다.

각양의 소나무에 넋 잃고 쳐다본 한 그루, 그 생김은 반달 같은 눈썹에 머리엔 구름을 이고 우직하게 서 있다. 그녀는 활쏘기와 가무에 능한 기녀인 넷째 첩 적경홍이라, 연나라 정평에 남장하여 나서더니 가느다란 허리도 낭군 오길 기다리고 섰다

띄엄띄엄 능선 길 따라 언덕 비탈진 곳에 바람과 싸워 온 토벌 정벌의 자객이 구름 같은 머리 휘날리다 높게 올려 묶고 한 송이 해당화로 선, 다섯째 첩 심요연이 우아한 모습으로 양소유를 기다리는 떨떨한 모습도 행복해 보인다.

마지막 한 그루 솔바람에 귀 기울이며 부채 들고 부치는 모습으로 섰으니 여섯째 첩 백은파라. 동해 용왕의 딸로 그 아름다움이 선녀 같아서, 세상에서 찾겠는가. 신선처럼 아름답다. 남자라면 누구나 입가에 웃음 샘솟겠다.

하늘과 땅이 닿은 챌봉 비탈진 능선 아래 늘어선 소나무들 그 이름도 신기하여 하나하나 적어 보니 '구운몽'에 나오는 여인들, 바람 따라 요리조리 미소 짓는 모습 보니 소나무들은 나를 보고 양소유로 착각하여 방긋거린다.

산이 좋아 등산을 하다 보니 시를 쓴 목판은 보았지만, 소설에 나오는 가상의 인물들을 열거하여 세워 둔 것은 챌봉이 처음이다. 이를 알고 보

니 '구운몽'이란 책 한 권을 읽은 듯하다. 가늘게 부는 바람과 숲속은 생기발랄한 푸름으로 마음을 파고든다. 한 주에 한 번 산을 오르지만, 산마다 특색이 있고 아름드리나무와 우람하고 우직하며 장엄하게 보이는 나무에 역사의 인물을 명기하여 영혼과 희귀한 바위와 산의 특징을 살려 명산과 명물의 산림을 사랑하고 가꾸었으면 하는 생각에 잠긴다. 자연과 친구가 된 오늘도 싱그러운 맑은 공기와 함께한 산우들이여 부디 건강하고 산 사랑하는 마음 함께 나누며 황혼의 재능을 아름답게 나타내 보이기를….

수업을 마치고 둘레길을

아침은 떡국에 물만두 네 개를 넣고 끓인다.

어제 만들어 놓은 된장국, 봄의 향취를 내는 냉이를 넣고 짜지도 않게 심심하게 끓인 국이다. 냄비에 된장국 반 물 반을 부었다. 내가 한 솜씨라 그런지 맛이 있다. 그 옛날 삼 형제가 자취생활 3년 한지라 레시피가 없이도 느낌으로 한 손놀림이다.

청소를 해도 배가 거북하다. 너무 많이 먹었나....

시문학 동아리를 위한 복지관으로....

7명과 함께 오전 수업을 마치고 지하 식당에서 돼지고기찌개로 점심을 먹고, 맞은편 커피 룸에서 잠깐 목을 축인 후 정원과 청담은 집으로, 나는 산들바람과 함께 부용천 둘레길을 걷는다.

수요일 오후이니 한적하기도 하지만 걷다 보니 눈에 밟히는 이들이 있다. 그들은 지금 어떤 길을 걷고 있을까? 이해할 수 없다. 아무리 이해하고파도 이유를 알 수 없다. 수요일이면 그렇다.

춥지도 않고 맑은 날이라 밖을 나선다. 매일 육천 보는 걸으려고 마음먹고 다짐하지만 그렇게 되지를 않는다. 그래도 아무리 운동을 하지 않더라도 이틀에 두 번은 움직여야지....

둘레길을 걷지만 언제 완주하나, 완주는 4~5시간을 걸어야 한다. 아~

내게는 너무 무리다. 10분을 걸으면 쉬어야 하니 서글프다. 그러나 무작정 걸어 본다.

그들도 인간의 도덕적인 삶에 나그넷길에 선 인생 칠팔십의 고갯길이다. 여자가 오래 산다고는 하지만, 그러나 하늘나라로 가는 길은 아무도 알 수 없는 길이다. 빗대지 말고 미워하지도 말자. 생각은 자유이나 남의 마음을 다치게 하는 행위는 삼가야 한다. 복된 길을 잘 살펴 나가기 바란다. 길道은 누가 만들었을까!

길은, 사람도 수레도 자동차도 할 일 없이 무작정 걷는 게 길인가. 아니지, 분명한 목적지가 있어. 그곳을 가다 보니, 그리고 빠르게 쉽게 편하게 가다 보니, 많은 사람이 이용하다 보니, 길이 생겼을 것이다. 그러고 보니 길은 교류와 융합과 발전의 상징이다.

우리 인생의 길을 비유하며 길의 의미는 길의 표현은 한자를 보면 포괄적이고 철학적 의미를 나타내는 도道와 로路도 있고 도途도 있으며 행行과 가街와 항巷=衖도 있다. 다시 보면 道는 사람이 가야 할 길의 뜻이고, 路는 사람의 발이 이르는 곳이라는 의미를 담고 있다.

途는 가다가 잠시 쉬어 갈 수 있도록 막사가 설치된 길을 뜻하고, 行은 사람이 많이 다니는 거리를 뜻이요, 街는 흙으로 만든 해시계가 설치된 사거리를 의미하며, 巷은 사람들이 걸어 다니는 함께 공유할 수 있는 거리나 골목을 말한다.

이들 글자에 道와 路와 途는 마차가 마을 밖으로 난 길을 말하며 行과 街와 巷=衖은 마을 안의 길을 말한다. 그 누가 마을 안의 길을 선택하고 마을 밖의 길을 선택했을까? 물음표는, 물음표는 계속 물음으로 끝날 것인가!

'길'은 사람들이 정말 자주 쓰는 흔한 말이다.

나는 이상하게 이 한 글자 단어單語가 오래전부터 참 좋았다. 그 어감이 입에 착 감긴다. 긴 세월歲月 참 친구親舊처럼 다정多情하게 긴 여운餘韻을 준다. '에움길', 이는 '빙 둘러서 가는 멀고 굽은 길'이라는 뜻이다. 둘레를 빙 '둘러싸다'는 동사動詞 '에우다'에서 나왔다. 지름길은 질러가서 가까운 길이고, 에움길은 에둘러 가서 먼 길이다.

'길'은 순수純粹 우리말이다. 한자漢字를 쓰기 전부터 길이라고 했다고 한다. 신라新羅 향가鄕歌에 나온다. 길을 칭하는 말들은 거개가 우리말이다.

그런데 길 이름에는 질러가거나 넓은 길보다 돌아가거나 좁고 험한 길에 붙은 이름이 훨씬 많다. 우리 인생사人生事처럼 말이다. 집 뒤편의 뒤안길, 마을의 좁은 골목길을 뜻하는 고샅길, 꼬불꼬불한 논두렁 위로 난 논틀길, 거칠고 잡풀이 무성茂盛한 푸서릿길, 좁고 호젓한 오솔길, 휘어진 후밋길, 낮은 산비탈 기슭에 난 자드락길, 돌이 많이 깔린 돌서더릿길이나 돌너덜길, 사람의 자취가 거의 없는 자욱길, 강가나 바닷가 벼랑의 험한 벼룻길....

'숫눈길'을 아시나요?

눈이 소복이 내린 뒤 아직 아무도 지나가지 않은, 그대의 첫 발자국을 기다리는 길이다.

'길'이란 단어는 단어 자체만으로도 참 문학적文學的이고 철학적哲學的이고 사유적이다.

'도로道路'나 '거리距離'가 주는 어감語感과는 완전完全 다르다. '길'은 단순단純히 사람들이 밟고 지나다니는 것만을 의미意味하지 않는다.

"아무리 생각해 봐도 길이 없다"라거나 "내 갈 길을 가야겠다"라는 표현表現에서 보듯, 길은 삶에서의 방법이거나 삶 그 자체이다. 영어 'way'도 'street'와 달리 같은 중의적 의미를 갖는다. 서양西洋 사람들도 길에서 인생을 연상하는구나 싶어 신기新奇했다.

불교佛敎나 유교儒敎, 도교道敎 등 동양東洋 사상思想에서의 공통적共通的 이념理念도 도道라고 부르는 길이다. 우리는 평생平生 길 위에 있다. 누군가는 헤매고, 누군가는 잘못된 길로 가고, 누구는 한 길을 묵묵히 간다.

오르막길이 있으면 반드시 내리막길도 있다.

탄탄대로가 있으면 막다른 골목도 있다. 세상世上에 같은 길은 없다. 나만의 길만 있을 뿐이다. 프랭크 시나트라에게는 "Yes, it was my way"였고 "I did it my way"였다.

나이가 지긋한 이들은 그 유명有名한 흑백黑白 영화映畵 '길'La Strada,1954년을 기억記憶할 것이다. 야수 같은 차력사 잠파노안소니 퀸와 순진무구純眞無垢한 영혼靈魂을 가진 젤소미나줄리에타마시나는 평생平生 서커스 동반자同伴者로 길을 떠논다. 영화의 마지막 장면場面, 자기自己가 버린 젤소미나의 죽음을 알고 잠파노는 짐승처럼 울부짖는다.

길이 끝나는 바닷가에서다. 애절哀切하게 울려 퍼지는 니노 로타의 그 유명한 트럼펫 연주演奏 테마 음악音樂….

영화와 제목題目이 너무나 잘 어울린다.

미국인美國人이 가장 사랑하는 시인詩人 로버트 프로스트는 명시 '가지 않은 길'에서 이렇게 술회述懷했다.

"숲속에 두 갈래 길이 있었다. 나는 사람들이 덜 다닌 길을 택했다.
그리고 그것이 나의 모든 것을 바꿔놓았다."

길은 목적지目的地에 가기 위해서도 존재存在하지만, 떠나기 위해서도 존재한다. '길을 간다'라는 말보다 '길을 떠난다'는 말은 왠지 낭만적浪漫的이거나 애잔하거나 결연하다.

결국 우리는 길 위에서 길을 물으며 살아가는 것이다.

그게 입신양명立身揚名의 길이거나, 고행苦行의 길이거나, 득도得道의 길이거나, 산티아고 길이거나, 바이칼 호수湖水의 자작나무 숲길이거나, 동네 둘레길이거나~~

우리네 인생이 곧 길이요, 우리의 발이 삶이다. 결국은 '마이 웨이'를 가는 것이다. 지름길을 택할 것인가, 에움길로 돌아서 갈 것인가.

인생길은 결국은 속도速度와 방향方向의 문제問題이다. 지름길로 가면 일찍 이루겠지만, 그만큼 삶에서 누락漏落되고 생략省略되는 게 많을 것이다. 에움길로 가면 늦지만 많이 볼 것이다.

꽃구경도 하고, 새소리 바람 소리도 듣고, 동반자와 대화對話도 나눌 것이다.

사랑도 그렇지 않을까?

모든 사랑은 차표車票 한 장으로 쉽게 가는 지름길이 아니고, 수만 갈래의 에움길을 돌고 돌아서 이루는 것이다. 여기, 사랑의 신산함을 에움길로 묘사描寫한 명시가 있습니다.

"너에게로 가지 않으려고 미친 듯 걸었던/그 무수한 길도 /실은 네게로 향한 것이었다
(중략)/ 나의 생애生涯는/ 모든 지름길을 돌아서 네게로/난 단 하나의 에움길이었다...."

<옮겨온 글>

둘레길을 걷다 어느 한적한 커피 룸에서 카페라테에 심플한 하트의 거품은 마음을 사르르 녹아내리게 한다. 거품이 모두 사라지자 또 밖으로 나선다. 아무도 반가이 맞이해 줄 사람도 없는 집을 향해 갈 길을 재촉해 본다.

봄인 듯 천보산으로

수요일 산행의 약속은 진행형이라 카톡을 확인하고 나선다.
11번 버스로 삼성 홈플러스에 내려 사거리 건너 빵 이가에서 크림빵을 구입하고 203번을 타고 성모병원에 내린다. 시간이 벌써 그렇게 되었나~ 청담 씨와 바위 씨가 와 있다. 우린 가벼운 차림으로 계곡을 오른다. 얼마 가지를 않아 뒤에서 쫓아오는 무리의 소리가 계곡을 울린다.
장애자들이다. 혹여나 장애인복지관이 아닌가 했는데 역시 그랬다. 언제인가 시문학에 나오는 반짝반짝 씨가 산 이야기가 나오자 자기가 장애인복지관 산악회장이라고 했다. 모두 7인이다. 그가 "오빠"라고 하며 반가워한다. 사고로 오른팔을 잃은 외팔이다. 그녀는 매우 명랑하고 장애에 대한 의식을 전혀 하지 않은 여자이다. 매우 긍정적인 사람이다. 여러 단체에서 열심히 일하면서 어울려 사는 것이 그에게는 큰 기쁨이라 그렇게 봉사하며 살아온 거다.
우리는 쉬어 가는데, 그 무리는 신체적 장애가 있음에도 우리 걸음보다 바르게 산을 오른다. 봄은 완연하다. 위대하다. 생명의 줄기는 나무들에서부터 나타난다. 봄의 소식은 가지 끝에서 물방울처럼 맺혀 삶의 봉오리는 몽글몽글 피어오른다. 산수유는 피고 진달래는 꽃이 한 주만 있으면 트일 것 같다. 물오른 산벚나무며 참나무들, 그러나 소나무는 의젓하게 서서 사계절 나는 무리 없이 지나왔는데....

많이들 봄을 기다렸지~ 하면 위로인지 자랑인지 넋두리를 하는지 조금은 얄밉게 보인다. 이때 큰소리 한번 쳐 봐야지. 이놈아 이웃의 나무들 돌방 하나에도 시선을 거두지 말라. 겸손히 바라보며 무언가 생각하라. 넌 눈이 쏟아지니 그것도 무거워 팔이 잘려 나가고, 물이 쏟아지니 지탱한 바위도 외면하나 쓰러지지 않아!

천보산 계곡의 물소리와 바람 소리는 식물들을 더 기쁘게 즐겁게 하니 그들은 좋으나 난 힘이 든다. 오르막 능선을 바라보면서 털석 주저앉으며 쉬고 가자고 소리친다. 모두가 못들은 척하지만 그 소리가 나오길 기다렸을 것이다.

6보루인 양주를 잇는 부용터널이 지나가는 봉우리 정상이다. 2보루와 3보루가 삼각형을 이루며 자리 잡아 보루는 능선 정상을 따라 길게 반달형으로 보이니, 옛사람들의 전술적 안목은 높이 평가할 수밖에 없다. 터는 다 허물어져 없지만, 주변의 유물은 삼국 시대에서 고려 시대에 이르는 토기들이 다소 수집되었다고 한다.

허겁지겁 오르다 보니 배가 고픈 듯 아픈 듯 꼴꼴거린다. 얼마 남지 않은 정상이다. 남은 힘으로 봄의 소리를 안고 사력을 다해 오른다. 정상에서 커피는 여느 산처럼 입을 즐겁게 한다. 조금의 휴식은 앞으로 나아갈 새 힘을 주어 무사히 하산의 기쁨을 안겨 준다.

칼바위와 사모래 길을 무리 없이 내려올 수 있었으니 아직 힘은 남아도 역시 끼니는 채워야 하는 법이다. 에너지 보충을 위해서는 소머리 국밥으로....

누구의 배에서 나든 거지 근성의 호소력은 눈이 밝아 온다.

하루의 일과도 즐겁게 지나니 아마 모두 재미있는 글들이 쏟아지리라 믿으며 다음 주를 기대해 본다.

인생을 살며 옷은 어떻게 만들어졌나

　수필에 대한 강의는 매번 과제를 내준다.
　이번 과제는 '옷'에 대하여 쓰라고 한다. 바쁘게 한자를 써 본다. 지금 이 시간 외출을 하려고 하면 거울 앞에 비친 자신의 모습을 본다. 만나는 사람이 누구이든 그 사람에게 자신을 각인시키기 위하여 몸과 의상으로 상대방의 눈과 마음을 빼앗기 위함이다.
　특히 자기가 바라는 직장을 선택한 절차 중 가장 중요한 것이 바로 면접일 것이다. 질문에 따른 답변은 회사를 바라보는 외적인 것과 내적인 것이며 또 본인 자신의 내적인 인성과 지성이며 외적인 인품과 미모를 시험관은 감지할 것이다.
　인간의 가장 아름답다고 하는 모습은 그가 지금까지 걸어온 성장일 듯 보인다. 인간은 자라면서 사랑을 배우고 남을 이해하고 지식을 쌓아 자신을 가꾸어 왔다. 옷은 하나의 디자인이고 몸을 감추는 데 사용할 뿐이다. 그러나 내공은 시간의 흐름에 따라 하나하나 탑을 쌓듯 쌓이는 것이다.
　옷은 시대에 따라 디자인이 다르고 질감이 다르고 패션에 따라 겉모양은 다르게 평가할 수 있고 또 몸을 감출 수가 있지만, 내적인 지성의 옷은 감출 수도 거짓도 할 수가 없다. 감추고 거짓부리를 한다면 금방 들통이 난다. 그러나 몸을 두르고 있는 옷은 추임새에 따라 감출 수 있다.

옷은 언제 어떻게 만들어져 왔을까?

신은 만물을 창조 이후 이를 지배하고 다스리고 관리의 고민에 빠진다. 자기의 모양 그대로 사람을 만들고 코에 생기를 불어넣으니 사람이 되었다. 신이 만든 모든 것은 암컷과 수컷이 있는데 유독 인간은 아담 홀로이다. 그의 쓸쓸함을 보고 아담이 잠든 틈을 타 그의 갈비뼈 하나를 취하여 여자인 하와를 만들어 아담의 아내가 되게 했다.

신인 하나님은 아담에게 전권을 맡기며 "동산의 선악을 알게 하는 실과는 먹지 말라"라고 하신다. 그러나 그의 아내 하와는 간교한 뱀의 유혹에 그 실과를 보니 먹음직스럽고 보기에도 아름다웠다. 하와는 남편인 아담에게 애교를 부리며 말하자 머뭇거리며 하나님과의 약속을 감춘 채 은근슬쩍 하나님이 눈에 보이지 않으니 먹게 된다.

하나님은 그걸 알고 아담을 부르자 아담과 하와는 자기들의 몸을 보게 되었고 그렇게 숭고하고 아름다웠던 자신은 흉하게 보여 큼직한 나뭇잎으로 앞을 가린 이유에 대한 하나님의 명령은 현실로 이어진다. 하나님은 "네가 나와의 약속을 어기었구나"라고 하시면서 자초지종을 물어 우주만물을 창조하신 하나님은 뱀에게 평생을 땅에 기어 다니게 했고, 하와는 해산에 죽을 고통을 주었으며, 아담은 땅을 갈고 씨를 뿌리고 거두어야 먹고 살게 했다.

옷의 근원은 나뭇잎에서 짐승의 가죽으로, 나무의 줄기로 얽히고설킨 것으로부터 실을 뽑아 천을 만들어 인간이 사는 동안 죄의 몸을 가리고 살게 되었다. 현대 문명을 이어오면서 많은 변화는 있지만 아무리 발달된 직물의 소재며 디자인의 변화는 있었지만, 몸을 가릴 뿐이다.

단지 인간만이 영과 혼과 육으로 된 욕망의 인간, 사람의 그 실체는 가릴 수 없다. 가진 것 모두가 헛되고 헛되어 모든 것이 다 헛되니, 흙으로 만들어진 그 몸은 육이 이 지구상을 떠날 때 딸랑 삼베 옷 아니면 모시옷 또는 광목 한 벌로 고귀한 몸을 가리고 떠난다.

옷은 이승에 살 때 자기를 감추는 것에 지나지 못하니 살아생전 내 마음밭에 나의 꿈들이 잘 자라고 있는지 이기심과 욕망으로 퇴색되지 않았는지, 혹은 잃어버리고 있지나 않은지, 진행하는 모든 것이 멈추어 서 있지나 않은지 살펴보면 육의 옷이 중요하지만, 영의 옷도 준비하며 살아야 할 것이다.

그러니 옷의 질과 디자인 패션은 잠시 잠깐 나름의 품위와 권위를 보이나 자신을 존중하는 이승의 삶뿐이다. 형형색색 피어나고 지는 꽃들을 보면 그 아름다움을 인지한다. 무엇이 자기 자신이 그 자리에서 입어야 할 옷인가! 없어지는 육의 겉치레로 위장하는 옷 그것보다는 없어지지 않는 영의 옷을 입고 즐기는 자신을 만들자.

인생은 실수의 시작이고 끝이다

 삶을 어떻게 살아야 하나 정답은 없다.
 속이고 속아 가는데 시간은 안개처럼 끼었다 개었다 한다. 그래서 실수 가운데 살다 가는 게 인생이다. 오늘도 문예 수업 시간에 절제하지 못한 행위는 실수로 연결되고 말았다. 그 실수는 자기 모면의 방도를 자기도 모르게 찾고 있었고 은근슬쩍 지나고 말았다.
 후회가 시작되고 그 후회는 흉물로 남는다. 그렇게 살지 않기를 바라면서도 팔십을 사는 동안 계속 반복되었다. 인간은 성인이 될 수 없다. 알면서 고치지 못함은 자기란 중심을 버리지 못함 때문에 빚어진 산물이다. 그래서 연속된 삶의 굴레를 자신에게 물어본다.
 한 생명이 태어나서부터 낙엽이 되어 땅에 묻힐 때까지 실수는 연속이다. 실수하지 않고 살면 얼마나 좋을까. 하지만 인간은 완전체가 아니고 불안전한 가운데 살도록 조물주가 그렇게 만들어 놓았다. 태어남도 그렇고 죽음이 그렇지 않은가!
 모든 생명은 목적이라는 열매를 위해 성장한다고 보는가? 아닐 것이다. 실수를 하고 얻어맞고 깨우치는 가운데 자신도 모르는 변화를 가져온다. 실수라는 그 자체가 불완전하게 맺힌 열매보다는 아름답고 소중하다. 그것이 성장이요 신의 바람이다.

성장이라는 줄타기는 곡예의 예술이다. 그 예술은 어머니의 배 속에서 시작하여 맑게 티 없이 태어났다. 그 관계성이 부정하다고 그 생명 자체가 더러운 것은 아니다. 생명은 존귀하게 환경에 따라 외줄을 타며 긴 지식이라는 장대로 중심의 실수는 떨어지고 망가진다.

다시 타면 그 이전보다는 좋아져 얻을 것은 얻고 버릴 것은 버리는 가운데 다시는 부서지지 않으려고 노력하며 왔다. 그 실수는 본인 스스로 만들어 간 것도 있지만 자기가 생각지 못한 타인으로부터 이루어진 것들도 있다. 실수를 두려워해서는 변화가 없고 자기 성을 쌓아가며 스스로 문을 닫게 되고 미래란 먹구름뿐이다.

실수는 삶의 연속이지만 오늘은 나 스스로 꼰대라는 단어에서 벗어날 수 없는 행위에 서고 말았다. 청년 학생들이 꼰대라고 하면 늙은이를 비하하는 말로 알고 있지만, 나이를 먹다 보면 그리 듣고 싶은 말은 아니다. 얼마나 권위적이며 기성세대의 어른을 두고 하는 말일까! 나 스스로 자책해 본다. 수업을 듣는 동년 선후배들이 어떻게 볼까 미안함에 얼굴이 가려진다.

문예창작에 수필은 듣고 싶은 강의였다. 글을 쓰다 보니 정리가 필요하고 더 잘 쓰고 싶은 욕구 아니 욕심이 있기에 들어서게 되었다. 삶의 아름다움과 기쁨이 무엇인가? 재물이나 명예인가? 아니다. 그것도 아니라고 하면 모순이겠지만 오랜 시간 마음이 고이고 쌓인 생각들을 만들어 내는 것이 필요하다.

어느 시인이 "인생은 낙엽이다."라고 했다. 낙엽은 붉고 노랗게 물든 것만이 아니다. 푸른 잎으로 가지에 매달려 딸랑이는 잎새도 낙엽이다. 언젠가 떨어진다. 우리 인생이 그렇다. 그렇다면 옛말에 "사람은 죽어 이름을 남기고 짐승은 죽어 가죽을 남긴다."라고 하니 이왕이며 낸 책자들이 독자들로부터 비웃음을 당할 필요는 없다. 한번 출판된 책자는 지구가 멸망할 때까지 존재하니까!

그런데 수업을 받다 보니 너무 소란하다. 고운 얼굴들이 미워진다. 나이들이 있으니 생각도 많고 하고 싶은 말도 많지만 강의하는 선생님에게 우리는 존경과 존중하는 태도로 강의를 들음이 듣는 자의 몫이라 생각한다.

강의를 하는 선생님은 부모 같은 노인들이 하나라도 듣고 깨우치겠다는 열성에 하나라도 더 가르쳐주고 싶어 애가 탄다. 그러나 계획된 진도가 나가지 못하니 조용하고 한가한 시간엔 안타까울 것이다. 그래서 반의반 나도 모르게 큰소리로 자신도 모르는 말을 부린 것 같다. 반원 모두에게 사과드린다.

노년에 미움을 살까 염려되지만 미움도 미워할 것도 없다. 미운 사람이 있다면 사랑의 눈으로 바라보자. 지금껏 살아오면서 쌓인 것들을 보면 많은 시행착오 가운데 살아왔다. 아픔이 있었고, 슬픔과 갈등과 불안을 생각한다면 웃자. 배려하고 즐기고 주어진 오늘을 보내자.

마음이 무거울 땐 산을

요즘은 몸이 나른하고 무겁다. 마음은 운동해야겠다고 하지만 그렇게 되질 않는다.

날씨가 더워서일까? 며칠 비가 오다가다 하는 차에 조금 걸으면 다리가 힘이 빠지는 느낌에 자꾸만 앉고 싶어진다. 복지관에서 집으로 오는 길은 무척이나 힘이 들어 공원에서 앉아 쉬었다 걷곤 한다.

오늘은 토요일이라 산행을 약속했지만, 문자를 어제 넣지 않았다. 왜냐하면 효자봉이라도 중간에 힘들어 끝까지 걷지 못하면 산우들에게 마음에 상처를 심을까 싶어 밤이 늦도록 마음 앓이만 하고 있을 때이다. 마침 문자가 왔다. 내일 효자봉으로 나들이 가는 게 어떻겠느냐고 한다. 다들 오케이 사인이 떨어진다. 이제 나 차례이다. 오후 10시가 조금 넘자 "나도 참석합니다."라고 문자를 보냈다. 그리고 잠을 청한다.

9시 20분에 집을 떠난다. 정문부 묘 앞으로 약속 시간 지키려고 가다 GS마트에서 음료수를 구입하고 의자에 앉았다가 친구들을 만나 효자봉으로 오른다. 체험 학습장에 이르니 분홍 꽃이 하늘을 찌를 듯 솟구쳐 피어 있다.

무슨 꽃일까 하고 가까이 가서 보니 처음 보는 꽃이다. 기린초란다. 6, 7월에 피는 꽃으로 5~7개의 꽃들이 뭉쳐서 있다. 겨울에도 죽지 않고 잘 자라는 식물이다. 꽃말은 소녀의 사랑, 기다림이라는 뜻을 가지고 있다고 한다.

심고 가꾸는 기다림에서 고구마는 크기를, 벼는 익기를, 참외는 달기를, 기다려야 식물의 제구실을 할 수 있다. 중턱 잣나무 숲을 올라 능선에 이르러 쉰다. 여기저기에 간이 운동 기구들은 산책하는 이들이 손잡아 주길 기다리고 있다. 날씨가 좋은 터라 각자들의 이야기는 젊음을 갓 넘긴 자 같아 보이나 행동은 둔하여 보인다. 말뿐이다. 그러나 재능들은 인생의 연조를 말하고 있다. 복지관에서 취미를 함께하는 동아리 모임에서 얼크러진 이들이다.

각자의 재능의 차이는 있지만 인내의 차이는 절대적이다. 서로가 위로하고 아끼는 마음은 성공한 사람들처럼 하나같이 시를 쓰고 나누는 일에 오랜 시간을 기다리다 함께한 사람들이다.

정상이라고는 하지만 이곳은 해발 177.3m밖에 안 된다. 그렇지만 역시 숨이 차고 헉헉거리니 나이는 속일 수 없는 듯 가슴이 벅차다. 숨 고르기를 한참을 지나고 있으니 70~100mm로 대벌레라고 한 놈이 여기저기 자태를 자랑이나 하듯 나뭇가지처럼 포즈를 취하고 있다.

깡마른 체구에 길다란 다리는 금방 쓰러질 것같아 보이는데 막대기로 건드려 보지만 꼼짝도 하지 않는다. 죽은 놈들인가 했더니 엉금엉금 긴 다리를 움직인다. 습기 하나 없는 기둥에서 무얼 먹고 살까 물어보나 대답은 없다. 아마 활엽수 잎을 갉아 먹고 살지 않을까 생각되어진다. 이들과 한참을 실랑이하며 휴식을 취하다 하산한다.

능선 길을 따라 제2청사 뒷길로 내려온다. 한 친구가 은근히 먹고 싶은지 콩국수 이야기를 꺼낸다. 점심시간을 조금 지났으나 먹어야지....

땀을 닦으며 기다리는 가운데 걸쭉한 국물에 오이채와 참깨로 치장한 한 그릇의 콩국수가 해갈도 해 주고 허기를 채워 준다. 너무나 맛깔지다. 그래서인지 벽면마다 유명인들의 사인들이 도배를 하고 있다.

너무 무리하게 먹고 보니 배는 남산만 하여 더 이상 산행은 불가하다. 하는 수 없이 나만 빠지고 버스 정류장에서 30여 분을 기다리니 72-1번이 왔다. 집에 들어서자마자 샤워를 하고 소파에 앉으니 눈이 짜부라진다. 작년만 해도 건강이 이런 골상은 아니었는데....

한 해가 다르다더니 그렇다. 눈을 붙일까 하다가 밤에 잠을 설칠까 두려워 잠을 이기려고 컴퓨터를 열어 본다.

말년에 엮인 친구들

전화가 여러 번 울린다.

오랜만에 만나 점심이나 먹자는 연락이다. 그렇다. 오랜 시간을 가까우면 가깝고 멀면 먼 거리라고 할 수도 있다. 우린 복지관에서 취미와 뜻이 비슷한 친구들이다. 역사는 시문학반 동기라고 볼 수 있다.

우리는 토요일이면 산행을 한 친구들이다. 경기 북부산은 높든 낮든 산이면 모두를 접수했다. 그러니 다들 마음속 생각들을 이런들 저런들 다 알아들을 수 있을 정도이다.

산행할 때는 맛있는 식사거리는 여성 동무들의 몫이다. 그때는 5인이 함께 하였는데,......

유감스럽게도 청학리에 사는 여성은 어느 날 소식도 없이 연락이 두절되어 버렸다. 궁금하여 백방으로 찾아보기는 하였지만, 이유는 아무도 알 수가 없었다.

감정적인 문제도 아니고 누구와의 질투도 아니다. 노년에 그럴 일도 없다. 누구도 그 자신을 인격적으로 무시하거나 어느 누구도 함부로 대하지도 않았다. 친구로 가벼운 이야기는 할 수는 있었으니 그러나 감정이 유발할 경우는 즉시 화해하곤 하였지만....

모두가 자신이 소중하면 다른 이들도 모두를 귀하게 여겼고, 내가 너를 무시하면 다른 친구들도 너와 내가 무시를 당하기 때문이다. 그런 친구들이고 이제 만나고 있는 분들은 4인이다. 남자 두 명 여자 두 명이다. 모두가 학사 출신이라 이해심이 깊다.

오늘은 복지관 앞에서 만나 미술도서관 옆에 있는 음식점의 갈비탕으로 오랜만에 웃음꽃이 피었다. 오랜만이지만 모두가 건강해 보였다. 그러나 모두 껍데기만 건강해 보였지 너 나 할 것 없이 한 주에 한 번은 병원에 용돈 주러 다닌다는 말이다.

그런데 병원 갈 때 아내 혹은 남편과 동행하느냐는 질문에는 아니오다. 그러니 두 사람은 부부가 있고 두 사람은 홀로이다. 간다 온다 말도 없고 집에 있으면 아내는 등을 떠 민다고 한다. 그러니 홀로 사는 것이 마음이 얼마나 편하냐 한다.

그러면 밥이나 차려 주느냐, 식사 때를 기다리고 있느냐의 말에는 냉랭하다. 노년은 쓸쓸하다는 게다. 차라리 혼자 있는 게 편하지 않겠냐고 친구들의 얼굴을 누구 할 것 없이 모두 다 쳐다본다. 한 친구 이 사람들아 한 사람이라도 자신의 곁을 떠나고 없어 봐야 그리움을 알게 되고 귀한 사람이라는 것을 알게 된다. 그것이 사랑하는 사이라고 한다.

그때는 넌지시 바라만 보아도 사랑하는 사이요, 그 사이 꽃이 피고 향기도 난다. 그러니 이봐요, 완전한 사람이 어디 있으며, 완전하면 삐그덕거리는 소리가 더 요란함을 알고 무엇이든지 바라지 말라. 사랑은 부족한 가운데 꽃이 피고 마음에 기쁨이 샘솟는다는 걸 알라.

tea를 마시며 시간이 가는 줄 모르고 이야기의 꽃은 핀다. 꽃이 향기롭게 언제까지 피어 있을까! 모두가 머리는 희끗희끗하니 노을은 아름답지만 곧 진다.

우리 인생도 산들의 나무들도 생명이 있는 건 어느 한계가 되면 생명은 죽어 흙이 될 수밖에 없다는 진리를 알라! 지금도 그렇지만 오늘이라는 시간은 지난다. 그러니 감사하고 기뻐하고 사랑하며 은혜도 쉼 없이 평안함도 마음껏 누리며 살자. 내일은 내일에 맡기고 오늘을 즐기며 살다 보면 그때 누릴 것들이 새로이 찾아올 것이다.
 시간이 얼마나 지났는지 모두가 허리를 짚고 일어서니 서산에 해는 저물고 오늘이라는 시간이 아쉽기만 하다.

수련처럼 핀 꽃

언젠가부터 나는 고요한 연못가를 자주 걷는다.

물 위에 떠 있는 연잎들을 바라보고 있노라면, 세상의 번잡함과 거칠음이 서서히 가라앉는다. 그 잎들 사이로 수줍게 얼굴을 내민 수련꽃을 보고 있으면, 문득 지나온 날들이 소리 없이 '지난 당신의 모습이 저렇게 조용히 피어나고 있지 않을까?' 하는 생각이 들었다.

수련은 해가 뜰 무렵 피고, 해가 지면 다시 꽃잎을 오므린다. 마치 자신의 존재를 드러낼 만큼만 열어 보였다가 다시 조심스럽게 감춘다. 지금까지 머리에 이슬 맺히듯 살아오면서 누군가에게 마음을 주는 일도 그와 같을 것이다.

젊었을 때에는 일에 바쁘고 지쳤으면 쉬는 날 없이 줄곧 삶에 찌들어 왔다. 좋은 음식 한번 먹지 못하고 아이들과 여행도 한번 한 적 없이 그저 삶에만 열심히 일하면 티 없이 맑고 조용한 마음으로 조심스럽게 뿌리를 내렸다. 햇빛이 내리쬐는 오늘 호수에 피어난 고운 꽃들 문득 당신같이 보인다. 피어나는 그 마음이 너무 순해서, 혹시라도 바람이 스치면 찢어질까, 비가 오지 않으면 시들까, 애틋하고 조심스러워서 더 아리다.

사랑이란 결국 그런 것 아닐까. 화려하지 않되 단아하고, 격정적이지 않되 깊으며, 서로의 존재를 존중하는 것. 수련꽃이 연못에서 연잎들과 어울려 피어나는 것처럼, 삶 속에서도 우리는 누군가와 함께 뿌리를 내리고 햇살을 나누며 살아왔다. 그 속삭임은 크지 않아도 충분히 사랑이다.

나는 당신과 함께 한 그날의 기억을 떠올린다. 우리가 머물던 작은 공간, 별다른 장식도 없던 그 방, 잔잔한 눈빛과 따뜻한 말들, 지나온 그날들이, 수련처럼 단아했던 당신의 향기가 문득 코끝에 스친다. 그 향기에 나는 다시 취한다. 순수하고, 앙큼할 정도로 조용하게....

밤이 오면 잠든 그 모습이 이슬 맺히는 연잎 가장자리에 혹여 상처라도 입을까 조심스레 몸을 오므린다. 당신도 그랬다. 날카로운 말 한마디에도 쉽게 상처 입고, 나직한 숨소리에도 귀 기울이던 사람. 그래서였을까. 당신은 언제나 주변을 맴돌다 조용히 잠들곤 했다. 말 대신 시선으로, 손끝 대신 숨결로 나를 감싸던 사람....

오늘도 연못가에 서서 활짝 핀 수련을 바라본다. 여전히 그 자리에 조용히 피어 있는 그 꽃처럼, 나도 누군가에게 그러한 존재였기를 바란다. 티 내지 않으면서 맑고 고요하게, 때로는 마음 깊은 곳에서 피어나 세상의 번잡함 속에서도 그 사람을 조용히 감싸주는 그런 존재로....

그러고는, 당신처럼 조용히 잠들고 싶다. 수련처럼, 아무 말 없이, 아무 욕심 없이, 그렇게. 봉선사 넓은 호수 수없이 많은 수련화를 보면서, 이렇게 문득 당신이 누워 있는 모습을 보며 옛 지나간 그날들을 떠올리면, 건강하기를 빌면서 마음에 아픔을 떠올린다.

현실의 극복은

약속의 땅은 그저 얻어진 게 아니라는 걸....

주일은 하나님이 자기의 백성으로부터 높임을 받을 때 그 백성을 사랑하고 택하신 백성을 향해 모든 것을 내어주시는 분이다. 하나님의 복을 받으려면 주어진 시간을 얼마나 충실히 말씀에 순종하느냐에 따라 달라질 것이다.

요즈음은 매우 혼란스러운 시간들이다. 복지관을 나서도 그렇고 도서실을 가도 책을 볼 때도 그때뿐인 것 같다. 음식을 먹어도 맛을 느낄 수 없고, 살아 있으니 먹을 수밖에 없고 먹는 것도 주가 주신 생명이니 그 생명 연명하기 위해서 어쩔 수 없이 먹는 것 같다. 모든 일에 집중은 어려운 일인 것 같고 오늘의 이 고난은 행복인가? 말년에 버리고 갈 짐을 챙겨 버리라는 것인지....

아무런 욕심이 없는데....

그렇다고 미련도 없는데....

저기 지는 석양이 아름답게 보이지 않고 왜 쓸쓸하고 밉게 보일까!

눈을 감고 망상에 젖으면 서글퍼지고 눈물이 날까?

새벽잠을 설치다 8시 1부 예배를 드려야지 하고 서둘러 민락교회를 갔으나 허탕이다. 지난주 교회 소식란엔 오늘 1부 예배가 없다고 하지 않았는데....

공원 의자에 앉아 11시까지 기다리려니 3시간의 시간을 어디서 채워야 할까 하다가 그럼 비전교회로 1부 예배를 드리려 간다. 걸음은 The은혜교회가 눈앞을 왔다 갔다 한다. 이상규 목사님이 우리 가족을 위해 기도하시기에 그럴까 싶다.

비전에서 말씀에 빠져들기를 기도하면 찬양에 묻혀 버린다. 박근수 담임목사님이 아닌 초빙한 이진섭 목사님의 '인생 역전의 비밀'이란 창41장 37~43절의 말씀으로 은혜를 받으라고 한다.

말씀을 더듬어 보면 애굽의 왕 바로는 이해할 수 없는 꿈을 꾸게 되자 애굽의 점술가들을 불러 꿈을 이야기하였지만 해석하는 자가 없었다. 이때 술 맡은 관원장이 몇 년 전 자신이 감옥에 있을 때 꿈을 해석한 요셉을 기억하고 바로의 고민을 풀어준다. 요셉은 애굽으로 팔려 와 바로의 집사로 있을 때이다.

그의 미모에 빠져 버린 바로의 아내가 유혹하자 요셉은 뿌리치며 도망치듯 밖을 나서자, 왕비는 바로에게 종인 요셉이 자기를 강간하려 했다고 거짓으로 왕에게 알린다. 요셉을 성범죄자로 감옥에 간힌다. 그때 함께 옥살이한 술 맡은 관원장의 꿈을 해석함으로 바로의 마음을 사로잡는다.

요셉은 바로에게 꿈의 해석자는 하나님이시고 자기는 전달자에 불과하다며 하나님만 높일 수 있는 겸손을 보였다. 요셉은 인생의 주관자인 하나님만 겸손히 섬겼으며, 그분의 뜻을 구하고, 그 뜻대로 순종하며 살았다.

그는 바로의 꿈을 풀어 7년은 풍년이요 7년은 흉년이 될 것을 말하였으며 그에 관한 대비책을 아울러 알려 주었다. 이 말을 듣고 있던 바로는 요셉의 말에 매료되어 그를 높이고, 나라를 경영할 지혜자가 필요하자 요셉을 발탁하여 애굽의 어려운 현실을 감당할 총리로 세운다. 요셉은 하나님의 뜻을 분명히 깨닫고 하나님의 뜻을 실현하는 삶을 살게 된다. 인생의 역전은 오직 하나님의 뜻대로 살고 준비하는 자에게 세우신다.

민락교회에서의 예배가 비전교회로 바꾼 분의 의도를, 허망에 헤매던 이 마음을 깨닫게 됨을 감사한다. 지난 시간의 '허망'을 돌아보면 해송의 머릿속을 스친 글이다.

> 산다는 것은/ 욕심은 어디까지인가/ 외롭다 쓸쓸하다는 말하지만/ 비움이 없으니/ 버릴 것 많아도 버리지 못하고/ 다 버렸다 하지만/ 나눌 수 있는 것 나누지 못하고/ 세상이 잡고 있다는 걸/ 깨닫지 못하니 허망하다// 비웠으며/ 예수님의 말씀으로/ 마음으로 받아 채워야 하는데/ 모양새만 찾으려 다녔으니/ 다 허사로구나/ 진실을 담자 허망을 버리고/ 말씀으로 채워주자/ 부르시는 그날까지 소망을 잃지 말고/ 남을 탓하지 말자

또 미운 해는 서산에 기웃거리며 대전환의 시간을 토해 내고 있으니 세상을 향한 필봉은 한 사회의 높이를 측량하며 시간의 흐름은 이 사회에서 문학이나 철학이나 예술이나 어떤 위치에 서서 있는지 또는 어떤 대접을 받고 있는지....

설날은 소금산(343m)에서

여정에 없던 일정이다.

설날이라 하늘나라로 보낸 당신 생각이 난다. 내 곁을 떠난 지도 15개월, 물끄러미 부용산만 바라본다. 똑똑 누군가 노크를 한다. 누굴까? 올 사람도 없는데….

사위가 들어와 원주 소금산 흔들다리로 가자며 10시에 출발하자고 한다.

그래 오는 길에 도드람산 기슭에 당신의 흔적이나마 보고 왔으면 하는 생각에 동승한다.

시간이 될는지는 모르겠지만….

약속된 10시 출발이 늦어져 40분 후에야 집을 떠난다. 고속도로는 막혔다 뚫렸다 하지만 그리 답답하지는 않게 달린다. 그러나 1.6km의 초월 터널로 들어서니 막힘이 말이 아니다.

광주 휴게소에 잠깐 들러 목을 축이고 손녀들이 좋아하는 음악 haley의 노래가 차내를 감돌고 있으니 놀라워 그런가 대신 터널에서 또 막힌다.

이제 서원주 월정리 간현로에 들어서 소금산 밸리 관광지 공용주차장 13시에 주차한다.

간현관광지는 관동별곡에서 그 절경인 섬강과 삼산천 강물이 모이는 지점이다. 이곳은 울창한 숲이며 고목과 바위 절벽이 병풍처럼 쌓인 경관을 볼 수 있는 소금산이다.

오늘은 케이블카를 운행하지 않는다. 출렁다리까지는 도보로 걸을 수밖에 없다.

주차장에서 출렁다리를 건너 태그 산책로 울렁다리까지 돌아오는데 약 3.5km에 2시간 30분이 걸리는 코스라고 한다. 거의 90도의 암벽산 100m의 언덕에서 건너편으로 연결된 출렁다리200m는 2018년 개통을 시작으로 2019년엔 하늘 바람길 개통에 2021년엔 태그 산책로 개통과 울렁다리, 그리고 2022년에 원주 소금산 밸리를 오픈했다고 하니 오늘은 그 길을 답사하듯 걸어 본다.

설날이라 그런지 꽤나 사람이 많다. 관광 안내 센터를 지나 간현교를 건너 심산천교를 건너니 매표소다. 여기서부터 태그 길이 시작된다. 지금부터 길이 200m에 높이 100m 소금산 출렁다리 중간쯤이다. 앞뒤로 젊은 남녀들 뛰니 다리가 흔들려 정신이 없다.

어지러워 앉고 싶었다. 끝까지 오기로 건너긴 하였지만 바로 시작하는 태그 길은 온몸도 마음도 계속 흔들거린다.

이제부터 스카이 타워까지 580개의 철 계단 좁은 폭의 산책길은 서다 걷다 쉬었다 걸어야 하는 소금 잔도이다. 대부분이 젊은이들이며 나이 많은 사람은 그리 흔하지 않았으므로 지나는 이들은 나를 보곤 앞지르며 한마디씩 한다. 건강하다고 하는 말이 좋은 소리로 들리니 자신이 기분이 좋아지며 어깨가 들썩거린다.

이제 태그전망대를 향해 걷는 길이다. 여기저기 나무들은 쓰러지고 가지가 부러져 있으며 흙의 그윽한 향기는 맡을 수 없다. 덮고 있는 바삭하게 마른 갈잎은 얼마나 사람들이 많이 다녔으면 사람 냄새가 난다. 그것도 다칠세라 철 태그의 소금 잔도 산책로 700m를 오르고 내리고 하여 도착한다.

확 트인 전망대에서, 차가운 공기의 합창과 인증샷으로 어느새 억눌려 고개 꺾인 텁텁한 마음은 멀리 떠나버렸다. 산천과 계곡을 유유히 굽이굽이 흐르는 섬강 군데군데 고인 물은 빙하를 이루고 있다. 스카이타운을 내려 출렁다리의 두 배의 길이를 자랑하는 404m의 긴 울렁다리를 건넌다.

그리고 에스컬레이터로 삼산천 하류에 내린다. 하천 길을 걷노라니 나오라 쇼 광장 앞엔 미디어 파사드 조명과 건너편 암벽을 타고 있다. 90도의 암벽에 누군가는 매미처럼 암벽에 딱 붙어 꿈틀거린다. 나도 젊을 때 저런 스릴도 느끼며 지나왔는데….

주차장에 들어서니 벌써 15시 30분을 가리키고 있다.

원주로 온 것은 한우 고기를 먹는 목적이었다. 의정부로 오는 길에 섬강 한우촌에 들러 안창살, 꽃등심, 육회와 된장찌개로 허기진 배를 채운다. 오늘은 사위가 계산을 하고 여유를 부리면서 고속도로를 접어든다.

배가 부르고 그렇게 재미있게 주고받은 이야기들은 꿈나라로 가니 음악 소리만 귀를 간지럽게 한다. 17시 넘겨서 아쉬움을 뒤로하고 곧바로 집으로 들어선다. 미안해 당신….

제3부
아쉬움 남긴 그대

고통을 이기려다 쏟아진 눈물

맑은 날씨라도 가을을 안고 오는 기분은 우울하기만 하다.
08시. 집을 나선 걸음이 신곡동에 도착하니 팀원들은 벌써 나와 일할 준비를 하고 있다. 모두가 밝은 표정들이니 몸이 아파 끙끙거리는 아내가 머리를 감돌며 지나간다.
주어진 시간에 행복마을 깔끔이들은 한 손엔 비닐봉지요 다른 한 손엔 긴 집게를 들고 거리를 헤매며 거리와 골목에서 오물을 줍는다.
잠깐의 쉬는 시간은 권아*자 여사가 타 온 커피, 더울 땐 냉커피요 기온이 내려가면 따듯한 커피로 봉사하는 그 모습은 신뢰와 사랑이 없으면 힘들 것이다. 모두가 감사하는 마음으로 한 잔씩 받아들고 피로를 풀면 이야기는 골목을 누비며 오가다 거리를 나선다.

어떤 일을 향해 산다는 것은 공동의식과 사회 참여라는 뜻에서 마음 깊은 곳에서 솟아오르는 진정한 생각들은 협동이다. 자기 주관과 편한 것들을 멀리하고 힘을 함께한다는 모습은 팀장으로서 감사한다. 30분 빨리 일을 마치고 집으로 들어왔으나 아내는 없다. 아마 병원에 갔으리라 보고 소파에 앉자 2분 정도 흐른 시간, 문을 열고 들어선 아내 남편인 나를 보자 대성통곡한다.

여성은 강하지만 그 강한 가운데 눈물은 가슴 아픔이 멍이 든 눈물이라 무엇으로 위로할지 난감하다. 돌아보며 미안할 뿐이다. 53년 살아오면서 아무런 한 것이 없다. 남보다 아기자기한 면도 없었고, 아내를 위한 사랑 표현도 없었고, 가정적이지도 못했다. 그렇다고 경제적인 여유도 없었고 살아온 삶이 내 주관적 삶만이 보인다. 그러나 서로의 건강을 염려하고 왔지만, 아내는 만성 당뇨 때문에 몸이 망가질 대로 망가지고 피로하지만 자신은 거짓말 같이 자기만의 고통을 이기려고 노력하여 왔다. 몸을 가누지 못하고 참다 참다 담이라면 물리치료가 좋다 하여 받은 것이 더 어렵게 만들어 놓을 줄 누가 알았을까! 거동이 매우 힘들어 보인다.

요즈음 나에게는 웃음이 차츰 사라지고 있다. 22년 6월 7일 법원으로부터 소장이 날라왔다. 배상 청구 소장이다. 일백구십이만 원 청구한 것이다. 생활 미술 시간, 에코 백에 무늬를 넣는 시간, 놈의 그림을 본 것이 오해를 받아 내가 물감을 의자에 뿌려 바지와 속옷을 못 입게 된 것으로 착각하여 거기에 관한 청구이다. 황당한 일이다. 하지 않았을 뿐 아니라 물증도 증인도 없는 단지 추측일 뿐이고 종강 시간에 푸른색 물감을 사용한 사진을 제시한다.

이로 말미암아 마음은 손에 잡히지 않은 일과에 쌓여 있으며 몸 또한 피로가 쌓였는지 노곤하고 걷기 싫어지고 조금만 걸어도 앉을 자리를 찾느라 두리번거리면 걷는다. 왜 이렇게 팔십에 어려움이 많은지....

모두가 미워지고 시 쓰는 것도 멀리 떠나고 글쓰기가 아니 컴퓨터를 열기조차 싫어진다. 머리에 감돌고 있는 것들은 나를 짓누르고 삶에 회의를 부르기만 한다. 한숨만이 시간을 잡아먹을 뿐이다. 치매에 걸렸나? 우울증이 왔나? 무기력해진다. 이야기를 나눌 사람도 없지만 하고 싶은 생각조차 없다. 삶이 이렇게 허탈할까! 지나간 세월이 간간히 떠오르다 먹구름이 되어 쏟아질 뿐이다. 아내의 병 수발이 우선이다. 안타깝다.

가눌 수 없는 몸 / 해송
흐르는 시간 속/ 여인의 향기/ 가득한 꽃길 걸어왔지만// 빙벽 타고/ 쏟아져 떨어진 물/ 바위 마루 손잡고 하소연한다// 푸르른 그날/ 굳어버린 정 회복은/ 먹구름 되어 땅을 짓누르니// 살아 생전/ 주름 손 잡고 쏟아낸 것/ 함께한 긴긴날이 고마워진다

퇴근한 몸 나도 힘겨워 동분서주하지만, 아내는 안정이 되지 않는다. 무엇으로 위로하랴. 마음을 열어 주었으면 하지만 좀처럼 진정될 기미가 없다. 병원에 가자고 하여도 조금 있으면 괜찮겠지 하지만 차도가 없다. 잠이 들면 진정이 될까!

아름다웠던 그 몸은

SH신경외과에서 물리치료를 받고 온 후다.
누워서 일어나기 어렵고 허리에 고통이 심하니 병원을 가겠다는 것이다. 53년을 살아도 아내의 몸을 씻어준 일은 없었다. 젊음의 그 날들은 라인이 확실하고 토실토실 살결도 희고 예뻤는데....
꺼칠하고 기름기 없는 앙상한 몸을 만지니 눈물이 쏟아진다.
외출 복장에 입원 준비를 하고 119를 호출한다. 3분도 채 되지 않은 시간에 구급차는 도착했다. 의정부 을지병원 응급실로 들어선다. 자식들에게 알리지 말자고 하지만 직장에 있는 딸에게 알린다. 검진에 아무런 이상이 없기를 바랄 뿐이다. 종합검진으로 몸속에 감추어진 질병이 있으면 드러나 치료하기를 바란다. 30분 후 딸아이가 왔으니 응급실 대기실을 나서 집으로 와 집 안 정리를 처음으로 하고 소파에 앉으니 막막하고 먹먹하기만 하다.

인생이란 내가 생각하는 대로 되는 것이 아니고 사랑할 때는 눈이 멀고 현재의 이성일 뿐이다. 삶에 별 의미는 젊음 속에 빠져 시간의 흐름에 감을 잡지 못하고 지나왔음을 변명할 여지가 없다.
두 주간을 몸을 뒤척이다 거실에서 안방에서 당신 혼자만의 생각은 얼마나 많았을까. 옆에서 간호를 하다 복지관으로 가 버리면 어떻게 하나 하면서 자신의 처지를 노출하지 않으려고 노력하나 걱정이 된 듯 11월엔 일자리를 않기로 했다고 하니, 그제야 한숨을 쉬면서 일찍 말을 좀 해 주지 한다. 그렇다. 당신의 이런 몸을 두고 아무리 무심한 남편이라도 어떻게 자기 좋은 대로 하겠는가?

입원 수속 후, CT를 찍고 나자 의사의 소견은, 등골 갈비뼈와 앞가슴 뼈 그리고 폐에 흰 줄이 몇 줄이 보인다며 조영제 투입 후에 다시 CT를 찍어 보아야 상세히 알 것 같다고 한다.

그러나 몸이 쇠약하여 조영제를 투입할 수 없다는 것이다. 병원에 있어도 별 조치를 할 수 없다고 하여 집으로 왔는데 병원으로 왔다 갔다 하는 통에 몸은 더 망가졌다. 이제 이 못난 남편에게 몸을 의지하고 화장실을 다니는 그것도 못 한다. 병원 침대를 샀으면 하여 주문한다. 다음 날 침대가 왔다. 침대를 높이고 낮추고 하니 조금은 편한 듯 보였다. 그러나 몸은 호전되지 않고 더 심해진다.

119를 불러 병원으로

한글날 겸하여 연휴가 되고 보니 병원 입원은 늦어지기 마련이다.

10월 11일 수요일, 119를 불러 병원으로 보내고 시문학 강의실에 들어서나 머릿속엔 아내의 생각으로 가득해 대충 강의를 마치고 병원으로 전화를 한다. 아무리 생각해도 해답은 없다. 무엇으로 위로하며 달랠 수 있을까. 생각은 멀어져만 간다.

그저 멍청할 따름이다. 딸아이의 수고와 대화는 버거운 말만이 오고 갈 뿐이다. 내가 죄인이요 무능한 탓일 뿐 누구에게 무엇을 말하겠는가. 본인 또한 여러 가지 이유가 있겠지만 생명의 포기는 오래전에 마음을 먹어 왔다고 본다.

노후의 경제적 문제며 자식들에 따른 스트레스는 눈짐작으로도 알 수가 있었다. 나에게 하나뿐인 친구요 아내인 임향숙 씨다. 부부가 되어 살아온 지도 어언 53년이다. 아무런 내세울 것도 없고 자랑거리도 없다. 남매를 안겨 준 것뿐, 고생은 쉴 날이 없었다.

남처럼 아기자기한 것도 없었고 대화도 없었다. 가정이란 게 별스러운 재미도 없고 형편도 웃음을 가져다줄 아무런 것도 없다. 삶의 고통과 고난은 연속이요 이 또한 비켜 갈 틈도 주지 않은 시간들만 흘렀을 뿐이다. 생의 재미란 삶이고 안정 속 행복인데....

기쁨의 샘은 우리에겐 말라만 갔다. 까만 머리가 흰머리가 될 때까지 말이다.

먹고 사는 게 무언지 쫓기고 쫓기어 계절은 싹트며 꽃이 피고 열매가 맺히고 익어가며 잎사귀가 떨어지고 또 눈이 날리고 식물들은 싹이 틀 준비에 봉오리 몸가짐이 지나면 또 봄이 왔다. 계절은 이렇게 약속이나 한 듯 바뀌고 또 바뀌어 지나가지만 우리는 언제 이렇게 변했는지 모른다.

담석이라고 이리 뒤척 저리 뒤척이면 만져 달라는 부탁뿐이라, 물리치료를 받으라고 한 것이 어려움을 더할 거라곤 꿈에도 생각을 못했다. 5일 치료 후 집에 왔는데 얼마나 힘이 들었으면 나를 보자 눈물이 홍수를 이룬다. 53년을 지나면서 이런 눈물은 처음이다. 얼마나 힘들었을까. 고통 가운데 걸었다 쉬었다 하며 '내가 집을 바라보며 들어가지도 못하고 거리에서 죽지는 않을는지, 도로에서 죽지는 말아야지' 하고는 201동을 바라보고 죽기 살기로 버티면서 걸었다고....

미련했다. 왼쪽은 겨드랑에 손을 넣고 부축해야 겨우 몇 발자국 변기에 앉을 힘도 바지를 벗을 힘도 아니 허리를 굽히지를 못한다. 그러니 나를 잡고 오른손은 지팡이를 의지하여 화장실을 일주일을 다니다 그것도 못한다. 꿈속에 헛것이 보이는지 횡설수설한다.

명절 연휴가 지나 2일, 119를 불러 의정부 을지병원 응급실로 간다. 딸에게 연락을 취하니 달려왔다. CT를 찍으니 등골의 갈비가 부러져서 그렇다고 한다. 병원에서는 별 치료가 없다 하여 집으로 왔다. 고통은 연속이요 대소변도 자신이 할 수 없는 형편에 이르렀다. 한글날 연휴 후 11

일, 다시 119를 불러 을지병원에 입원을 시켰다. 검사 결과는 억장이 무너진다. 늑골뿐 아니라 가슴뼈도 골절이라 아마 폐암으로 전이가 빠르다는 의사의 말. 어디서 어떻게 전이되었는지는 조직 검사를 하고 PET CT를 찍어 봐야 알 수 있다니....

의사는 암으로 판단하며 일주일 전보다 너무나 빠르게 전이되었다고 하면서 보호자를 나무란다. 왜 그때를 놓쳤느냐는 뜻이다. 얼마나 고통이 심했으면 나를 잡고 기도해 달라고 한다. 눈물을 쏟으며 기도하지만, 주님은 이 기도를 듣고 계시는지....

오후 늦게 딸아이와 교대하고 내가 간병인으로 그대 곁에 있을 수밖에 없었다. 익일 아침 일찍 pet CT를 찍고 호흡기를 통한 조직 검사를 마치니 오후이다. 아내는 고통을 호소하며 오른쪽으로 또 다른 반대쪽으로 뒤척이며 검사 때 이동이 더욱 상처를 건드리는지....

매우 고통스러워한다. 환자 곁에 있어 보지 않은 사람은 그 고통을 헤아릴 수 있을까! 링거와 통증 안정제며 피가 부족하다고 놓은 혈액 투석이 아내의 몸을 타고 흐른다. 나도 환자가 된다. 밤잠을 설치고 환자와 함께하니 모든 게 안정을 이룰 수 없다. 딸아이는 주말에 교대하자고 한다. 직장을 떠날 수는 없다기에 그래 그렇게 하자고 대답을 했다. 금요일 저녁이 은근히 기다려진다. 병원에서는 규칙을 지킬 수 없다면 간병인을 구하라고 한다. 그러나 환자 자신이 남의 손은 싫다고 하니 주말에 딸과 잠깐 교대하겠다고 허락을 받는다. 그리고 환자에게 이야기한다.

얼굴에 기쁨이 솟아나기를 원하지만

환자의 기분은 수심에 차 있다. 아내의 곁에 있으며 상태를 관찰한다. 무엇이 불편한지 무엇이 먹고 싶은지 화자에게 편안하도록 마음을 먹지만, 그러나 기분을 바꿀 수는 없다. 딸의 손은 편안한데 당신필자은 불편하다고 한다. 내가 더 편안하다는 이야기를 듣고 싶은데,...

오늘은 날씨가 매우 쾌청하다. 창밖을 보다 밖으로 나가 보았으면 한다. 간호사에게 밖을 나가도 되느냐고 하니 나가도 좋다는 것이다. 휠체어를 가져와 간신히 태운다. 옥상으로 나서 본다. 기분이 좋아 보인다. 동서 사방을 옮기며 본다. 시가지를 보다가 푸른 하늘을 보다가 천보산을 주시한다.

10월이지만 아직 녹색의 물결이 출렁일 뿐이다. 단풍이 없다는 듯 흥얼거린다. 간간이 얼룩진 잎새들이 보이긴 하지만 전반적으로 단풍철은 아니다. 은근히 감기에 신경이 쓰여 조심스럽다. 다른 사람도 아닌 당신을 밀고 가니 조금은 미안하기도 하다.

지금껏 살고 있지만, 가을이라고 단둘이 단풍 구경도 하지 못했다. 그뿐인가 우린 계절을 잊고 살아온 부부다. 그렇다고 둘이서 쇼핑도, 하물며 시장도 나서지 못했다. 요즘의 세대나 환경과는 차이가 너무 멀게 살아왔다.

그러니 밥 먹기 바쁘게 집을 나섰고 집에 들어오자마자 바쁘게 잠자기 바빴다. 시야를 바라보는 아내의 마음이 아쉬움과 믿음직하지도 못한 남편을 물끄러미 바라보는 눈에 원망으로 고여 보인다. 여보게 미안한 마음은 늘 지니고 있어. 그러나 행복이란 조건이 아니고 믿음이지....

바쁘게 살아도 아이들 데리고 바람 쏘이고 올까 하면 돈 걱정하니 말이야, 사실에 대한 반응에 따라 행복해지기도 하지. 그래 모든 것이 꿈만 같고 지금의 처지가 원망스럽지. 당신은 지금껏 참 많은 일을 하면서 왔지만, 그러나 가장 중요한 일 한 가지 잊은 것은 쉬지 않고 일에만 매달려 왔다는 것이야.

눈앞의 큰 화분에 담긴 나무 한 그루 붉게 물들었다. 물끄러미 바라보면서 아름답다고 한다. 당신도 아름답지. 저 나무처럼. 그러나 저 붉게 물든 잎은 곧 떨어지지만, 당신은 푸르른 게 좋아. 우린 다시 병실로 들어온다.

내일도 나가 보자고 하나 힘들어한다. 빨리 일어나야 할 텐데....

앞뒤로 뼈가 부스러졌으니 얼마의 시간이 필요할까? 환자 본인 스스로 의지가 있어야 하는데 본인은 기도하면 '주님 75세에 데려가 주세요' 하고 기도한다고 한다. 또 수면제를 찾는다. 일어섰다 앉았다 했으니 통증이 오나 보다. 기도해 달라며 나를 안는다. 아내의 손을 잡고 기도하면서 나 자신을 원망한다. 염치가 없다. 무슨 염치로 주님을 부르나. 지난 일은 묻지 않으시는 그분께 간절히 기도한다.

일주일 되던 17일 새벽

님은 하늘나라로 갔습니다.

24시경, 잠을 이루지 못하고 좌우로 누우며 고통을 호소한다. 내 몸을 끌어안고 앉혀 달라고 발버둥을 치며 매달려 안간힘을 쏟더니 왼쪽 콧구멍에서 피를 흘린다. 피곤하니 코에서 열이 터졌나 했더니 그것이 아니었다. 물을 한두 번 마시더니 가슴이 답답하다며 목에 무엇이 걸렸는지 캑캑거리고 뱉기 시작하니 붉은 피 뭉치가 나온다. 연신 휴지를 갖다 대고 거의 1분에 한 번씩 뱉어 낸다.

힘이 없다고 피가 모자란다고 3일 전 피를 보충했었다. 정상인이 15%이면 아내는 5%밖에 되지 않는다는 것이다. 그래서 맞은 피였는데, 휴지 40여 장에 쏟아 내었으니 보충한 피도 거의 토해 낸 것 같다. 이제는 발음도 정확하지 않다. 화장장이라고 하는지 화장실이라고 하는지 자꾸 가자는 소리만 한다. 당신도 나도 기진맥진한 상태이다.

당직 의사 선생은 지혈을 시키라고 간호사에게 말하곤 조치라는 것은 약이다. 그렇게 전쟁의 시간은 흐른 뒤 잠을 자겠다고 수면제를 달라고 한다. 저녁 10시경 두 알을 먹었기 때문에 약은 더 주지를 않는다. 아내는 아픔을 이기겠다고 잠을 청하고자 하지만....

내가 먹는 수면제 한 알을 건넨다. 조금 뒤 조금은 조용해지는 것으로 보인다. 머리 위치를 낮추고 잠이 들기를 기도한다. 이마에 손을 얹고 사랑의 주님께 호소한다.

'하나님 아버지 이 백성에게 왜 이렇게 고통을 주십니까. 이렇게 보고만 계시렵니까!

어제의 아버지는 사랑이 많으셔서 우리가 미운 짓을 하더라도 그저 웃으시며 화내지 않으시고 회초리도 들지 않으시고 사랑으로 토닥이며 긍휼을 베풀어 주셨는데….

이 여종 이렇게 잠을 이루지 못하고 고통 가운데 헤매는데 이를 본체만체 외면하십니까?

미련한 저희에게 어떻게 현실을 이기라고 이 마음을 이간질하는 사단을 보내어 이 종을 시험하십니까? 왜 잠깐의 휴식도 주시지 않고 생각의 시간도 여유도 없이 몰아치십니까? 우리를 지키시는 천군과 천사는 어디서 무얼 시키시고 있나요? 이 종을 광야에서 사냥 몰이 하라고요! 방향을 잃고선 나의 손을 잡으시고 위로하신다. 이겨 내라 담대하라 내가 세상을 이기었노라고….

밤잠을 설치며 주님의 손을 잡았다 놓았다 하는 시간이다. 새벽 시간 02시, 가래침 뱉으며 붉은 피는 멈춘 듯하다. 연신 닦아 내면 힘없이 물끄러미 보는 그 눈동자며 온몸이 비에 젖은 듯하니 얼굴과 몸을 닦아 준다. 목을 끌어안고 화장장인가 화장실인가 가자고 야단이다. 아직은 당신이 움직일 수 없다며 다독여 준다. 물끄러미 창밖을 바라보면 천보산 마루 기슭에 붉게 물들어 가는 단풍을 바라본다. 그대는 계절을 알까!

사랑도 나무처럼 그리움의 무게를 바람에 실어 보내며 태연한 척 눈을 감는 사랑하는 이여, 어느새 잠이 든 듯 당신도 나도 지쳐 누워 버린다. 우린 잠이 든다.

마음에 공간을 스쳐 가는 것들은 바람만이 아니겠지. 그리움도 사랑도 때론 슬픔도 내 인생의 옷깃을 스쳐 가겠지....

가야 할 길들이 바쁜 걸음이라 그리움은 그리움대로, 사랑은 사랑대로 두고 가겠지....

가다가 돌부리에 넘어지니 그리움도 슬픔도 잊어버리고 말겠지....

우리가 걸어온 길은 화려한 꽃길만이 아니며 낙엽 진 산길도 깊은 강도 걸어왔다는 것을....

그렇다. 그 험한 그 길과 사계절도 지나고 지금은 마음의 길을 걸어가고 있다.

부모님도 만나고 가족도 만나고 친구도 만나니 모두가 다르구나. 그 다른 인생이 내 안에서 있었구나, 그 길은 영원한 것 같으나 영원하지 않고 시간과 인생은 살아 있을 때 그때뿐이로구나...

산다는 게, 건강해야 하고, 즐거워야 하고, 행복해야 하니 이것이 말로 세상이 존재한다는 것이다.

꿈속에 잠깐의 시간은 흐른 듯 03시 40분, X-ray 기사가 깨운다. 환자는 모른다. 기사와 몇 마디 주고받은 후 아내를 보니 호흡기는 떨어져 나가고 맥박은 없다. 간호사를 호출하고 환자를 간호실로 옮긴 후 보니 심정지 상태이다.

최종 연명 소생술이다. 가슴에 전자 충격기를 설치하고 묻는다. 그러나 호흡기의 그래프는 곡선이 아닌 일직선이고 가망이 없는 것 같다. 딸에게 전화를 걸어 서로의 의사를 나눈 뒤 하지 않기로 했다. 체온은 있으나 팔다리는 싸늘하다. 05시 10분, 의사는 '운명하셨다'는 최종 판단이다.

병실에 들어와 본다. 이리저리 어질러진 소지품들, 사랑한다는 건, 그대의 아픔을 안고 가슴에 희망을 끝까지 같이 걷는 것인데…….

미안하다는 말만이 변명처럼 병실을 가득 메운다.

잠깐의 사이에 벌어진 상황이라 어안이 벙벙하다. 간호사들은 오랜 시간을 지체할 수 없으니 조치를 취해 달라는 부탁이다. 장례를 치르기 위해서는 이곳 의정부보다는 상계 을지병원 영안실을 택한다. 1호실로 정하고 이천 에덴 정원에 유수장을 하기로 한다. 그러나 백제 화장장과의 타이밍이 맞지 않는다. 4일장이 될 듯하다. 이천이면 용인이 가까우니 용인화장장을 알아보라고 하여 마침 시간을 맞출 수 있었다.

어수선한 1호실, 아무런 준비도 되지 않았는데 조화가 들어오고 첫 방문객이 들어선다.

삼일장을 치르던 그날

 님을 보내는 아쉬움을 하늘도 아는 듯 비가 쏟아진다.
 아직은 The은혜교회 소속인 우리 가족이다. 이상규 목사의 발인 예배가 마지막이다. 고인인 임향숙 권사가 조용한 가족장을 바랐기 때문이다. 목사님의 간구가 있었으나 가족장으로 하겠다고 하니 발인하는 날 오겠다고 하였다. 06시에 예배를 드리고 07시에 여주로 출발한다. 외손녀가 영정을 들고 리무진에 오른다. 영구차엔 가족뿐이다. 마음속으로 기도하였지만, 입관 후 마지막 기도를 했다. 그리고 저녁 예배를 드린 것이 전부이다.
 고인은 섭섭하게 여길지 모르지만, 시간이 허락하지를 않았고 본인과 자녀들의 눈물로 진행이 어려웠다. 그걸 아는지 고속도로를 질주하는 장례차는 막힘없이 용인화장장으로 들어선다. 사무적인 처리를 하고 불과 40여 분이 흘렀다. 화장은 10시에서 12시란다. 당신의 숨 쉬지 않은 육신을 확인 후 대기 9호실로 이동한다.

 옷이 젖을 정도의 비는 유리창을 타고 눈물방울이 흐르듯 내린다. 깎아진 산의 나무 잎새들 고인이 묵은 병실처럼 창밖은 온통 산이다. 계절은 속일 수 없는 듯 나무 잎새들 붉게 익어가고 있다.

자연은 힘든 길 떠나는, 사랑했다고 말 한마디 못 한 나에게, 화살나무의 붉은 잎에 물방울은 떨어지지 않고 매달려 꼭 안아 주렴 하지만, 괴로움과 슬픔은 어쩔 수 없는 듯 떨어진다.

방송은 고인의 이름을 부른다. 육신은 백골로 가족에게 보이더니 한 줌의 흰 가루가 되어 네모진 상자에 담겨져서 아들의 손에 안겨 부활교회 예배실로 엘리베이터를 타고 오른다.

안장 예식을 드리는 김태식 목사의 찬송 486장은
'이 세상에 근심된 일이 많고 참 평안을 몰랐구나
내 주 예수 날 오라 부르시니 곧 평안히 쉬리로다.
이 세상에 곤고한 일 많고 참 쉬는 날 없었구나
내 주 예수 날 사랑하시오니 곧 평안히 쉬리로다.
이 세상에 죄악된 일이 많고 참 죽을 일 쌓였구나
내 주 예수 날 건져 주시오니 곧 평안히 쉬리로다.
주 예수의 구원의 은혜로다 참 기쁘고 즐겁구나
그 은혜를 영원히 누리겠네 곧 평안히 쉬리로다.'였으며 '영원한 안식처'계 21장 1~4란 말씀,

"또 내가 새 하늘과 새 땅을 보니 처음 하늘과 처음 땅이 없어졌고 바다도 다시 있지 않더라. 또 내가 보매 거룩한 성 새 예루살렘이 하나님께로부터 하늘에서 내려오니 그 준비한 것이 신부가 남편을 위하여 단정한 것 같더라.

내가 들으니 보좌에서 큰 음성이 나서 이르되 보라 하나님의 장막이 사람들과 함께 있으매 하나님이 그들과 함께 계시리니 그들은 하나님의 백성이 되고 하나님은 친히 그들과 함께 계셔서 모든 눈물을 그 눈에서

닦아 주시니 다시는 사망이 없고 애통하는 것이나 곡하는 것이나 아픈 것이 다시 있지 아니하리니 처음 것들이 다 지나갔음이러라." 라는 말씀과 축도로 예배를 마치고 유수장으로 가 목사님은 기도한다.

고인은 한 줌의 가루로 아직도 체온이 느껴진다. 가족 한 사람 한 사람이 물에 뿌리니 육칠십 평의 웅덩이 물은 마지막 눈물이 떨어지듯 물결이 일고 새 하늘과 새 땅이 열린다. 하늘의 그림자가 물 위에 그려짐이 거룩한 성 새 예루살렘이라 신부가 남편을 위해 단장한 모습으로 나타난다. 그 눈물을 닦아 주며 다시는 사망도 애통도 곡하는 것도 아픈 것도 다시는 있지 아니하며 처음 것들은 다 지나갔다. 우리 향숙 씨의 몸인 한 줌의 가루는 물 위로 구름 되어 하늘에 뜬다.

이렇게 75세의 일기로 떠나보낸 걸음은 무거워도 가신 님의 자취는 편히 쉴 것을 기도하며 에덴 낙원 평온의 뜰을 벗어난다. 맑은 하늘에 잠깐의 비에 젖은 고속도로를 달리는 차는 구리를 지난다. 장례식장에 들러 예복을 반납하고 우리 가족은 늦은 점심 겸 저녁을 먹는다. 집에 도착한 몸둥이는 침대에 쓰러져 눈물과 함께 잠이 든다.

아내를 보내고 처음 나들이

숲이 어우러진 광릉수목원이다.

시문학 동아리 야외 수업일이라 봉선사를 먼저 들른다. 해설사의 환한 웃음과 함께 봉선사의 유래에 귀는 녹아난다. 봉선사는 경기도 남양주 진접읍에 있는 대한불교 조계종 소속의 사찰이다. 대한불교 조계종 제5교구 본사이기도 하다. 그 역사는 서기 969년 고려 광종 20년에 법인국사께서 창건하고 운악사라 했다. 그 후 1469년조선 예종 1년 정희 왕후 윤씨가 광릉의 세조를 추모하여 89칸으로 중창하고 봉선사라고 하였다.

1551년명종 6년에 문정 왕후에 의해 교종의 중심된 절로 지정되어 여기서 승과를 치르기도 하고, 전국 승려와 신도에 대하여 교학을 전통하는 중추적 기관 역할을 하였다. 1592년 선조 25년 임진왜란과 1636년 인조 14년의 병자호란에 소실된 것을 1637년에 개인 선사가 복구했다. 1950년 6.25사변으로 14동 150간의 건물이 전소되었다. 봉선사의 큰 법당은 1969년에 주지 운허1892~1980가 큰 법당을 중건했다. 경내에는 납골당이 있고, 연못과 카페 등이 자리하고 있어 가족 단위 방문객이 많다.

특이한 사항은 대웅전의 전각 현판이 한글로 되어 있다. 또 내부에도 화엄경과 법화경이 한글로 번역되어 벽면에 붙여 놓았다. 법전이 목재가 아니고 콘크리트를 사용한 것이 당시 기술을 대표하는 사례로 인정받아 등록문화재 522호로 지정되어 있다. 해설을 듣고 개인 활동으로 이곳저곳을 다녀본다. 연못엔 비단붕어가 넓은 공간을 배회하고 있다. 그들은 길이 없다. 오직 먹이를 찾아 사냥할 따름이다.

주차장으로 내려와 사랑방 식당에서 버섯전골로 입맛을 다신다.

광릉수목원으로 발길을 옮긴다. 이곳에 온 지도 몇 년이 지나오다 보니 나무들은 더 우람해 보인다. 수목원은 조선 시대 나라에서 사용할 나무들을 생산하고 왕실 가족이 사냥과 활쏘기로 어우러졌던 강무장講武場의 역할을 하던 곳이다. 1468년 조선 제7대 왕 세조의 능인 광릉이 조성된 이후 능림으로 지정되어 관리되었다. 일제 강점기인 1913년 광릉시험림으로 지정되었고, 1922년 8월 임업시험장이 창설되면서 본격적인 임업 시험 사업이 이루어졌다.

광릉숲의 생물생태는 550년간 훼손되지 않고 잘 보존되어 세계적으로 온대 북부 지역에서 찾아보기 힘든 온대 활엽수며, 생태적으로 중요한 숲들로 구성되어 있다. 나무들을 살펴보면 교목층에서 시어나무, 졸참나무, 갈참나무 등의 수종들이 있다.

이곳은 어린나무부터 오래된 고목에 이르기까지 다양한 945종이 분포되어 있고, 천연기념물인 장수하늘소를 포함한 곤충 3,977종과 천연기념물 까막딱따구리, 올빼미, 팔색조, 솔부엉이, 원앙 등 조류 180종과 버섯 699종 등 다양한 생물들이 서식하고 있는 보고이다. 이를 근거로 유네스코의 인간과 생물권Man and the Biosphere은 2010년 6월 2일 광릉숲을 유네스코 생물권 보전지역으로 지정하였다.

반원들은 매표소에서 확인 절차를 거쳐 숲길 아래 키즈 아카데미를 지나 유네스코 생물 보전지역 등재 조형물 앞으로 숲길을 걷는다. 가을의 숲은 내 마음처럼 썰렁하다. 물든 낙엽들은 길을 비단처럼 덮고 길손들을 환영한다. 모두가 칠팔순의 노인들이라 많이 걸을 수 없다. 호수변에서 서성인다.

나비느#2 카페에서 잠깐의 휴식은 카페라테로 시간의 흐름을 잡고 보니 여기에 있는 여인들이 떠나보낸 아내의 또래들이다. 그러다 보니 먼 산을 쳐다만 보면 마음속에 거니는 그녀의 얼굴이 눈시울을 또 적셔 준다. 고통도 아픔도 없는 그곳 하늘나라 주님의 품으로 보냈는데....
왜 자꾸만 마음에서 지워지지 않을까? 이별이란 이렇게 모질까! 여기저기 몰아치는 것들이 아쉬움뿐이다. 소심하지만 활달한 성격이었는데, 젊음을 젊음대로 휴식을 취하지 못함이 못내 마음에 걸린다.
또순이처럼 박봉에 계획을 세우고 살림살이를 했는데, 난 그대에게 해 준 것이 하나도 없다. 그래서 미안하고 마음속을 떠나지 못하고 있는 걸까, 10월 17일 02시의 시간은 지울 수 없다. 얼마나 고통스러웠으면 이 못난 남편을 안고 울부짖으며 가누지 못한 몸을 일으켜 세워 달라고 애걸했을까. 이렇게 떠날 줄 알았으면 뼈가 으스러질지언정 앉혀 주고 세워도 주었을 터인데....
화장실인가 화장장인가 간다고 그 소리가 무슨 뜻인지도 모르고 기저귀를 찾으니 마음 놓고 변을 보라고 하면 아직 당신의 몸으로는 안 된다고 하였는데, 그렇게 발버둥 치다 조용히 잠든 것이 영영 갈 줄이야! 당신을 지켜 주지 못한 나를 밉다고 했다. 미워서가 아니고 그것이 사랑의 표현일 거야. 나와 자식들을 위해 그 고통 안겨 주지 않으려고 조용히 눈을 감았겠지. 그 시간은 당신의 손을 잡고 이마에 손을 얹고 우린 기도했지....

　창밖의 시야는 카페 룸에서 벗어난다. 복지관을 향해 달린다. 오늘 하루의 일과 역시 마음에서 지워지지 않은 모습으로 지난다.

아내 떠나보낸 열흘이 되는 날

 목요일 저녁 사위가 찾아와 내일 08시에 이천에 파라다이스로 가자고 한다.

 새벽 03시에 잠에서 깨어나 서성이다 시계를 보니 아직은 이른 새벽이다. 잠을 청하다 청하다 06시가 되어 세수를 하고 주섬주섬 옷을 챙겨 입고 거실로 나서지만 아롱거리는 얼굴은 당신뿐이다. 아직 정리가 되지 않은 방문을 열어 본다. 하늘나라로 간 느낌이 없다. 꼭 어디 여행을 떠나보낸 사람으로 생각되어진다.

 08시 10분에 집을 나선다. 시야는 온통 미세먼지로 산천이 아물거리는 고속도로를 질주한다. 그대를 보내던 그날은 날씨가 흐리고 비가 내렸다. 모든 장례 절차는 아이들이 하자고 하는 대로 진행하였다. 화장장 이야기에 이천이면 백제보다는 용인 더 가깝지 않느냐고 한마디 한 것이 시간을 단축할 수 있었다. 07시 30분에 상계 을지병원 영안실을 빠져나와 용인으로 달린다. 그대를 보내는 우리의 마음을 아는지 비에 젖은 고속도로는 눈물을 헤치며 질주하여 10시 30분에 화로에 투입되며 마지막이다.

 대기실 9호 방은 병실처럼 붉게 물들어 가는 산을 바라보니 유리창을 타고 내리는 물방울은 내 마음을 달래는 듯 아이들에게 보이지 않으려고 먼 산만을 바라보며 눈시울을 붉혔다. 만남과 헤어짐은 기쁨과 슬픔 뿐이다. 삶의 연결은 사랑이란 단어이다. 사랑은 하나를 주고 하나를 바라는 게 아니다. 그렇다고 둘을 주고 하나를 바라는 것도 아니다. 아홉을 주고도 미처 주지 못한 하나를 안타까워하는 것이 당신을 보내고 난 후의 깨달음이다.

그렇다. 장례 둘째 날 새벽 03시, 소란스럽게 들려오는 통곡의 소리는 막내아들 녀석의 울부짖음이다. 아비를 닮아 내성적이다. 자기의 생각을 잘 표현하지 않은 모양새는 엄마를 보내고 난 뒤 남은 자취를 솔직히 토로하지 못한 응어리진 가슴의 한구석에서 쏟아붓는 것들이다.

달랠 수도 없다. 속이 후련하게 터뜨리는 게 좋을 것 같아 문을 열자 나와 마주쳤다. 아직 사랑한다고 한 마디 못했는데....

한다. 아들아 너처럼 나도 아직 사랑한다 소리 못했다고 자신을 채찍질하나 무슨 소용이 있을까 싶다. 가슴에 응어리진 것들은 부끄러운 일이다. 풀고 가는 것이 자유로워지고 이를 통해 무언가를 깨닫게 되고 남은 생애의 길을 걸을 수 있을 것이다.

장례를 치르는 그날은 아무런 생각이 없었으나 그대를 떠나보내고 열하룻날 맑게 개인 가을 하늘을 보며 당신 간 그 길을 달리니 그날들이 쭉 뻗은 고속도로를 함께 질주한다. 에덴 정원에 도착했다. 한 줌의 재로 된 당신을 흘려 보낸 유수장을 둘러본다. 수정같이 맑은 물과 넓은 뜰을 보니 당신의 마음처럼 조용하고 깨끗해서 좋다. 웨딩 정원에서 커피로 목을 적시고 보니 사람의 만남은 생각이 그림처럼 얼룩진다.

사람은 누구나 참 좋은 향기와 마음씨가 있다. 그런가 하면 없어도 남을 도우려고 하는 사람이 좋다. 바쁘면서도 양보하는 사람이 좋다. 어떠한 어려움도 꿋꿋하게 이겨 내는 그런 사람, 보기만 해도 위로가 되는 사람, 어려울 때 함께 해결해 주려는 그런 사람이면 더 좋다. 나의 허물을 감싸주고 미흡한 점은 고운 눈길로 봐주는 사람이 좋다. 자기의 몸을 태워 상대를 배려하고 도움을 주는 사람, 그 사람이 삶을 진실하게 함께하는 잘 익은 과일 향이 나는 사람이다.

그런 마음, 그런 향기, 그런 진실, 향수를 아니 뿌려도, 촛불을 켜지 않아도, 넉넉한 마음과 편한 과일 향이 풍기는 그런 사람이 가장 좋은 사람이라고 어느 글에서 이야기했다. 이제야 말하지만 바로 당신이 그런 사람이었다.

인생에서 중요한 것은 만남이다. 인간은 만남의 존재이다. 산다는 것은 만난다는 것이다.

부모와의 만남, 친구와의 만남, 좋은 책과의 만남, 많은 사람과의 만남이다. 인간의 행복과 불행은 만남을 통해서 결정된다. 여자는 좋은 남편을 만나야 행복하고 남자는 좋은 아내를 만나야 행복하다. 자식은 부모를 잘 만나야 하고 부모는 자식을 잘 만나야 한다.

씨앗은 땅을 잘 만나야 하고 땅은 씨앗을 잘 만나야 한다.

인생에서 만남은 모든 것을 결정한다. 우연한 만남이든 섭리적 만남이든 만남은 중요하다.

인생의 변화는 만남을 통해 시작되고 발전하게 된다고 한다. 그런 만남이 이렇게 허무할 수가……

아이들의 오고 간 이야기 토요일은 쓸쓸하다

수요일부터 밖을 나섰지만 가을과 더불어 우울하다.

길을 걸어도, 낙엽을 밟고 다니며 스쳐 가는 바람에 떨어지는 낙엽이 더욱 마음을 쓸쓸하게 만든다. 아내를 보낸 지도 19일 차이다. 집에 있을 수가 없다. 무엇을 해도 여기저기 아내의 손이 닿지 않은 곳이 없으니 말이다.

우선 딸이 사다 준 스팀 청소기로 걸레질을 한다. 깨끗해졌다. 베란다에 나서 보지만 아내를 보내고 마지막 남은 생명에서 뼈만 남은 골진 나무 조각목이 꼭 매가 날아가는 모습이라 나와 함께한 시간은 30여 년 넘은 거로 보인다.

이는 아내가 무척 싫어했다. 모형이 우상 같다며 버리라고 하였지만, 이 구석 저 구석을 누비다 아내가 떠나고 난 뒤 돌아온 것 같다. 밖에서 햇살과 비바람 눈을 맞으며 뒹굴다 따뜻한 베란다 안으로 들어온 것이다. 먼지투성이지만 그런대로 두고 주몽 몇 포기로 위장을 했다. 언제까지 어떤 얼굴로 자랄지 알 수는 없지만, 그대가 떠나고 또 다른 생명을 옮겨 보는 것이다.

이것에 하지 못한 사랑을 정성을 쏟아부어 보기로 한다.

카톡으로 전해 오길, 어제 아들 녀석은 엄마를 떠나보내던 곳 에덴공원을 들렀나 보다. 하나밖에 없는 혈육인 누나와 오고 간 이야기들 아니 들어도 안 보아도 알 것 같다. 왜 가족 카톡에서 나간다고 했을까! 엄마와 찍은 사진들이 댓장 실려 있다. 기분이 우울했나 보다. '사랑합니다'라고 말 한마디도 못 한 자식의 마음은 어떨까!

나무처럼 무뚝뚝하게 서서 그런 것일까. 그 누구에게도 들키고 싶지 않은 그리움의 무게를 바람에 실어 보내려고 하지만 그 태연한 척하는 한 그루 나무여, 피붙이인 누나와 이 아비는 안다. 그들의 대화가 끝나고 난 뒤 딸아이와 전화를 했다. 목소리가 맑지를 않고 어둡다. 몸도 마음도 무언가 짓눌려 있는 기분이다. 생활에 이런저런 소리를 하다 울음 섞인 목소리다. 나도 심상은 좋지 않은 분위기라 억지로 자제하고 있는데….

울지 말라고 했다. 울먹임 보이고 싶지를 않았다. 헤르만 헤세는 "사랑이란 슬픔 속에서 의연하게 이해하고 미소 지을 수 있는 능력"이라고 했다. 담대하지 못함은 지난 세월이 얼마나 맺혀 있으면 그럴까! 생각을 하고 또 생각하지만 집에서 있을 수 없다. 11시 집을 나선다. 외각선을 타고 바람이나 쏘이지 하고 경전철에 몸을 맡기나 남들이 보든지 눈시울이 붉어짐은 금할 수 없다. 소요산행 열차를 갈아타고 소요산역에서 하차 자재암을 향해 걷는다.

토요일이라 그런지 사람들이 많다. 나처럼 홀로 걷는 자는 없다. 짝 잃은 기러기는 붉게 물든 낙엽을 밟으며 떨어지는 낙엽과 친구하니 생명이 있을 때 아름답지만 생명을 잃은 낙엽은 누가 아름답다고 할까. 잎새들은 고운 것도 있지만 벌레가 먹고 뚫어진 것이며 검게 멍든 흔적들이 겸손하고자 노력하는 점에는 실패하고 깨어지고 긁힌 점이며 욕심으로 남에게 상처를 준 흔적들이 보여지는 것 같아 홀로 걷는 자신을 돌아본다. 잘하지 못한 못난 남편의 오늘의 자리는 지금 이런 모습이어서 미안하다는 고백이 개울물처럼 흐른다.

　중생의 108계단을 오르니 자재암이다. 철학 시간에 읽은 천부경의 眞理訓을 보면 사람과 만물이 세 가지 참다운 것을 받고 태어났다. 그것은 性品, 生命, 精氣이니 여러 사람은 아득한 땅에서 태어나 이 세 가지 가닥으로 뿌리를 박으니 이는 心과 氣와 肉이라. 마음은 성품의 자리에 의지하고 착하고 악함이 있으니, 착하면 복을, 악하면 화를 얻게 되며, 氣는 생명에 의지한 것으로 맑고 흐림이니 맑으면 오래 살고 흐리면 일찍 죽는다. 몸은 精氣에 의지한 것으로 厚하고 薄함이 있으니 귀하고 천하게 된다는 것이다.

　인간 삶의 느낌에는 기쁨喜과 두려움懼과 슬픔哀과 성냄怒과 탐냄貪과 싫어함厭이 있고, 숨 쉼에는 맑淸은 기운氣 흐린濁 기운 찬寒 기운과 더운熱 기운과 마른燥 기운과 젖은濕 기운이 있으며, 부딪힘에는 소리聲와 빛깔色과 냄새臭와 맛味과 음란婬함과 피부에 다음 抵이 있다.
　그렇다. 사람들은 착함이 있는가 하면 악함이 있고, 맑고 흐림이 있으며, 흐리고 박함이 있고, 서로 섞이어서 각각의 길을 마음대로 달리고 나고 자라고 늙고 병들고 죽는 괴로움에 빠지고 있으니 지혜가 맑은 자는 부당한 느낌으로 그치고 숨 쉬는 것을 고르게 하며 부딪힘을 금하되 흔들림 없이 한결같은 마음으로 바르게 참다운 진리로 나아간다. 이것이 하나님의 본성이 아닌가 하니 오늘의 괴로움은 여기에 묻고 돌아선다.

그러나 걸음은 조금도 가볍지 않고 무거운데 누구 하나 나에게 말을 걸어오는 이도 없다. 목이 탁하나 커피도 음료수도 눈에 거울일 뿐이다. 소요산역으로 나서니 3분 후에 열차가 들어온다. 지그시 감은 눈을 떠 보니 가능역이다. 경전철에 의지하고 송산역에 내려 터벅터벅 걸으니 반겨 주는 이 없는 집이다. 또 우울해진다. 잠을 청한다. 오늘은 그녀가 보일까!

11월 일자리와 수요일

    11월부터 일자리에 참석하기로 했다.
    집에 있을 수가 없다. 허전하고 쓸쓸하고 외롭다. 그러다 보니 아내의 사진에서 눈을 뗄 수가 없다. 눈에서 지워지지 않는 가고 없는 빈자리는 그의 혼이 담겨 있다. 실언한 사람처럼 사진을 보고 말을 걸으니 어떨 땐 듣는 척하고 어떨 땐 외면하고 있다. 지난 주일예배에서 눈가를 들락날락하던 아내는 오늘은 이별한 채 물끄러미 보고만 있다.
    지난 예배에서 빨리 지워달라고 기도했다. 미안은 하지만 미칠 것만 같고 무기력증에 이러다간 병들 것 같다. 그래서 빨리 잊어버리려고 한다. 마음이 조금은 안정된 듯하지만 영정 사진의 틀을 바꾼 후, 그녀를 보고 웃고 있지만, 그러나 수심에 찬 얼굴이다. 못내 나를 보고 측은한 듯 물끄러미 바라본다.

    오늘도 역시 새벽 03시, 일어나 잠을 이루지 못했다. 병원 병실에서의 그 시간들이 머리에서 떠나지 못하고 있다. 베란다에서 잎새들이 물든 부용산을 바라보며 한 잎 두 잎 떨어지는 낙엽을 보면, 커피잔을 들고 당신이나 나나 사랑받고 사랑하는 이로 그렇게 남는다. 공간을 다 채우지 못함으로 아쉬워하면 당신을 꼭 끌어안는 것같이 오늘을 연다.

복지관 시문학반 건장한 여인들의 분주한 말들의 꽃은 언제 질지도 모르고 각자의 향기를 내뿜고 있다. 그들의 말장난은 꽃을 피운다. 김*연 강사의 말, 말은 자기 자랑에 도가 넘쳐나고 맞장구치는 동료들은 죽음을 모른 듯 강의실은 웃음바다다.

그렇다. 나무가 잎을 털어 내고서야 자기의 모습이 보이듯 당신들도 욕심이란 잎과 불평이란 잎이며 열등감과 교만의 잎사귀를 털어 내고 나면 그때야 겸손해지고 진정 자유로워질 거야. 지금은 웃고 있지만 자유는 아니다. 세상이란 틀에 갇힌 자기도 모르는 발버둥을 치고 있는 삶이지. 하늘나라 주님의 품이 자유이고 행복이지....

강의실을 빠져나와 청년 불고깃집으로 가 점심을 한다. 냉면에 불고기 한 점을 상추에 쌈하여 먹는다. 배불리 먹고는 브레즈 커피집에서 라테로 시간을 흘려보내고 15시에 각자의 자리로 나선다. 라*실 시인이 무청을 준다. 데쳐서 나물처럼 된장에 묻혀 보라는 것이다.

집에 들어와 우울함을 덜기 위하여 무엇이든 해야 했다. 그것에 몰두해야겠다는 생각에 무청을 다시 삶아서 껍질을 하나하나 벗기고 국을 끓이기로 한다. 된장, 고추장, 이 서랍 저 서랍을 뒤져서 있는 양념은 모두 다 넣고 간을 보고 끓이고 또 끓인다.

이렇게 하다 보니 20대 자취생활이 문득 떠오른다. 그때와 지금의 백발이 된 홀로의 시간은 비교할 수 없으나 희망을 바라보는 삶과 내일은 어떤 모습으로 어떤 모양으로 주님의 품에 안길지 기약 없는 시간들이라 비교한다.

냉장고 속의 깐 마늘은 어느새 곰팡이가 슬고 썩어가는 것들이 있었다. 아깝다는 생각에 하나하나 손질을 하여 믹서기를 돌린다. 저녁 시간 대라 이웃에 소음을 전해질까 두렵다. 생명이 있다는 걸 새삼 느끼며 울먹임과 함께 웃음 반인 하루를 마감해 본다.

시간이 갈수록 마음은 먹구름

갑진년의 해 밝음도 벌써 첫 주일을 맞이하게 되었다.
이제 민락교회가 정이 들어가는 듯싶다. 서먹서먹하던 시간들도 이제 그렇지 않으니 말이다. 류성은 목사님의 유머도 그리 밉지 않으니 말이야. 처음 출석할 땐 듣기가 거북스러웠는데 이젠 은혜로 들리니 말이다. 예배가 끝날 무렵 여느 주일처럼 딸아이의 문자이다.
W mart로 시장을 보고 밥을 먹자는 것이다. 이왕 차에 올랐으니 내린다고 할 수는 없고 들놀이나 하자 하고 시장 안을 돌아보니 눈에 끌리는 것들 이것도 저것도 주워 담고 싶은 욕구는 났으나 카트를 끌고 다니는 사위 보기에 괜히 눈치가 보인다. 그래서 내가 고른 물건은 앞으로 놓아두었다. 애비를 위해 돈 쓰는 것이 미안하기도 하고 사위 보기에 두 집 살림 산다고 할까 봐 조심스럽다. 그렇게 생각은 하지 않겠지만 혼자 산다는 게 어렵다.
카운터에서 내 것부터 24,000원 계산을 했다. 내 마음이 이러니 딸은 얼마나 마음이 아플까! 아내는 늘 손님 중 제일 힘든 사람이 사위라고 했다. 그렇다 아내가 없는 집 혹시나 어떻게 지내나? 무엇을 자시고 있을까? 하고 자식으로서 홀로 있는 부모가 어떻게 지내는지 염려가 되어 오는 것 알고도 남음이 있다. 그러나 나의 생각은 그렇게 생각을 하지 말아야지 하지만 그렇지 않다. 이것이 팔십 먹은 노인의 심정일까, 혼자 산다는 외로움일까!

들어와 이것저것 정리를 하고는 소파에 앉아 저녁은 무엇을 먹을까 하다가 우선 파 양파 감자를 먹기 좋게 손질을 해 냉장고에 넣는다. 그리고 배추 무 양파 대파 간장 된장 고춧가루 참기름으로 간을 맞추고 다진 마늘을 넣고 끓여 본다. 향기가 맛의 구미를 이끈다. 숟가락으로 한 술 떠 간을 본다. 먹을 만하다. 가스불을 끄고 또 앉아 책을 뒤진다. 이기철의 '나무 같은 사람'이 눈과 머리를 감돌다 간다.

> 나무 같은 사람 만나면/ 나도 나무가 되어/ 그의 곁에 서고 싶다/ 그가 푸른 이파리로 흔들리면/ 나도 그의 이파리에 잠시 맺는/ 이슬이 되고 싶다// 그 둥치 땅 위에 세우고/ 그 잎새 하늘에 피워 놓고도/ 제 모습 땅속에 감추고 있는/ 뿌리 같은 사람 만나면/ 그의 안 보이는 마음속에/ 돌 같은 방 한 칸 지어/ 그와 하룻밤 자고 싶다// 나무 같은 사람이 있습니다/ 흔들리지 않는 기둥처럼 기댈 여유를 주고/ 아낌없이 과실을 내어주기도 하고/ 그늘을 내어 주기도 하는/ 그런 나무 같은 사람이 있습니다// 살아가면서의 많은 유혹과 시련이 있을 때/ 떠오르는 사람이 있습니다/ 그 사람이라면 어찌했을까/ 그 사람이라면 뭐라 할까/ 그의 존재만으로 귀감이 되고/ 존재만으로 스스로를 경계하게 되는/ 거울 같은 사람이 있습니다// 그런 사람 만나면/ 잠시 맺는 이슬이라도 되어/ 그와 함께 있고 싶다 합니다/ 그런 사람 만나면/ 그의 마음 한 켠에 방 한 칸 짓고 싶다 합니다// 세상 삶에서 이런 든든한 기둥 같은/ 언제라도 내 편이 되어줄 것 같

은/ 언제라도 내 푸념은 따뜻한 미소로 다 들어줄 것 같은/ 그런 사람이 있다면 삶의 큰 행복일 겝니다// 그런 사람을 만나지 못한다면/ 네 스스로가 그런 나무가 되어볼까 생각도 해 봅니다/ 든든한 나무 되기엔 한없이 작고 여린 빈 가지이지만/ 어느 이슬 한 방울 붙일 수 있다면 그 또한 기쁨이겠지요// 지금 여러분의 곁에 있는/ 여러분을 든든하게 해 주는 그 나무를 그려 보세요/ 여러분은 어떤 나무에 기대어 살까요/ 또는 어떤 나무가 되어주고 있을까요/ 누구의 나무에 기대든/ 누구의 나무가 되든/ 함께 함이 행복하고 기쁜 시간일 겝니다/ 세상의 모든 나무와 이슬들의 평화를 기원해 봅니다.

이기철의 '나무 같은 사람' 전문

  아내가 없는 빈집에 바람도 없는데 마음의 잎새는 흔들린다. 젊음이 있을 때 변전소에서 문학에 심취되어 있을 때 변압기의 울음소리에 시며 소설에 젖어 하루의 일과를 잡혀 있다가 퇴근 시간까지 있기도 했지만, 지금처럼 마음이 가랑비에 젖은 듯 이슬에 젖은 듯 메마르지 못함은 왜일까! 다하지 못한 시간들이 이제사 이렇게 흔들고 흔들리며 있을까?
  그대는 나무 같은 사람이다. 묵묵히 말 한마디 없이 자기 할 일을 다한 듯 마음을 알고 있는 모습으로 서서 있다. 나는 그의 곁을 떠나지 못하고 내 뼛속 몸속에도 혼은 감돌고 있다. 시처럼 이런 나무 같은 사람이었으니 어이 떠나보낼 수 있는가. 몇 번이고 읽다 자정이 넘으니 하루의 시작이라 잠이 든다.

세월은

세월은 아무런 말없이 지나간다.

바람이 불어 바람인가, 나이가 많아 늙은인가, 바람도 초기엔 젊음이었고 모두가 순순하고 부드럽고 아름답다. 오늘이 2월의 첫째 주요, 입춘이다. 개울엔 개구리가 눈을 부릅뜨고 세상을 보겠지. 그러나 추우면 움츠리다 따뜻한 곳을 향해 엉금엉금 기어가겠지….

나의 인생도 그렇게 살아왔으니, 지금은 지그시 눈을 감고 옛일을 회상하면 아쉬움을 달래며 미안한 것들이 울타리를 치고 담장을 걷는다. 그대가 나와 있는지 서성이며 애타는 마음 달래기도 하면 쓸쓸한 발걸음을 걷고 있겠지. 오만 것 생각에 잠겨 걷는 걸음이 이제 손은 등짐 지고 허리 굽혀 거리를 헤매이겠지….

산은 눈이 쌓였고, 푸른 소나무는 365일을 저렇게 푸르게만 지나는데….

아내의 사진을 보며 그 옛 시간의 흐름이 머리를 감으니 왜 사랑한다는 말도 한마디 못 하고 살았는지, 삶이 무언지도 모르고 그렇게 바쁘게 시간도 즐기지 못하고 맛있는 것도 먹어보지 못하고 그렇다 하는 여행도 한 번도 가 보지 못하고, 아이가 둘이지만 가족끼리 오순도순 외출도 즐거움도 없었으니 그게 어찌나 마음에 거슬리는지….

이제야 늙어 눈앞에 들어오지만 미안하다는 말하면 무엇 하나. 듣지도 못하고 말 한마디도 하지 못하고 눈앞에 보이는 부용산만 바라보다 오늘이 주일이구나 하면 교회로 발길을 옮긴다.

아내는 주일을 거르는 것을 제일 싫어한다. 걸음은 가볍다. 오늘은 딸이 일본으로 일주일을 작은 손녀와 함께 휴가를 갔으므로 사위와 함께 교회를 향해 걷는다.

마태복음의 6장 33절의 말씀은 "너희는 먼저 그의 나라와 그의 의를 구하라! 그리하면 이 모든 것을 너희에게 더하시리라"라고 했다. 우리의 삶에 구원자로 오신 주님을 찾는 일을 우선시해야 한다. 하나님의 일을 할 때 삶에 필요한 것을 충족시켜 주실 것이다. 우리는 주님께 시선을 맞출 때가 잃는 것이 아니고 얻는 것이다. 그러니 우리는 항상 빚진 자이다. 로마서에서 "지혜 있는 자나 어리석은 자에게 내가 빚진 자"라고 말씀할 뿐 아니라 "복음은 모든 믿는 자에게 구원을 주시는 하나님의 능력"이라고 하였다. 그러니 "의인은 항상 믿음으로 살리라"라고 했다.

걸으며 주님 앞에 나아갈 것을 다짐한다. 세상의 것을 좇기보다는 주님을 향해 걷는 것이 더 값짐을 고백해 본다. 오늘도 은혜의 시간이 되길 빌며 예배당을 나선다.

점심은 무엇을 먹을까. 집에 들어가면 사위나 나나 여자가 없는 관계로 텅 비어 있는 집이다. 눈에 사거리 건너 우거지 순댓국밥이 눈에 들어온다. 들어서니, 주인장이 점심을 먹다 주방으로 들어서는데 그 모습은 수염을 기른 남성이다. 기분이 별로이나 음식을 시킨다. 맛이 있어야 할 터인데....

　아무렴 집밥보다는 낫겠지 믿어 본다. 사위는 순대로 하고 난 국밥으로 청한다. 걸쭉하다. 양념에 고기를 먼저 건져 먹는다. 보기보단 맛은 있다. 아니, 배가 후출하니 그런가 하고 마음이 이간질한다. 인간은 왜 의심부터 날까. 왜 먼저 분위기와 실내를 한번 두리번거릴까. 좋은 점이 아니며 삶에서 멀리해야 한다.

　음식은 깔끔하고 구수하다. 잘 먹었다. 식당에 들어설 땐 내가 산다고 했지만, 계산은 사위가 했다. 주일이며 얻어먹는 점심이라 미안하기도 했다. 딸은 아버지가 내세요. 체면을 세우라는 말일 것이다. 그런데 계산대에 선 나를 밀치니 어떡하나~ 밀려서 오늘도 때를 놓쳐 버렸다.

　또 '다음은' 하고 마음으로 다짐하지만 그렇게 될까! 저녁은 사위와 함께하고 커피로 시간을 보냈다. 딸이 일본으로 작은 손녀와 휴식을 즐기겠다고 간 틈새라 우리 남자만 남았다. 내가 건강만 좋으면 같이 갔으면 하였지만 이제 여행은 멀리 가 버린 것들이다. 전화를 주고받는 딸과 사위의 대화는 서로 아끼고 위로하는 모양새여서 그리 나쁘지 않다. 무엇보다 금슬이 좋기를 바란다. 혼자 있어 보면 아내가 얼마나 귀중한가를 알게 된다. 늙어서 그리고 없는 자리에서 깨달아 본들 쓰잘데기없는 것, 있을 때 잘하기를 바라는 마음이다.

무엇을 위해 한 해를 넘기나!

해의 시작이 어제였지만 벌써 보름이 되었다.

이제 이틀이면 아내가 떠난 지 3개월이라 90일이 된다. 홀로 남은 인생은 그리 편하지는 못하다. 외로운 게 더 할 나위 없지만, 그럴 때마다 쓸쓸함이 우울을 몰고 오지만, 힘써 표정 관리를 하고자 힘쓴다. 이럴 때마다 이야기 친구가 있었으면 하여, 친구 찾아 민락교회로 나선다. 1월의 둘째 주라 빠짐없이 말씀을 찾아 예배에 참석한다.

신년이라 24년도의 표어가 전도하는 교회였다. 말씀은 사도행전 16장에서 잃은 양 한 마리를 위해 양 99마리를 두고 나서는 구원의 걸음은, 오직 그 한 마리가 어떤 환경에서 어떤 고난에 쌓여 두려움에 떨고 있는지, 이는 의인 99인은 무리를 지어 있으니 죄인 하나를 위해 주님은 이 땅에 오셨다는 것, 그 주님의 사랑으로 죄인을 위한 구원의 대열에 모두가 참여하여 한 해를 마감하는 그날에 감사를 드리는 영광의 한해를 이루자는 말씀이다.

목표는 무언가 행복을 위해 한 무더기 두 무더기 쌓아 가는 것이라, 밖으로 보이는 것보다 안으로 채움으로 마음에 평화를 이루고, 깊은 생각에 의한 높이 쌓여진 인격이라 하겠다. 한 해를 의미 있는 즐거움, 그리고 그 뜻이 주님의 마음을 후벼 내는 모양이어야 한다.

예배를 드리고 나서는 걸음은, 시야를 하얗게 덮는가 하며 길은 너무나 미끄러워 조바심이 난다.
 마침 어김없이 열방교회에서 예배를 드리고 달려온 딸네가 고맙다. 점심은 조심조심 나서나 코다리 킹 식당이다. 창밖 나뭇가지에 앉은 눈꽃은 겨울의 풍경을 차갑고 맑고 훈훈하게 아름다움을 열어 주고 있다. 그러니 입은 쓰고 눈은 아름다움에 매혹되나 마음은 아이들처럼 뛰고 싶어진다. 눈 나리는 창밖을 보며….

> 창틀 밖/ 나리는 함박눈 살포시 내려와/ 대추나무에 앉으니 서로서로 손잡고/ 사랑 속에 버둥거리다/ 그 아름다움은/ 지난 시간들 말하는 듯 가슴에 품고/ 연약한 가지마다 쌓인 눈/ 발을 동동거리다/ 우르르 떨어지니/ 개울물에 띄운 몸/ 젊은 날 생각다 물거품이 된다.

 결혼 전 겨울 어느 날, 태릉 숲에서 발목이 빠지도록 걷던 그때의 아름다움이 눈에 밟히어 사방을 둘러보지만, 그대는 보이지 않고 하얗게 물든 산야만이 내 마음을 흔든다. 떠나보낸 90일, 쌓이고 쌓인 삶들이 눈이 되어 난다. 소나무 한 그루 한 그루는 100년 묶은 나무들, 얼마나 어려운 가운데 오늘을 맞이했을까 싶다.
 인생 팔십을 살면서 이어진 삶들은, 이루 말할 수 없는 이야기들이 숲 자연을 안고 선 늠름한 모습에 그저 머리가 숙여진다. 눈의 무게는 살아온 그날보다 무거워 멋들어진 가지들은 그 무게를 견디지 못해 풀어지고 휘어진 깃들이라 마음을 아프게 한다. 그녀와의 숲길은 나무들의 고충을 잊은 듯 그저 우리의 잡은 손은 내일을 쳐다보며 걷는다.

수필 부분 신인상 받는 날

지난 시간들~ 산행 덕분에 기록할 수 있었던 글들이다.

사물과의 교감과 응시 그리고 사물의 감추인 진리와 소재인 원고를 산림문학에 투고했다. 얼마간의 긴 시간이 지나서 통보가 왔다. 산림문학을 통해 신인문학상수필을 받게 되리라는 생각은 멀리 있었지만 그래도 기대는 하였다. 이제 되었으니 감사할 따름이다. 50호에 등재된 글이 해를 넘기고 이렇게 시상식에 참여하게 되어 기쁘다. 글을 심사해 주신 권태근 교수님과 심사위원들께 감사를 드린다. 제 10회 시상식과 정기총회 준비와 진행을 맡은 김선길 이사장님과 이서연 상임이사님 수고가 많았습니다.

시상식에 참여는 하였지만, 수상 소감은 준비도 하지 않았는데....

록색문학상에 50호에 실린 '여름 보고서' 작가의 유회숙 님, 48호에 '마음 그릇' 작가의 이종삼 님 그리고 신인문학상에 50호에 '모과가 있던 자리' 작가의 김영환 님, 50호에 '진기명기 소나무들' 작가의 손영종 님, 51호에 '비석치기' 작가인 김선완 님, 51호에 '향기로워지기까지' 작가인 김용덕 님, 51호에 '나무' 작가인 오서용 님이 수상을 받고 소감을 말씀하였지만, 이미 고인이 된 제주에 사는 고 오서용 님은 수상 통보를 받고 두 달 후에 세상을 하직하였다고 하며 큰손주와 둘째 손주가 시상식에 참여하여 눈시울을 훔치게 했다. 시상을 받는 이들은 소감을 준비한 분들도 있지만 '난 무엇을 이야기하지?' 하다가 사실 그대로 짧게 말하고 단상을 내려왔다. 축하에 함께한 친구들은 엄지손가락을 세워 든다. 잘했다는 뜻으로 마음이 홀가분하다.

글은 지금부터이다.
다듬고 할 일들이 많이 있지만, 그러나 역시 마음이 편하지 않다. 나 또한 아내를 하늘나라로 보낸 3개월을 지나고 있으니 어느 정도 시간이 지나야 하지 않을까 싶다. 모두 가족과 지인들이 꽃다발을 들고 축하를 하지만 조금은 외롭다. 성경은 "삶이 그대를 속일지라도 슬퍼하거나 노여워하지 말라. 슬픔의 날을 참고 견디면 기쁨의 날이 오리니 마음은 미래에 살고 현재는 늘 슬픈 것"이라고 했다. 감사하게도 동아리 친구인 김*연 시인과 라*실 시인이 꽃다발을 준비해 준 덕에 조금 우울했던 기분은 멀리할 수 있었다.
상은 어리나 젊으나 나이가 많아도 기쁜 것! 무슨 뜻이든 어떠한 경우에서 받든 모두가 한 일에 대한 칭찬이요 이를 축하해 주니 고맙다. 산행 후 쓴 기록들이다. 산은 나의 친구요 연인을 만나는 기쁨이 있어 형식을 따르지 않고 가볍게 느낌 그대로 생각나는 대로 쓴 글이다. 산의 꽃들과 나무들을 보고 사회적으로 일어나는 일이나 철학적 사색에 젖어 보기도 한 글들이라 큰 기대도 하지 않았고 그저 한번 경험으로 투고한 것들이다. 논리적 학술적 서술방식에 갖추어 쓴 글도 아니다. 삶에 따른 깨달음이 나름의 글이다. 그러니 더욱 감사한 일이다. 이제 사물과의 교감을 더 깊게 보고 느끼고 다듬어야겠다는 생각에 마음이 무거워진다.

저녁을 먹고 집으로 들어서니 아무도 없다.

상패를 보고 아내의 사진을 본다. 소파에 앉아도 생각은 서글프다. 인생이란 희비극이 아닌 산다는 것이 어떤 이유도 없다. 바람이 있으니 꽃이 피고 꽃이 지니 열매가 맺듯 떨어진 꽃잎을 들고 울지 말자. 숲 속의 새 한 마리도 울지 마라. 불지 않으면 바람이 아니지. 사람이 늙지 않으면 사람이냐. 가지 않는 게 어찌 세월이랴. 세상이 무한하지 않듯이 아득한 구름 속으로 흘러간 내 젊음의 한때라 세월의 한 장면뿐이지.......

늙은이 눈가에 주름이 친숙하게 느껴지니 삶의 깊이와 희로애락에 의연해질 수 있는 나이다. 눈으로 보는 것만이 아니라 가슴으로 삶을 볼 줄 아는 나이, 자신의 미래에 관한 소망보단 자신의 미래와 소망을 걱정하는 나이라면 여자는 남자가 되고 남자는 여자가 되어가니 밖에 있던 남자는 안으로 들고 안에 있던 여자는 밖으로 나가려는 나이, 여자는 팔뚝이 굵어지고 남자는 다리에 힘이 빠지는 나이지....

뜨거운 커피를 마시며 가슴에 한기를 느끼며 먼 들녘에서 불어오는 바람에도 눈시울이 붉어진다. 겉으로는 가진 것 당당한 것같이 보이나 가슴속은 텅 비어 가는 나이라, 오늘만이라도 기지개를 켜고 행복하자. 주어진 시간 즐겁게 보내길 다짐한다.

메디컬 케어 봉사활동

 화창한 봄인 듯 부용천을 걸으면 본 꽃들 산수유는 이제 만개의 즐거움을 누릴 때이다.
 카톡의 소식 전령사들은 매화가 핀 사진을 픽업해서 올렸다. 그런가 했더니 살구꽃을 찍어 올렸다. 너무 성급한 듯 '그건 아니다'라고 하였지만, 인간도 앞서가는 자의 활갯짓하니 식물인 듯 그렇지 않다고 단정을 지을 필요가 없지 않나 싶다.
 조물주가 창조할 때의 세계는 질서가 있으나 욕심이 과하여 저지른 것이 생물 세계인데, 인간의 삶이 많은 변화와 과학의 힘에서 오는 기후변화는 살아 숨 쉬는 식물에도 변화가 없을 수는 없다.
 4월 10일이 총선이고 보니 뉴스는 압승을 점치는 지역이며 경합지역이며 우세지역 그렇지 않으면 열세지역이라는 가운데 당 지지율과 후보자 지지율이 우세하다는 여론조사의 기승이 난무하고 있다. 그에 따라 당 지도부도 자기 출마 구보단 당원의 지역에 더 큰 관심 아래 마이크는 사용할 수 없으니 목이 쉬도록 목청을 돋우어 유세를 하고 있는 걸 볼 수 있다. 선거일 공포 후라야 확성기 사용이 가능하니 말이다.
 우리의 어린 시절엔 유세장에 많은 인파가 몰려들었지만, 요즘은 선거도 관심 밖이라고 보았으나 워낙 민심도 경제도 어려운 때라 여야 할 것이 없이 이전투구泥田鬪狗하는 총선의 모습과 입신양명의 출세욕에서 서민의 아픔은 저들의 침 바른 입에서 쏟아내는 가짜 언어에 머리가 돌 판이다.

권력이 돈을 추구하면 세상은 병들고 백성은 주름살이 늘어만 갈 것이다. 국민 모두가 눈을 똑바로 뜨고 출마자를 잘 살펴봄으로 나라의 일과 우리를 대변할 일꾼이 누구인지를 잘 인지하여 투표에 임해야 할 것이다. 도서실에서 신문을 뒤적이다 이윤경 특활부 사회복지사의 전화를 받는다. 또 무슨 봉사인가 했더니 2층 목연 강의실에 모였다는 것이다.

들어서니 흰 가운을 입은 의사 선생님 7인과 의자에 앉아 발을 내밀고 있는 독신자 노인 5인과 뒤 의자엔 3인이 앉아 자기의 순서를 기다리고 있다.

보아한 즉 독거노인 메디컬 페디큐어 봉사활동이란 단기 프로그램이다. 노인들의 발 관리를 위하여 대한 메디컬 페디큐어 협회에서 봉사로 나와 발 마사지와 발톱 관리에 대한 실질적 현장 프로그램을 실시하고 있다.

약 10분을 기다려 내 차례가 왔다. 담당 선생님은 김*연 지부장 선생님이다. 곱게 생기신 7인의 선생님은 나이들이 모두가 30대 또래의 나이들이다. 손도 곱고 손목엔 팔찌로 치장을 하고 손가락엔 두서너 개의 반지며 목걸이며 요즘 젊은이들이 갖추고 활동하는 모습들이다. 노인들을 상대로 나와서 그런가 말도 얼마나 상냥한지 발을 내민 발들이 겸손한지 그저 꼼지락거린다.

나는 생각한다. 나 팔십 평생에 발을 닦아 주는 이도 없을뿐더러 발톱을 깎아 주는 이도 보지도 못하였고 그 고운 손에 만져 보이지도 못했다. 복지관을 13년 차 나들이하면서, 초창기에는 봉사활동으로 노인들의 발을 닦아 주며 발을 만져드린 봉사도 하였지만, 오늘처럼 내 발을 내민 날은 오늘이 처음이다.

너무나 감사하고 황홀하다. 겉으로는 웃고들 이야기를 나누었으나 가슴 한편은 뭉클거리며 봄의 싹처럼 울렁울렁한 기분은 이루 말할 수 없었다. 무좀으로 색깔이 변한 그 두툼한 발톱은 자취를 감추고 얼마나 깨끗하고 예쁜지 내 발에 입을 맞추어 보고 싶었다.

너무나 감사했다. 오늘처럼 이렇게 발 관리에 얼마의 비용이면 받을 수 있느냐고 물으니 한쪽 발이 20만 원이란다. 양쪽 발이니 40만 원에 발톱 정리 15만 원이면 양발 30만 원에다, 마사지 영양제까지 바르면 7~8십만 원은 족히 든다는 것. 발이 얼마나 중요한지를 이번 선생님들의 봉사에서 들어 느낀다.

돈이 문제가 아니다. 그동안 관리를 하지 못함이 바보스럽다. 자기 발도 제대로 관리 못 하면서 죽어라 걷고 학대하며 피로하다고만 했지, 감사하지 못함이 발에게 얼마나 미안한지….

발은 몸 전체의 1/4을 차지한다. 뒷발 중간발 앞발로 나누나 발은 뼈 근육 힘줄 관절 인대 신경 혈관으로 구성된 26개의 뼈로 이루어져 있어 바닥을 지지하는 대들보이다.

발을 보면 건강 상태를 알 수 있다고 한다. 제2의 심장이라고도 불리는 발이 건강해야 몸도 건강하다는데, 발이 차가우면 혈액 순환도 좋지 않아진다.

이는 흡연과 고혈압, 심장 질환과 관계를 일으켜 갑상선이며 빈혈증 기능저하증 등이 온다고 한다. 또 발뒤꿈치의 염증인 근막염의 통증은 관절염으로, 과도한 운동도 주의해야 한다. 당뇨병엔 발의 상처가 문제가 된다고 하는데, 발이 부으면 심각한 질병이 있다는 신호라고 한다. 그저 피곤해서 그렇겠지, 발에 통증이 있으면 신발 관계이겠지, 이렇게 생각한 자신이 얼마나 무식한지 이제 깨닫게 되었다.

하물며 사람이 죽게 되면 흰 천으로 몸 전체를 덮지만 그러나 발은 보이게 한다. 이는 엄지발가락의 정보로 다른 사망자와 구분하기 위함이란다. 또 문화적인 풍습을 보면 결혼 풍습 중엔 신랑의 발을 묶어서 북어로 발바닥을 때리는 경우가 있는데, 이것은 신랑의 피로를 풀어주고 첫날밤을 정력적으로 보내라는 의미라고 한다.

오늘처럼 깎고 다듬으니 이렇게 맑고 예쁜 발을 너무나 무관심했으니 미안하다. 이제 '나의 발을 내가 보아도' 발 관리에 신경을 써 보자. 죽음이 조금은 늦어지겠지 하고 해송을 펼친다.

> 봄의 기운도 외면한 채/ 죽음을 기다리는 늙어 버린 발/ 아직까지 남의 손 내어 보인 적이 없다 / 비록 때는 덕지덕지 하지만// 오늘은 마지막 생일이라면 이럴까 딸 같은 고운 손으로/ 추한 이 발도 웃으며 맞아주는 그 손/ 얼마나 고마운지 눈물이 글썽인다/ 내 가슴을 열어주시고// 요리저리 다듬은/ 발은 신랑 발이 되었고 고운 신부를 맞이할 듯/ 보이는 발이라 마음도 울렁울렁/ 나의 발이 예뻐 입 맞추고 싶어진다.

고마워요. 노인 위해 봉사하는 마음이 아름다워 보여요. 늙어 이제는 서산에 지는 노을을 보며 언제 하늘나라로 갈지 그때만을 기다리는 노인들의 곱지도 않고 각질과 무좀 발, 거리낌 하나 없이 다듬고 깨끗하게 소독해 주시니 무어라 할 말이 있겠습니까. 참여한 모든 분이 늘 봄의 생명처럼 건강하시길 기원합니다.

어떻게 생각하고 어떻게 지내야 되나

괴롭다고 생각하면 괴로운 것이 한없다. 그러나 외롭다고 하면 더 외로운 것이다.

어릴 때 생각이 머리에 한참을 빙글빙글 돌아다니나 제자리를 찾지 못하고 있다. 언제부터인가 손이 저절로 뒤로 가고 뒷짐을 지고 이리저리 서성거리고 있다. 노인 행세인가. 앞 베란다에서 한참 밖을 보다가 다시 뒤 베란다에서 바람에 반짝이는 자작나무를 물끄러미 본다. 학교 운동장에서 공 차는 아이들을 본다.

저런 시절을 나도 지나왔는가 자신에게 물어도 본다. 추석날이면 고무동 앞산에서 달집을 짓고 깡통에 숯불을 담아 빙빙 돌리며 둥근 달이 떠오르기를 기다리다 둥근달이 떠오르면 함성을 지르기도 하였는데….

이제는 육신도 정신도 쇠하여지니 혼자 있다는 게 외롭다. 어린 그때는 생각나나 언제 이렇게 팔순의 중반을 바라보고 있는지, 삶의 운명은 천명이라고 하지만 한 사람은 가고 홀로 남아 있는지 하며 물끄러미 사진을 본다. 보고도 싶고 흔적이나 있는지 가 보고도 싶지만, 혼자서는 용기가 나지 않는다. 사진을 보고 미안하다고 하였지만 쓸쓸하고 가슴이 메인다.

가고 없는 당신에게 무슨 말을 하여도 주고받는 것이 없으니 맺힌 응어리도 털어 버리려고 하지만 그것도 그때뿐이다. 기다려지는 전화도 오지 않는다. 어미나 아들이나 고집이 있으니, 서로가 풀어야 할 찬스를 놓치고 말아서 하늘나라로 간 어미는 그렇지만 자식은 늘 가슴에 멍이 지워지지 않겠지....

장례식 마지막 날이다. 새벽 2시이다. 모두가 잠을 자기 위해 들어가고 없는 터라 혼자서 영정 사진을 보면 대성통곡하는 아들 녀석, 듣다 듣다 못해 나가서 조금 자중하기를 권했다. 엄마한테 미안하다는 말 한마디도 못 했으니 집에 오고파도 엄마의 흔적이 그대로 있는데...

오고파도 오지 못함은 보면 마음이 더 아프니....

그 점도 충분히 이해는 된다.

나 자신도 오십 평생 살아온 지난날들은 후회도 하고 용서도 빌어 보지만, 오는 답이 없으니 벗어 버린다고 하지만 자국은 남아 시시때때로 가슴이 울렁인다. 얼마나 더 견딜까 일 년을 견딜까 하고 자신을 보고 있지만 이제 한 달이면 꼭 일 년이다.

한가위란 명절을 누가 만들었을까. 추석의 유래를 뒤져 본다. 삼국사기를 통해 본 추석의 유래이다. 삼국사기에 따르며 1세기 무렵인 신라 유리왕 9년에 먹고살 만한 부자들이 한 달간 길쌈 경쟁을 벌여온 9월 보름, 승패를 가려 패자는 승자에게 음식을 대접하는 잔치를 했다고 한다. 이것을 '가배'라고 하는데, '가베'를 우리말로 풀이하면 '가위' 즉 가운데를 뜻하여, 팔월 중순, 바로 보름을 뜻하니 이것이 한가위의 유래라고 한다.

중국의 문헌에 수서와 구당서에서도 신라의 추석이 묘사되는데, 해마다 음력 8월 15일이면 풍류를 베풀고, 활쏘기 대회를 벌여 상을 내렸다는 내용이 있다. 그럼 추석의 대표적 음식은 무엇이 있을까? 당연히 송편이다. 송편은 소나무 송자에 떡 병자를 합친 말로서, 떡에 소나무 잎을 깔고 찌니 솔향이 나는 떡이라 해서 '송편'이라고 불렀다는 것이다.

그것이 오늘날에 이르러 송편이라 부르게 되었다.

그럼 송편의 모양을 알아보면 왜 반달 모양일까?

삼국사기에 보면 백제 의자왕 때 궁궐 안 땅속에서 거북등이 올라왔는데, 그 거북등에는 '백제의 만월, 신라는 반달'이라는 글이 쓰여 있었다고 한다. 그 뜻을 궁중 점술가는 "백제의 의자왕은 만월이니 앞으로 서서히 기울 것이요. 신라는 반월이니 앞으로 차차 커져서 만월이 될 것이다"라고 풀이했고, 그 후 얼마 지나지 않아 신라가 삼국통일을 이루게 되었다. 이때부터 신라는 전쟁 때마다 반달 모양의 송편을 만들어 먹으며 승리를 기원하였다고 한다. 이것이 한가위이지만….

오늘의 한가위는 찾아오는 이 없고 전화 한 통 없는 시간들이라 조금은 멍한 시간을 보낸다. 오후엔 싱싱한의원에 들른다. 삶이 그렇게 즐겁지는 않지만, 그 걸음은 내가 얼마나 더 살고자 하기에 더욱이 추석날에 병원을 찾는가 싶다. 더 살고자 하는 목적이 아니라 죽음을 어떻게 맞이할까 하는 염려 때문이지 않을까!

죽음의 문턱에서 병원 신세를 지고 있다면 자식들에게 부담을 주니 말이다. 건강하게 살다가 잠자는 듯이 조용히 가기를 원한다. 뜻대로는 되지 않겠지만….

그러나 바람은 주님께 늘 부탁하는 것이다. 내가 세상에 무슨 좋은 일들을 했다고 주님이 그 답을 들어주실까마는~ 욕심이다.

　오늘은 명절이라 그런지 환자들이 그리 많지 않다. 물침대의 물리치료도 더블로 받았다. 약도 3일 치를 준다. 모든 병원이 오늘처럼 이렇게 부드럽고 후하면 얼마나 좋을까! 가벼운 발걸음으로 버스 정류장으로 간다.

제4부
잊으려고 하지만

도드람산 자락 생일날

잊어야 하는데 잊히지 않은 사람, 어떠한 계기가 되면 떠오르는 그대, 앞을 가리고 마음속 철렁하고 찾아오는 그녀다. 한 달 전 캘린더를 보며 날짜를 세어본다. 당신이 나를 두고 떠난 지도 벌써 다섯 달인 3월 17일이다. 하필이면 당신의 생일날이다. 엊그제까지만 하더라도 눕지를 않았는데....

허리가 결린다고만 하지 말고 물리치료를 받아보라 권유 후 두 주를 지날 무렵이다. 치료를 받고 현관문 열자마자 얼굴이 마주치자 대성통곡하며 누운 것이 두 달을 지나도 차도가 없다. 점점 더 가눌 수 없게 되자 을지병원으로 갔다. 그날 퇴원하여 한 주 더 있다가 다시 병원으로 간지 일주일 되는 그날 새벽 당신은 나의 곁을 떠났다.

밉다며 짜증도 부리고, 보기도 싫다고 하였지만 없으니 얼마나 보고 싶고 허전한지 매일매일 사는 게 허망했었다. 당신의 집이고, 당신을 언제든 보려고 당신의 사진을 새롭게 테를 바꾸고 확대를 하고 거실에 놓았다.

외출을 했다가 돌아와서 사진을 보면, 하늘나라로 보낸 당신이 아니고 꼭 여행 간 사람 같다는 생각이 든다. 밥도 먹기 싫으나 먹지 않는다고 할까 봐 이것저것 만들어 먹지만, 왜 그렇게 미안하기만 한지....

냉장고며 김칫독 냉장고에 가득 채워 있는 고기들과 양념들이 하나둘 먹다 보니 비어 간다. 당신이 한 일들이 적은 일이 아님은 분명 나에게 영향을 미친다. 그 손길을 통해 당신의 살아온 깊은 세계를 느끼니, 우주를 변화시키듯 나의 마음은 달라지려고 노력하지만, 이제 마음과 몸이 축 늘어져 버렸으니, 있을 때 잘하지 못함이 후회가 된다.

어제, 무엇이 없는 것 같아 싸 들고 와서 냉장고에 넣으려고 보면 있기도 하지, 당신은 아마 떠날 걸 미리 알고 홈 쇼핑을 한 것 같아. 그걸 끓여 늘 미안한 마음으로 먹는다. 아마 당신의 손길이 다 떨어져야 나의 생각에서 당신이 멀어질까나. 그날이 기다려진다.

오늘 9시. 406번 차를 렌트해 우리 식구 6인이 당신을 마지막 보낸 여주의 에덴파라다이스에 도착한다. 주일이라서 오후 1시부터 입장이라 한 바퀴 돌다 점심 먹으러 간다. 우리 아들은 엄마 생각에 밥 생각이 없는지 전화도 받지 않고 보이지도 않는다. 우린 강민주 들밥 집으로 향한다.

우리만 먹어 미안해하며 아들 위해 빵을 사 들고 공원으로 왔으나 없다. 당신을 보낸 날 이곳에서 예배드린 곳, 기도하지만 눈시울만 적시다 당신을 마지막 보낸 도드락산 자락에 水眠場을 둘러본다. 슬프다 슬픔은 흘려보내야 하는데, 마음을 지나가게 다스려야 하는데, 슬퍼도 그 슬픔이 내 안에 집을 짓게 해서는 아니 되는데, 어디서 목놓아 울고 싶지만 참는다.

딸이 제공한 VTR을 보고 방명록에 메모를 남겨 두지만, 아들이 보이기에 방명록을 작성하라고 하니 고개를 흔들어 보인다. 그래 너의 마음을 알 것 같다. 아들아 너나 나나 무엇이 다를까만 당신에게는 아들이나 이 남편이나 둘 다 빗진 자이다. 아들로서 남편으로서 못난 남자들이다. 비에 온전히 젖으면 비를 두려워하지 않고 오히려 마음이 편해지고 자유로워진다고 했는데, 우린 눈물에 젖어도 언제 당신의 마음에서 자유로워질까!

시간은 16시가 된다. 이제 집으로....

고속도로는 텅 빈 듯 달려도 달려도 막힘이 없다. 사는 것이 이렇게 훤히 뚫렸으면 좋으련만, 오늘 날씨처럼 미세먼지로 시야는 조금 답답하지만 나의 삶도 그렇다. 오늘은 사위가 수고를 했다. 고맙다.

부용산 버섯과 나무와 잎새들 친구

 기다려지는 토요일 산행,
 아무런 소식이 없다. 너무나 더워 모두 꼼짝하지 않고 집에서 쉼을 가지나 보다.
 기다림은 허탈하고 아쉬움이 구름이 되어 맑은 하늘을 바람 따라 동에서 서로 남에서 북으로 움직인다. 나도 베란다를 물끄러미 쳐다보다 부용산이 손짓하니 주섬주섬 배낭을 챙긴다.
 참외 하나, 커피 세 잔을 넣고 시민공원 뜰을 오르니 금낭화는 꽃잎을 하나둘 떨어뜨리고 늦게 핀 놈만 넓은 뜰을 노랗게 물들이고 있다. 꽃은 흔들려야 더 아름다운지 살랑대는 바람에 활짝 웃는 얼굴은 그저 햇살 따라 모두가 한 방향이다. 작은 해바라기처럼 움직인다. 움막에서 신발 끈을 단단히 묶고 앉아서 하늘 한번 먼 산 한번 쳐다보다 님들의 얼굴을 떠올린다.
 카톡 카톡 불러대니 핸드폰을 열어 본다.

 "다 바람 같은 거야, 다 바람 같은 거야, 뭘 그렇게 고민하는 거니. 만남의 기쁨이건 이별의 슬픔이건 다 한순간이야. 사랑이 아무리 깊어도 산들바람이고 오해가 아무리 커도 비바람이야. 외로움이 아무리

지독해도 눈보라일 뿐이야. 폭풍이 아무리 세도 지난 뒤엔 고요하듯 아무리 지독한 사연도 지난 뒤엔 쓸쓸한 바람만 맴돌지,…
다 바람이야. 이 세상에 온 것도 바람처럼 왔고 이 육신을 버리는 것도 바람처럼 사라지는 거야. 가을바람 불어 곱게 물든 잎들을 떨어뜨리듯 덧없는 바람 불면 모든 사연을 공허하게 하지. 어차피 바람일 뿐인 걸 굳이 무얼 아파하며 번민하리. 결국 잡히지 않는 게 삶인 걸. 애써 무얼 집착하리 다 바람인 거야. 그러나 바람 그 자체는 늘 신선하지. 상큼하고 새큼한 새벽바람 맞으며, 바람처럼 가벼운 걸음으로 바람처럼 살다 가는 게 좋아...."

불자인 묵연 스님 글이다. 그렇다 가까이 있을 때 낄낄대고 웃음꽃이 함박꽃이 되어 온 얼굴이 훤히 그 향기를 내지만 언젠가는 시들고 죽는 것, 삶은 바람처럼 왔다가 사라지면 그뿐인걸. 바위마루에 앉았다. 스님은 삶의 깨우침이 이미 도의 경지에 달한 분이라 여겨졌다. 바위마루에 앉아 보니 한강 줄처럼 선 한 그루 소나무를 휘감고 가는 바람에 해송은 이렇게 적어 본다.

뜨거운 커피 한잔/ 땀방울처럼 타고 내리니/ 흔들바람이 친구가 된다// 적송은 윙크하며/ 밤송이 같은 잎새 흔들며/ 뭐 그리 고민하오/ 수많은 날을/ 견디었소만/ 보시오 상처뿐이지 않소/ 날씬한 몸은 간 데없으니/ 아름다움은 옛말이오// 보아하니 골 깊고 덮어쓴 이슬/ 어제를 잊으시오/ 바람 따라 사는 삶이 곧 길이라오

온몸을 식히었으니 소풍길을 걷는다. 정상의 정자를 지나 능선을 오르락내리락하며 나무와 풀과 버섯들과 친구하며 걷고 또 걷는다. 십자로 갈라진 버섯〈흰개미버섯〉이며 고목이나 넘어진 나무에 핀 버섯〈잔나비버섯〉 아까시재목버섯이며 큰갓버섯등과 이야기를 나누며 검색에 바쁘다.

한참을 헤매었다. 황톳길 옆에는 유럽의 두꺼비, 알을 배었는지 배가 축 늘어진 큰놈의 두꺼비 엉금엉금 기어간다. 이 숲에서 무엇을 먹고 살까? 알을 낳을 땐 습지에 있어야 할 터인데, 몇 발을 걷다 뒤돌아서 가 본다. 잡아다 물가에 두어야지 하고 그곳에 갔으나 없다.

엉금엉금 기는 것이 어디를 갔을까 한참을 서성거리며 보아도 없다. 머리를 긁적이며 미안한 생각이 든다. 알을 낳을 땐 뱀에게 약을 올리다 잡아먹혀야 제 이의 생명을 만든다고 하니 그래서 이 언덕길까지 왔을까!

한참을 내려와 공원에서 하늘을 쳐다본다. 플라타너스 잎새처럼 보이는 이파리는 무슨 나무이지? 하고 검색하니 중국 튤립나무 혹은 백합나무란다.

꽃이 필까? 언제인가? 하고 생각이 지워지기도 전이다. 도적놈같이 까만 큰 나비 한 마리 가슴과 배에 붉은 털이 나 있다. 이놈 칡잎을 먹고 산다는 너 왜 회화나무에 왔는가? 심심할까 봐 와서 날개를 폈다 몇 차례 접었다 한다. 너 이름이 무어래 하니 찾아봐 한다.

그래 한 컷 찍어 검색하니 '사향제비나비'란다. 넌 왜 하필이면 회화나무에 앉아 향기 꽃을 피우냐 하고 이야기를 나누다 옆에 험상궂게 뭉쳐서 핀 생기가 없는 꽃 한 송이 한낮의 햇살에 속이 타내려가는 듯 보인다. 넌 이름이 하고 물으니 나 꼬리조팝나무야 한다.

오늘은 나무와 버섯 곤충과 꽃들과 친구하며 놀다 많은 이름이며 주고받은 이야기들이 뭉개구름 되어 떠오르니 지난날 그대와 함께 내 고향 뒷산에 올라 무성한 나뭇잎들을 보며 나누던 그 시간들이 잠깐의 걸음을 붙들어 놓는다. 오후 5시가 되었으니 반겨 주는 이는 없지만, 집사의 책임을 다하러 간다.

어젯밤 큰손녀의 문자?

이제는 무언가 쳇바퀴 도는 것처럼 돌기만 하지 생각은 떠오르지 않는다.

아내는 캘린더에 표시를 하고 그날들을 기억하지만 난 그런 훈련은 되어 있지 않다. 그저 아내의 말에만 아 그렇구나 하는 식으로 움직였다. 그런데 이제는 다르다. 모든 것이 혼자 기억하고 움직여야 하니 때론 잊고 지나기 일쑤이며, 딸이 알려주는 것에 고마워한다.

나의 생일도 모르고 있을 때도 있으니 결혼일도 자식들 생일도 모르는 무지의 사람이다. 난 인생을 살면서 무얼 위해 살아왔으며 지금껏 무얼 했는가, 반문만이 당연한 듯 지나갈 뿐이다. 그러니 하늘나라로 간 아내는 얼마나 실망하고 믿음이 없는 남편으로 보았을까 그런 눈치를 까맣게 잊고 산 것이 아니라 그렇게 만들었다.

딸자식에게 이야기를 할 때, 제 남편을 감추는 것보다는 한 스푼 더 얹어 그럴 듯하게 주고받는 이야기들은 나와의 거리를 더 멀어지도록 했다. 두 고집이 함께하니 서로가 신뢰를 주지 않았다. 이렇게 말하다 보니 이제 왜 이런 말을 할까 어리석은 인생이여 하지만 이것이 살아온 정들인 것을....

그래도 벌써 오늘이 꼭 8개월, 잊히지 않는 당신이다. 혹시나 잠들어 만남이 있을까 하지만 당신 떠나고 두 달째 되던 날 꿈속에 모두가 저세상으로 간 친족들과 산마루 밭둑길을 걷기에 향숙 씨 하고 부르니 들리지 않는지 들은 척 만 척 눈도 마주치지 않고 한 줄로 서서 가는 걸 보고는, 8개월이 되었지만 말 한마디 손 한번 잡아보지 못했음이 미련뿐이다.

솔직히 집에 있으면 나가기 싫어지고 나가면 들어오기 싫어지는 것이 오늘날이다. 뭔가 떠오른 생각을 컴퓨터로 기록하려고 하지만 컴퓨터를 열어 놓고서 눈만 껌벅거리며 부용산을 바라볼 뿐이다.

고작 말동무와 움직이는 것이 화분이다. 동생이 보낸 모종 12그루와 일주일에 하나씩 다육 식물들을 모은 것이 20종류가 넘는다, 그들과의 대화며 하루에 열댓 번 보고 또 보고 실언에 빠진 사람처럼 이야기를 나누곤 한다.

지난주가 아들 생일인데 밥을 사 줄까 하고 전화하니, 바쁘다고 하기에 말을 꺼내지도 못하고 끊어 버렸다. 저녁에 큰손녀가 6인 단톡방에 할아버지 내일 예배드리고 점심은 아웃백으로 가자는 문자였다. "그래" 답하고는 '무슨 날이지' 하였지만 생각이 나지 않는다. 치매는 아니어야 하는데….

오전 예배를 드리고 사위와 함께 OUT BACK으로 가며 물으니, 지난주 경식이 생일인데 바쁘다고 하여 오늘 점심 먹기로 했다고 한다. 섭섭한 마음은 일시에 사라졌고, 식당에 들어서서 제법 의젓하게 앉은 아들을 보니 이제 중년의 티가 나온다. 밥은 양껏 맛있게 먹었다. 온 가족이 모이니 기뻤다만 대장이 없으니 마음 한구석 허전하다. 밖을 나와 마음을 식힌다. 오고 가는 말들은 삶의 그림자들뿐이다.

요1서 3:16엔 "자녀들아 우리가 말과 혀로만 사랑하지 말고 오직 행함과 진실함으로 하자"라고 말한다. 행동은 말보다 강하다. 기독인들은 혀와 말로 사랑하는 것 아니라 모든 것이 행위로 나타나야 하는 것, 우리가 누구인가. 사랑한다고 온종일 말할 수 있지만, 우리의 사랑은 그 삶을 향한 행동으로 판단된다. 사랑은 동사이니 말이 아닌 행동으로 나타나야 함을 항상 명심하고 주어진 일에 열심히 믿음으로 승부하자. 오늘은 먹구름에 헤맬지라도 내일은 밝게 비치는 게 십자가를 향한 믿음이다.

부른 배를 움켜쥐고 소파에 앉았다. 비몽사몽간에 "경아 아빠"라고 부른다. "왜"라며 허둥지둥 방으로 뛰다시피 들어가나 아무도 없다. 허전하다. 왜 불렀을까? 내일이 꼭 팔 개월인데, 아들의 생일을 아나 보다. 자식들이 집에 오기를 약간은 멈칫거리는 눈치다. 여기저기 당신의 손자국이 있으니 엄마 생각나 그럴 거야!

나도 아직 이렇게 안절부절 넋 나간 사람처럼 먼 산만 쳐다보는데....

지금 가고 있는 길은

말을 하고픈 이유는 없었는데....
왜 그럴 줄 알면서 입을 열었을까? 의지하고자 하는 마음이 있는가! 외로움을 느껴서 그런가! 무엇을 보여 주어 그들에게 자랑하고파 그랬는가! 난 83년을 자랑하고파 그렇게 입을 열었는데....
가는 길이 이렇게 쉬운 것 같지만 하루하루 보내는 시간이 그저 그렇게 지나가는 게 아닌데, 난 무얼 하며 살아왔는가? 누굴 위해 살아왔는가? 주님이 부르실 그날은 언제일까? 지금 걷고 있는 이 길은 어디를 향해 걷고 있는가?
지나온 그 시간들 어떻게 걸어왔는데, 오늘의 난 어떻게 보이기에 어떻게 보기에 자신을 초라하게 만드는가! 방랑자 나그네는 가는 길을 묻는다. 길이란 우리 인생사에서 흔히 쓰는 말이다.

카톡에서 '길'이란 단어에서 친구처럼 다정하게 여운을 주는 말의 단어들을 모아보면, '빙 돌아서 가는 멀고 좁은 길'을 '에움길'이라 한다. 질러서 가지 않고 에둘러서 가는 먼 길을 뜻한다. 길은 순수 우리말로서 신라 시대 향가에서 나오며 길, 이름에는 질러가거나 넓은 길보다 돌아가거나 좁고 험한 길에 붙이는 이름들이 많다.

집 뒤편의 뒤안길, 마을의 좁은 골목길은 고샅길이며, 꼬불꼬불 논두렁에 난 논틀길, 거칠고 잡풀이 무성한 푸서릿길, 좁고 호젓한 오솔길, 휘어진 후밋길, 낮은 산비탈 기슭에 난 자드락길, 돌이 많이 깔린 돌서더릿길이나 돌너덜길, 사람의 자취가 거의 없는 자욱길, 강가나 바닷가 벼랑의 험한 벼룻길이 있는가 하면, 겨울날 눈이 소복이 내린 뒤 아직 아무도 지나가지 않은 그대의 첫 발자국을 '숫눈길'이라 한다.

'길'이란 단어 자체만으로도 참 문학적文學的이고 철학적哲學的이고 사유적이다.

'도로道路'나 '거리距離'가 주는 어감語感과는 완전完全 다르다.

'길'은 단순單純히 사람들이 밟고 지나다니는 것만을 의미意味하지 않는다. "아무리 생각해 봐도 길이 없다."라거나 "내 갈 길을 가야겠다"라는 표현表現에서 보듯 길은 삶에서의 방법이거나 삶 그 자체입니다.

불교佛敎나 유교儒敎, 도교道敎 등 동양東洋 사상思想에서의 공통적共通的 이념理念도 도道라고 부르는 길이다.

우리는 평생平生 길 위에 있다. 누군가는 헤매고, 누군가는 잘못된 길로 가고, 누구는 한 길을 묵묵히 간다. 오르막길이 있으면 반드시 내리막길도 있다. 탄탄대로가 있으면 막다른 골목도 있다. 세상世上에 같은 길은 없다. 나만의 길만 있을 뿐이다.

미국인美國人이 가장 사랑하는 시인詩人 로버트 프로스트는 명시 '가지 않은 길'에서 이렇게 술회述懷했다.

"숲속에 두 갈래 길이 있었다./ 나는 사람들이 덜 다닌 길을 택했다./ 그리고 그것이 나의 모든 것을 바꿔놓았다."

길은 목적지目的地에 가기 위해서도 존재存在하지만 떠나기 위해서도 존재한다.

'길을 간다'라는 말보다 '길을 떠난다'는 말은 왠지 낭만적浪漫的이거나 애잔하거나 결연하다.

결국 우리는 길 위에서 길을 물으며 살아가는 것이다.

그게 입신양명立身揚名의 길이거나, 고행苦行의 길이거나, 득도得道의 길이거나, 산티아고 길이거나, 바이칼 호수湖水의 자작나무 숲길이거나, 동네 둘레길이거나

우리네 인생이 곧 길이요, 우리의 발이 삶이다. 결국은 '마이 웨이'를 가는 것다.

지름길을 택할 것인가, 에움길로 돌아서 갈 것인가.

인생길은 결국은 속도速度와 방향方向의 문제問題이다.

지름길로 가면 일찍 이루겠지만 그만큼 삶에서 누락漏落되고 생략省略되는 게 많을 것이다. 에움길로 가면 늦지만 많이 볼 것이다. 꽃구경도 하고, 새소리 바람 소리도 듣고, 동반자와 대화對話도 나눌 것이다. 사랑도 그렇지 않을까? 모든 사랑은 수만 갈래의 에움길을 돌고 돌아서 이루는 것이다.

여기, 사랑의 신선함을 에움길로 묘사描寫한 명시가 있다.

"너에게로 가지 않으려고 미친 듯 걸었던/ 그 무수한 길도/ 실은 네게로 향한 것이었다//(중략)// 나의 생애生涯는/ 모든 지름길을 돌아서 네게로/ 난 단 하나의 에움길이었다...."

카톡에서 주는 글이다.

친구는 홀로 있는 나를 보고 던진 글이다. 나라는 인생살이가 친구들에게는 어떻게 보였을까? 측은해 보였을까? 오늘날까지 살면서 도움을 받지 않고 도움을 주었으면 주었지....

그렇게 살아왔는데, 오늘이나 어제나 변함없이 가는 내 길을 걷고 있다. 지금의 나를 친구들은 어떻게 보았기에 홀로 있는 모습이 그들의 눈에 눈물로 가득한 놈으로 보였나? 그렇다. 보이지 않은 눈물을 흘렸다. 때론 눈물로 아픔을 씻었고 슬픔이 녹아내릴 때마다 눈물이 씻어주지 않으면 육신이 저려 갈팡질팡했었으니까?

딸아이의 생일

어저께 안경을 맞추었다.
딸이 해 주는 것이지만 편하지는 않다. 돼지불고기점인 먹골 집으로 들어선다. 맛있게 먹고는 계산을 해 버렸다. 고마워서! 지난달엔 병원이다, 전립선 영양제며 사다 보니 지출이 칠십만 원이나 나왔다.
한 달 지출은 통계이나 쓰는 것은 그날그날 통장에서 빠져나가므로 한꺼번에 지출이 아니니 덤덤하다. 혼자 살면서 웬 말인가 싶다. 딸은 내일 내 생일이니 밥을 먹자고 하면 아빠가 계산하라는 것이다. 제 남편 보기에 아버지의 위신을 세우는가 하면 자신도 좀 떳떳해 보이겠다는 눈치다.
애비 생각해 주니 고맙다. 제 어미는 나더러 눈치코치도 없는 사람이라고 했는데….
오전 예배를 드리고 장 박사 집으로 가서 마음 편하게 즐겁고 맛있게 먹었다. 그런데 섭섭한 것은 딸랑 하나인 아들은 참석하지 않았다. 제 누나 생일도 모르나 했더니 메시지가 왔다고, 부득이 바빠서 참석 못 하고 내년엔 꼭 참석한다고 하였단다.
아무리 바빠도 그건 아니지 싶다. 혼자서 직장을 그만두고 벌써 5개월째 그것도 퇴사 후 회식하고 한잔 했나 보다. 집 앞이라 쉽게 생각하고 운전대를 잡았으나 접촉 사고, 그것도 음주로 걸려 차 수리비에다 합의금을 주었으니 퇴직금은 다 날린 것으로 보여진다. 힘이 되어주지 못한 애비는 미안하구나....

 이런 것 저런 것 생각이 들지 않을 수 없다. 마음 어느 한구석엔 허전하고 섭섭하고, 안개가 자욱한 것 같음을 누가 알아줄까!, 자식의 생일을 알고나 있을까. 살아 있으면 즐거워했을까! 멀찌감치 있는 내게 또 무슨 말을 했을까? 축하를 하지만 아내 잃은 팔순의 아버지를 보는 딸에겐 출생의 기쁨보다는 자식으로서 나를 보는 그 모습이 어두워 보인다.
 자식들에게 좋은 것만 보이고 거슬리는 것들은 감추며 살자. 마음들 편하게 해 줘야지. 하지만 마음뿐, 보이지 않은 것들로부터 나타나는 노망은 어떻게 하랴. 산다는 게 새삼 어렵다.
 '다른 이들은 어떨까?' 물음을 던져 보지만 답은 답답할 뿐이다. 괜스레, 한 줌의 재가 된 당신을 물 위에 뿌린 그곳에서 마음을 달래고 싶다. 왠지 오늘은 이토록 보고플까....
 답답함을 감추기 위하여 그저 목적 없이 고개를 숙인 채 힘없이 터벅터벅 거리를 헤매다 부용천에서 한 자 반이나 된 잉어 떼와 눈을 맞추며 저렇게 기분대로 헤엄치며 놀고 싶고, 오리를 보고는 저 오리들처럼 배가 고프면 먹이를 찾고 배가 부르면 한가하게 물가에서 껌벅껌벅 졸며 거리낌 없이 아무 생각 없이 여유로운 시간을 보내고 싶다.

 조물주는 날 때부터 하늘나라로 갈 때까지 모든 것을 주관하시는 분이다. 누구의 생일이든 생일만이라도 물속의 고기 떼처럼, 오리처럼, 저렇게 천연덕스럽게 지나면 얼마나 좋을까? 저들에게도 고통과 고민이 있을까? 삶에 한계를 느낄까?

아내가 없는 자리에 어느 날부터인지 모르게 하나둘 모이게 된 다육이 화분들, 다육이들과 아내의 빈자리를 채우며 대화한다. 아프면 말하라고, 배고프면 배고프다고, 외로우면 외롭다고, 그들과 소통이 잘 되는지 하루가 다르게 잘 자란다. 그 숫자가 점점 늘어난다.

생김새가 모두 다르니 비교가 되고 서로 시기하며 자기 잘난 체하는 듯 보인다. 그러나 서로가 의가 좋아 보이니 들여다보는 나도 즐겁다. 너희의 생일을 알 수 없구나!

알면 촛불이라도 밝혀 주며 축하 송도 불러 줄 터인데, 혼자 말이지만 난 다육이 식물과의 대화이다.

그들은 곧장 알아듣는 듯 어떤 식물은 윤기가 나고 어떤 식물은 키가 한 자나 자란 것을 볼 수 있다. 이러한 삶이 내려가는 삶인가? 내려가야 얻을 수 있는 행복이라며 낮은 곳으로만 흐르고 있는지도 모른다.

내가 살던 고향 땅

하도 오랜만이라 시간이 얼마나 흘러갔는지....

인생 팔십 고개에 아무런 할 일도 없고 백수인지라 팔다리가 성할 때 고향이나 둘러보고 코에 바람이나 쏘이자 하고 나선 걸음이다. 실상은 아내를 떠나보내고 난 뒤라 부모님 산소를 찾아보고도 싶고 아내의 소식을 전할 겸 나선 걸음이다. 떠난 지 5개월을 접어들지만 매일 울컥하는 가운데 눈시울이 뜨거워지고 우울한지라 어느 날 저녁 딸아이에게 말을 한다.

바로 언제 가려고 하느냐에 3월 말 정도 마음을 먹고 있다고 했다. 주일을 피하기 위해 목.금.토 삼 일을 생각한다고 하자 바로 열차 편을 알아보고 오후 1시 출발의 KTX 열차왕복를 예약한다. 그리고 숙소도 부산역 주변에 있는 TOYOKO in Hotel를 2박 예약을 한다.

이제 그날 몸만 가면 된다. 참으로 편한 세상이다. 불과 10분 만에 차편과 숙소를 예약할 수 있다니 좋은 세상에 살고 있구나 하고 내심으로 말을 건다.

출발의 그 시간, 날씨는 꾸물꾸물 흐리고 간간이 비가 내린다. 마음이 급해지기 시작하자 일찍 경전철 타려고 송산역으로 발길을 옮긴다. 호원

역에서 1호선 전철에 몸을 맡긴다. KTX의 게이트를 확인하고는 롯데리아에서 커피와 빵으로 점심을 하며 시간을 기다린다.

분주한 대합실은 각자의 갈 곳을 향해 갈 열차를 기다린다. 13시 15분 103열차 9호차 9C석에 앉으니 옆자리는 50대 여성이 앉아 있다. 창밖엔 비가 뿌린다. 전경은 별 의미가 없다. 여성은 금세 잠깐도 쉴 사이 없이 연방 입술을 움직인다. 한차례 전화는 아마 남편인 듯 보인다. 밀양에서 내리고 나니 금세 부산역이다. 얼마나 비바람이 쏟아지는지 비닐우산으로는 당할 수가 없다.

역사에서 호텔이 어디지? 하고 보니 눈앞에 들어온다. Hotel에 들러 check in하고 903호실에 짐을 풀고 취침까지는 많은 시간이 있기에 저녁도 먹을 겸 밖으로 나선다. 날씨가 얄밉다. 오랜만에 고향이라고 왔는데….

비는 쏟아지고 호텔 앞에서 택시를 탄다. 내린 곳이 송도 해수욕장이다. 케이블카는 바람 때문에 운행도 중지된 것이다. 부산! 하지만 바닷바람은 생각 밖이다. 하는 수 없이 남포횟집으로 들어서서 오랜만의 회 한 사라25,000원 시켜 놓고 꿀맛으로 먹어 치운다. 그간 먹고는 싶었지만 여태까지 꾹 참고 왔다. 그것은 대장암이란 이름표는 회는 금물이었다. 그러다 보니 10년을 넘게 생선회 육회도 바다 건너 산이라 금물이었다. 하루의 시간은 이렇게 지나고 903호실에서 잠을 이룬다.

아침은 호텔 룸에서 간단히 먹고는 부산 지하철 1호선 교대에서 동해선을 타고 좌천역에 하차해서 조카 큰조카의 차로 고무동을 찾았다. 마을 옛집 앞 넓은 밭은 마을 주차장이 되었고, 초가집도 없어졌고, 마을의 아기자기한 모습도 사라져 버렸다. 대밭을 헤쳐서 부모님 산소에 이르니, 그래도 나름 깔끔히 정리되어 있었다. 앞의 묘는 6촌 형님의 묘인데 억새로 뒤덮여 보기가 아쉽다. 마을도 둘러보자고 조카는 말하지만, 사람은 한 사람도 만날 수 없었다.

쓸쓸한 마음으로 마을을 벗어나 화전 임*순 형수씨(92)를 만나니 반갑기도 하지만, 세월은 흘러 그 곱고도 착한 모습은 오간 데 없다. 형수씨는 신혼도 잊은 채 시동생들을 보살펴 주었다. 중학 시절 때만 해도 오줌을 밤마다 싸댔었다. 오늘 시동생을 팔십의 중반을 바라보는 모습으로 만났으니 많은 이야기는 시간 가는 줄 모른다.

일정상 일광역으로 해변 솔밭을 거닐며 조용히 출렁이는 파도를 타는 갈매기, 옛날이나 지금이나 다름이 없다. 주변이 달라졌고 삶의 생활이 다를 뿐이다.

동해선을 타고 동래역에 내려 누나가 살고 있는 집을 찾았다. 어디가 어딘지 두리번거리다 겨우 찾은 집이다. 전화를 했으니 대문밖에 앉아 기다리고 계신다. 손*자(93)를 만나 지난 시간 돌아보며 나눈 이야기들은 인생의 살아온 길이 오늘은 이렇게 변하였구나 싶다. 생명이 있는 건 무엇이든 때가 되면 죽어간다는 것, 그 이치는 이 세상 어느 누구도 거스를 수도 부인할 수도 없다. 지하철을 타고 수영만 요트장으로 발길을 옮겨 보니 거센 파도와 바람에 움직일 수 없다.

해운대로 나가서 점심을 먹을까 했지만, 딸이 이야기하는 그 식당을 찾을 수 없어 두부찌개를 먹는다. 백사장은 계절을 외면하듯 하나, 바람과 파도 그리고 모래사장에서 휴식을 즐기며 북적대는 내국인과 외국인(2/3)들이 추억 만들기에 한창이다.

시티 투어를 이용하여 광안대교를 건너 유엔묘지 공원을 지나 남항 대교를 지나 광복동에서 하차한다. 하루의 해가 왜 이렇게 짧은지 어둑 해진다. 그래, 부산의 야경을 보아야지 하며 용두산 공원으로 수십 계단 을 올라 정상에 이르니 야경은 나무숲과 빌딩에 가려 화려한 항구는 나 를 외면한다. 어제의 많은 선박은 어디론가 가고 없다. 배가 후출하니 저 녁은 소고기 국밥집을 찾아 먹고 택시로 호텔에 들어선다.

아침은 로비에서 간단히 먹고는 짐을 챙긴다. CHECK OUT하고 짐이 라곤 배낭 하나 로비에 맡기고 밖을 나선다. 변해도 이렇게 변했까. 어디 가 어딘지 알 수가 없으니 태종대로 택시를 이용한다.

서울보단 택시 기사님들이 관광 도시답게 어찌나 친절한지 마음이 즐 겁고 감사하다. 여기서 둘레길을 따라 걷기도 하고 누리열차로 시간을 보내다가 자갈치 시장으로 생선회를 먹으러 간다. 시장 앞 해변은 북항 답게 똑딱선이 즐비하니 갈매기는 이들을 지키듯 배회하며 날면, 사람 들이 먹이를 던져 줄까 하여 머리 위를 왔다 갔다 한다. 기차 예약 출발 시간이 벌써 가까워 온다.

이 층엔 상점 전체가 횟집이다. 젊은 아줌씨가 앉으라고 권한다. 메뉴 를 보니 눈이 휘둥그레지나 넌지시 말을 걸어 본다. 그러나 체면상 일어 설 수가 없다. 어느 집이나 같을 것 같다. 혼자니 적은 것으로 한 사라 주 문했고 65,000원으로 낙찰되었다. 12시라 빨리 먹고 국제시장을 들르려 고 하였으나 그 좋은 회를 2/3정도만 먹고는 배가 불러 일어선다.

회가 늦게 나와 허겁지겁 먹고는 호텔로 들어와 배낭을 찾아 부산역 으로 들어선다. 3~40분의 여유가 있다. 커피숍에서 시간을 보내다 13시

15분 KTX열차를 탄다. 부산으로 갈 때는 젊은 아가씨와 한자리였으나, 상행선인 서울로 오는 길은 무뚝뚝한 건장한 젊은이와 한자리이다.

  열차 안에서 무얼 그리도 먹고 먹고 하더니 코를 드르렁 드르렁 고는지 역겨움에 미워지기 시작한다. 수원에서 내린다. 출발한 듯 보였던 열차는 벌써 서울역이다. 지하로 내려간다. 지하철 1호선을 타고 지그시 눈을 감은 채 최면술에 들어가 몇 번 떴다 감았다 하는 사이 회룡역이다. 의정부 경전철로 집을 향한다.

들꽃놀이 둘레길의 봄 첫날

주민센터 강의실은 처음이다. 수강료가 22,500원이라 무슨 강의인지 궁금증과 함께 오후 2시에 모인 무리는 12인이다. 강사가 인원 점검을 하고는 자기소개를 이*호라고 한다. 정년퇴직한 고등학교 교장이라고 하며 이곳뿐 아니라 여러 곳에서 강의를 한다고 하였다.

12인승 자기 차를 운행하여 둘레길 여기저기를 소개하면서 나무며 나무 풀이며 풀에 관한 이야기로 거침없이 지식을 전달한다. 오늘은 처음 시작하는 시간이라 장암동으로 들어서서 동일로 입구 못 밑에서 주차한다.

중랑천 쌍갈랫길이라 하여 어디인가 했더니 도착한 곳이 이곳이다. 내리자 마자 화려하게 핀 벚꽃 아래서 벚꽃의 종류와 암수의 다른 점을 일깨워 준다.

날씨는 황사 때문에 조금 흐릿한 날이다. 그러나 오랜만에 나들이를 했으니 부지런히 뒤를 쫓아다닌다. 아주머니들은 받아쓰기하느라 바쁘고 사진 찍기 바쁘다. 오늘은 강의실에서 수업하는 걸로 생각하고 아무런 준비 없이 동행했으나 8인의 아줌마들은 한두 번 참석한 것이 아닌 듯, 준비한 걸 보니 여러 번 참석했나 보다.

계절마다 하는지 모두 달변이다. 남자라곤 네 명뿐이다.

앙증맞게 고개 떨구고 있는 개미꽃이 제비꽃이란다. 종류가 우리나라에 자생하는 것만 하더라도 60여 종이란다. 보라색 흰색 흰색에 보라로 그어진 줄은 너무나 예쁘다 이를 보니 나태주의 시가 생각난다.

정말 자세히 보니 예쁘다. '조물주는 어떻게 저렇게 식물들을 꾸며 놓았지?' 하며 감탄할 수밖에 없었다. 털, 잔털, 태백, 둥근털, 오랑캐, 서울, 졸방 듣다 보니 신기하기도 하지만 쇠티기포자, 밥태기나무, 맹자나무 등 머리가 띵하다.

이*호 선생님은 사진도 도감도 인터넷에 올린다고 한다. 조금도 쉴 시간 없이 앞서거니 뒤서거니 하며 늙은이들 아니 늙은이는 4인 정도이고 거반이 60대로 보인다. 싱그러운 나무와 들꽃으로 마음 씻으며 운동 아닌 억지 운동을 한다. 마칠 시간이 되어 가는지 큰길로 올라간다.

눈에 보이는 모든 식물은 이러구 저러구 가만히 있을 수가 없는 듯 보인다.

봄꽃놀이 둘레길 무지랭이골

 은근슬쩍 금요일이 기다려지기는 처음이다.
 이*호 식물 박사님은 건강한 모습으로 우릴 맞이하겠지? 남녀 회원이 남 5인에다 여 7인이니 아마 오늘도 나이를 넘는 이야기꽃을 피우겠지? 하며 주민Center로 들어선다. 그러니 오전엔 아무것도 하지 못한 요일이다. 산보도 하고 건강도 챙기고 같은 취미와 식물에 관심 있는 분들과 하나 되어 운동도 하고 식물에 관한 지식도 챙기고 꿩 먹고 알 줍고, 나이 젊은이들과 함께하니 즐거웠다. 지난 첫 봄꽃 선보는 날이었다.
 무지랭이골로 들어서 자동차 전용도로 다리 밑에 주차하고 계곡을 들어서자 마자 이야기는 불을 토한다. 오늘은 단단히 마음을 먹고 수첩을 들고 왔다. 듣는 것은 돌아서면 모두 다 도로아미타불이다. 그러니 한 자라도 적어 두면 조용한 틈을 타 열어 보았을 때 선생님의 얼굴도 회원들의 얼굴도 떠오를 것이다. 날씨는 요즘 황사 현상으로 조금은 흐리고 상쾌한 기후라는 현실에 묻어 둔다.

 첫 인사가 개비자나무Cephalotaxus Koreana다. 이름도 생소하다. 눈개비자나무, 누운개비자나무, 좀개자나무 등으로 불린다. 듣고도 금세 지워져 회원들에게 묻고 또 묻고 머리가 처음부터 뒤뚱하다. 개비자나무는 주목과로 우리 반도의 특종이란다. 산골짜기 습지가 많은 곳에서 자라는 상록침엽수란다.

키가 3m 정도 자라고 잎이 선형으로 양쪽이 뾰족하고 앞뒷면이 백색으로 4월에 꽃이 핀다. 수꽃은 길이 5mm 정도로 10여 개의 포에 싸여 한 꽃대에 20~30개씩 달리고 암꽃은 한 군데에 두 개씩 달리고 10여 개의 뾰족한 녹색 포에 싸인다.

밑씨는 한 꽃에 8~10개씩 있다. 8~9월에 붉게 익은 열매를 볼 수 있고 식용으로 쓰이고 꽃은 3, 4월이고 결실은 10~1이다. 주로 경기 충북 이남에 분포한다. 한방에서는 토향비土香榧라고 하며 회충과 갈고리촌충에 쓰이이고 구제나 먹은 음식이 소화가 되지 않을 때 사용하기도 한다.

말이 끝나자마자 눈에 보이는 식물을 읽고 가니 물 맑고 공기 좋은 곳이라 식물들은 행복해 보이나 우린 따라다니자니 힘이 들고 주저앉고 싶다. 몸집이 매끈한 근육질의 나무가 눈에 들어오니 설명은 백과사전으로 막힘없이 줄줄이 사탕이다.

서어나무 Carpinus faxiflora라고 한다. 그러고 보니 그동안 산을 오르다 본 나무들 이름도 모르고 그놈 참 매끈하게 매혹적으로 잘 생겼다고 했는데 오늘 그 이름을 찾아 부르게 되었다.

자작나무과에 속하는 갈잎큰키나무로 한자 말로 '서목'이라 하여 서쪽에 있는 나무란 뜻으로 서나무, 서어나무가 된 것으로 짐작하고 있다. 속명은 켈트어로 '나무'라는 뜻의 카와 '머리'라는 뜻의 핀의 합성어다. 나무의 우두머리라는 의미로 머슬 트리, 즉 근육나무라고 일컫는다.

한자어는 견풍건見風乾이라고 한다. 신갈나무와 함께 산들 지킴이로, 그 산림을 지배하는 나무로 수백 년의 세월이 지나면 산을 뒤덮게 될 거라고, 그래서 '숲의 지배자'라고 불리기도 한다. 식물 곤충 등을 유혹하는 꽃과 꿀과 열매들은 장수하늘소, 장수풍뎅이, 사슴벌레 등의 기주 식물이기도 하다.

걸음은 바쁘다.

미처 따라가기도 전에 우르르 모여 땅을 보고 섰다. 앙증맞게 생긴 보라색의 제비꽃Viola mandshurica W.BECKER은 여러해살이풀이다. 제비꽃은 크게 두 종류인데 뿌리에서 잎과 꽃이 달리는 흰제비꽃, 남산제비꽃, 알록제비꽃이며, 줄기에서 잎과 꽃자루가 달리는 콩제비꽃, 졸방제비꽃, 노랑제비꽃이 있고 꽃말은 '풋향기 나는 가인'이다.

한국, 일본, 중국, 시베리아 동부에 분포하는 바이올렛, 오랑캐꽃, 병아리꽃, 앉은뱅이꽃, 장수꽃, 씨름꽃이라고 부른다. 제비꽃이란 이름은 꽃 모양이 아름다워서 물 찬 제비와 같다는 뜻에서 붙여진 명칭이다. 이 식물은 남아메리카 안데스의 산지에서 북반구의 온대 난대에서 진화되어 있으며 세계적으로 400여 종이 분포하고 있으며 우리나라에도 30여 종이 자라고 있다. 4~5월에 잎 사이에서 자주색 꽃이 핀다. 제비꽃은 관상용만 아니라 식용, 약용, 향료용으로 이용되어 왔다.

물소리 맑게 흐르는데 쉼은 없다. 그저 계곡물처럼 콸콸 쏟아지는 물처럼 선생님의 식물보감은 마를 줄 모른다. 물봉선화, 사위질빵Clematis apiifolia의 줄기는 약 3m로 자라는 하찮은 풀이다. 선생님의 이야기는 재미에 재미를 더한다.

전설에 따르면, 시골의 추수철에 사위가 처가에 가을걷이를 갔다. 수확 농작물을 집으로 나르는데 칡이나 식물의 줄기나 껍질을 이용 등짐을 만들어 나르게 된다. 사위 사랑은 장모라고, 장모는 그를 아끼는 마음에서 자신의 짐보다 더 질긴 '할미질빵' 덩굴로 끈을 만들어 짐을 졌고, 사위한테는 무거운 짐 지우지 않으려고 쉽게 끊어지는 이 식물 줄기인 질빵 끈으로 만들어 짐을 적게 지게 했다는 이야기에서 유래한 이름이라고 한다.

'사위질빵'은 중국 당나라 학자 자주군소의 위령선전 '위령선威靈仙에 보면 큰꽃으아리, 으아리, 할미질빵 등 약용으로 많이 사용한다. 미나리와 제비과의 유사종으로 작은사위질빵, 좀사위질빵. 좁은잎사위질빵 등이 있다. 한국, 중국, 일본에 분포하고 있으며 꽃은 7, 8월에 흰색으로 피며 열매는 9, 10월에 익는다.

이렇게 덩굴 이야기에 양지꽃, 싱아, 졸나물, 기린초, 뽀리뱅이, 등 줄줄이 엮어지나 듣고 보니 지나가는 바람이 되어 버렸다. 이제 시간이 지나 하산 길이다. 홑잎나물, 풍지나물 등 봄이면 나물 천지이고, 그 풀이고 나뭇잎들이 식단에 오르는 신선한 나물들이다.

홑잎나무에 화살이 꽂힌다. 참빗살나무, 홑잎나무화살, 해남나무 등으로 불리는 잔가지에 귀신이 쓰는 화살의 날개란 뜻으로 귀전우鬼前羽 날개를 가지고 있으며 동맥경화나 당뇨병 개선, 피부질환 완화 등에 효과적인 약재로 알려져 있다.

화살나무Euonymus alatus는 산기슭과 산 중턱의 암석 지대에서 흔하게 자라는 낙엽 떨기나무다. 1~3m 높이 자라는 줄기에 2~4의 코르크질 날개가 있으며 잎이 마주 나며 넓은 피침형이다. 꽃은 5, 6월에 연한 녹색으로 피고 열매는 9, 10월에 익는다. 홑잎나무, 참빗나무, 참빗살나무,

참빗나무라고 한다. 우리나라 전역에 자라며 일본, 중국 만주 등에 분포하고 있다. 가을이면 단풍잎처럼 붉게 물이 든다.

이제 물소리를 묻어 두고, 버스 정류장 앞 카페에서 커피로 피로를 씻고, 하루의 의미 있는 즐거움은 또 다음 금요일을 기다려 본다.

여름날처럼 익어 가는 회룡골

　영하의 기온이라 집에 있기도 뭐하고 하도 답답하여 컴퓨터을 열고 잡다한 글을 쓴다.
　오전 시간이 언제인지 지나가고 있었다. 벌써 시간이 13시 30분이 되었다. 오늘은 분명 무슨 프로그램이 있는지 머리를 굴리다 아차, 주민센터 14시에 둘레길 봄꽃맞이 하는 날이다.
　밥 먹을 시간이 없다. 허겁지겁 107번 버스를 타고 가니 5분 전이다. 회원들과 인사를 나누고 출석 체크하고는 오늘은 회룡사를 간다고 하기에 나섰다. 다인승과 승용차로 회룡역 뒷골목으로 해서 간다. 의정부에서 오래도록 살고는 있지만 듣기만 한 회룡사를 간다.
　사패산 줄기에서 내려온 계곡은 보기보단 깊고 가파른 길이다. 사찰을 오르는 입구에서 400년이 넘은 듯 거목이 회룡사 들머리를 상징하듯 섰다. 태조 이성계의 이야기와 도인이 심은 나무의 안내판을 보고 이*호 선생님은 눈에 보이는 식물과 나무에 관한 강의는 폭포수처럼 이야기꽃을 피운다.

　팔순이 가까워 보이는 노구에 교장 정년퇴직 뒤부터 줄 곧 식물해설사로 봉사를 하고 계신다고 한다. 처음 시작이 병꽃이다.

원명이 붉은 병꽃으로, 학명은 Weigela florida로, 인동과 애기병꽃과에 속하는 낙엽 관목으로 한국, 중국, 일본에 자생하며 관상용으로 많이 심는다.

잎이 마주 나며 새 가지는 녹색 또는 붉은색이 도는 세로줄이 있으며, 높이는 1~3m로 자란다. 2년생 된 가지로 갈색과 붉은색으로 껍질이 반들거리며 잎맥에는 거친 털이 있다.

꽃은 4~5월에 피고 열매는 삭과, 원기둥 모양이다. 소영도리나무와 비교할 때, 붉은 병꽃나무에는 잎 아랫면 맥을 제외하면 털이 없고 꽃잎에도 털이 없는 특징으로 구별할 수 있다.

설명이 끝나기도 무섭게 탁총을 만드는 국수나무에 눈이 꽂힌다. 선생님의 말씀은 계곡의 물처럼 어찌 그렇게 시원하게 말이 나오는지….

계곡을 오르며 숨이 가쁜지라 따라가기도 힘이 들자 여름날 그늘 아래서 시원하게 도토리묵이 생각날 쯤이다.

참나무 아래에 서니 쌉쌀한 맛이 자꾸만 입 속을 감돈다. 묵은 옛날 배고픈 서민들의 허기를 달래주는 열매로 이들 나무는 기특하게도 흉년을 미리 예언하고 그해 흉년엔 스스로 열매를 많이 맺어 준다는 굴참나무, 졸병참나무, 신갈나무, 떡갈나무, 갈참나무, 졸참나무 등 6종류로 잎 모양과 잎 길이로 나무의 종류를 구분한다.

죽은 참나무 줄기에서 자연적으로 자라는 표고버섯과 영지버섯 재배에 활용되며 졸참나무가 주로 사용된다. 도토리가 많이 달리고 맛이 좋은 상수리나무의 묵은 조선 시대 선조 임금의 수라상이 오르기도 하였으며, 굴참나무는 그 껍질로 코르크 마개를 만드는 데 사용된다.

신갈나무는 옛날 짚신 안에 잎을 깔아 신기도 했다. 또 떡갈나무는 떡을 쌀 때 사용했으며 특히 잎에 싸서 찌면 향이 떡에 배어 쉽게 변질되지 않는다고 한다.

가파른 길이 시작된다. 계곡의 수십 길 되는 폭포는 이름은 모르지만 회룡골이니 회룡 폭포라고 부르자. 흰 비단을 펼친 듯 물 달고 내려온 웅덩이는 흡사 선녀탕을 보는 듯 그 물빛과 군데군데는 단풍취가 하아얀 꽃을 피우며 군락을 이룬 것이 아홉의 용이 아기 부처를 목욕시켰다는 석가의 탄생설이 떠오른다.

이는 숲속 그늘진 곳에서 자라며 국화과의 여러해살이풀이다. 잎은 원줄기에서 7~8장의 잎이 나기도 하며 어린순은 나물로 먹는다. 단풍취는 괴발딱취, 장이나물, 괴불딱취, 축엽토궤풍이라고 부른다. 혹시나 선녀가 나타날까 깔깔거리며 있다.

유월,

보라색으로 피는 꽃 작살나무Callicarpa japonica는 꿀풀과의 갈잎떨기나무이다. 한국, 일본, 중국 등지에 분포한다. 꽃은 8월부터 피기 시작해 10월에 보라색의 열매를 맺는다. 잎이 작살 모양으로 생겼다 하여 작살나무로 붙여진 이름이다. 주로 야생에서 자생하며 산속 음지나 하천 주변 습지 등에서 자라며 좀작살나무와 별다른 차이는 없고 한국, 중국, 일본 등 자생하며 열매가 아름다워 정원수나 담에 심기도 한다. 뿌리는 약용으로, 호흡기질환 치료제로 쓰는데 그 뿌리를 말려 차로 끓여 마시면 신장염에 좋다고 한다.

숨이 차기도 하다만 그저 앞에서는 오리나무, 서오나무, 사리나무, 버드나무, 털단풍나무, 팟배나무 등 12인의 회원들은 매우 열심히 노트에 기록과 함께 귀는 쫑긋 세워 힘드는 것도 잊은 채 따라다닌다 좁은 길에 사찰로 오르는 차들이 얄밉기도 하다. 매번 피해 주려고 하니 짜증도 따른다.

다음 설명하는 야생화는 '매화말발도리'란다. 야생에는 말발도리 종류가 많지만, 그 이름은 꽃진 뒤 달리는 열매가 말발굽에 끼인 편자처럼 생겼다 하여 붙여진 이름이다. 이들은 두 종씩 짝을 지어 있기 때문에 그 특징을 비교할 수 있다. 말발도리와 물참대가 비슷하여 구별하기 어렵다.

말발도리는 산지나 능선 계곡 쪽 어디든 가리지 않고 자생하며 꽃이 촘촘하고 자방은 황색이며 몸에 털이 있다. 물참대는 주로 계곡 주변에서 물을 끼고 자라는 편이고 꽃이 듬성듬성 달리며 연한 녹색의 자방이며 몸엔 탈이 없다. 또 매화말발도리와 바위말발도리는 아주 비슷하고 바위가 많은 곳이나 바위 위에서 자라는 편이다.

이들은 묵은 가지 특면에서 꽃을 피우며 매화말발도리이고, 새로 돋는 녹색 줄기 끝에서 꽃이 달리면 바위에 얌전하게 꽃을 피우는 놈은 바위말발나무란다. 그런가 하면 꼬리말발도리와 애기말발도리가 있는데 꼬리말발도리는 높은 산의 능선에서 자생하며 화피가 가늘고 긴 것이 특징인 반면 주로 원예종으로 기르기도 한다.

또 빈도리와 만첩빈도리는 일본에서 들어와 원예종으로 기르는 꽃이다. 빈도리는 흰색, 연한 분홍색으로 꽃이 피며 꽃잎은 단엽이나 만첩빈도리는 겹꽃으로 피는 점이 다르다.

가파른 비탈길을 보니 회룡사 사찰이 보인다. 제일 맛이 있다는 줄 딸기나무, 잎에 소금이 달린다는 소비자나무, 붉나무 일명 소금나무라고 또는 불나무라 하는데, 하늘을 머리 삼아 메마른 가지 끝에 단풍보다 더한 황색의 새순을 보이는 엽측에 좁은 날개가 나타나는 붉나무 열매를 소금이 귀할 때 소금 대용으로 썼다는 나무 열매가 바로 붉나무 열매이다. 8월쯤이면 흰색 꽃을 피우고 가을엔 열매를 맺는다.

사찰이 가까울수록 발걸음은 더 분주하다. 괴불주머니 이는 산괴불주머니란다. 잎을 나물로 먹는 광대사리나무, 밤이 떨어질 때 개암나무 열매도 떨어지는데, 개암은 고시하고 아삭아삭하게 씹는 맛 또한 좋아 어린 시절 키도 그리 크지도 않은 나무라 개임을 따러 다녔다.

열매로는 드라이진 양주를 만든다는 노간주나무, 노랑꽃이 피는 개간냉이, 흰 꽃이 피는 황새냉이, 개사초 그 바위엔 거미개사초가 얼굴을 내밀고 있다.

또 바위에서 자생하는 미역초, 처녀초, 나물로 맛있다는 초롱나물, 섬초롱, 참죽나무가죽나무, 꿀담초, 고들빼기, 꽃마리, 만첩개빗나무, 염주나무, 꽃사과나무, 매화말발도리나무, 용버들, 호랑버들을 끝으로 오늘 강의는 끝을 맺는다.

둘레길 봄맞이 식물 체험 강의는 회룡사까지 가며 눈에 들어오는 식물의 종류는 무려 50가지가 넘는다. 사찰에서 잠깐 쉼을 가진다.

회룡사는 용이 돌아온 절이라는 것. 이 이야기는 태조가 조선을 건국하기 전 무학 대사와 함께 3년간 수도했고 무학 대사를 모신 가운데 왕자의 난으로 고향 함흥으로 간 태조를 기다리는 무학 대사의 마음은 무거웠지만, 다시 돌아오자 기뻐했다.

사찰의 연혁은 신라 시대 의상 대사가 법성사라 이름하였으나 역사의 이야기는 조선 건국과 태조 이성계라는 역사가 시작이다. 우린 취선당, 요사채, 종무소, 설화당, 대웅전 석조관음보살상이며 극락보전과 삼성각, 범종각과 오층석탑과 회양목, 느릅나무, 배롱나무, 매화, 탱자나무, 보리자나무 등을 돌아보고 회룡역으로 발길을 돌린다.

우리는 듣고도 금세 까먹지만, 교장 선생님은 머릿속에 식물 백과사전이 한 권 들어 있는 것 같다. 오늘은 거의 들꽃 맞이 산행이었다. 언젠가 사패산 산행을 회룡골에서 시작하리라 다짐하며, 계곡의 크고 작은 폭포며 깊고 소걸음을 걷는 가운데 입구에서 사찰로 돌아오는 거리가 7,000보를 걷고 끝이 났다.

들꽃 산책 응암산 무봉2리

봄이라고 하기엔 너무나 덥다. 초여름 날씨인 듯싶다.
네 번째의 들꽃 나들이 산책이라 오늘은 어딜 갈까 하고는 주민센터로 걸음을 재촉한다. 많이들 모여 있다. 출석 체크 후에 금방 무봉리로 간다는 것이다. 축석고개에서 광릉내 쪽으로 우회전한다. 무봉2리에서 우회전하여 골목을 벗어나자 넓은 주차장인 사랑방공동체이다.
주차장 맞은편엔 흰색 꽃이 활짝 핀 블루베리 밭이다. 능선 길을 들어서려고 하자 높다란 플라타너스 나무가 버티고 있다. 잎을 보니 튤립나무라고 한다. 잎이 다르다.
튤립 Liriodendron tulipifera 은 백합나무라고도 한다.
튤립은 북아메리카가 원산지로, 키가 크고 활엽교목으로 잎에는 긴 잎자루가 있으며 잎의 가장자리가 2~4개의 뾰족한 조각을 이루고 있는 독특한 모양을 가지고 있다. 5, 6월에 튤립 모양의 꽃이 피어 10, 11월에 열매가 익는다. 생장 속도가 빨라 산업용 펄프 재료로 가치가 높으며 공원수나 가로수 녹음수 경관수 기념수 등으로 이용된다.

이제부터 시작이라고 하니 의정부 시목인 떡갈나무 즉 갈참나무와 인사를 나눈다. 우리를 반긴다. 땅속에서 고개를 내민 붉은조개나물, 고들

빼기, 개불풀, 연한자루꽃, 미역취, 오이 냄새가 난다고 오이풀, 꽃이 달달하다고 하여 꿀풀, 덩굴을 이루고 있는 땅비싸리 등이 묘역을 덮고 있다.

언덕 쪽으로는 각시붓꽃이 지천을 이루고 있다. 우스갯소리로 이곳에 묻혀 있는 양반이 한량인가 웬 각시를 이렇게 많이 즐기고 있을까 한다. 쌍구절초도 한몫한다고 하니 벼룩이자리 풀이 나도 봐 줘 하고 소리친다.

긴 수염하고 핀 까치수염, 큰까치수염Lysimachia clethroides은 앵초과에 속하는 여러해살이풀이다. 까치의 날갯죽지에 흰 점을 닮았다 하여 까치수염, 큰까치수염이라 불리운단다. 이 꽃은 흰 개의 꾸부렁한 꼬리를 닮았다 하여 개꼬리풀이라고도 불리운다. 또 까치와 여문 이삭을 뜻하는 수영을 합하여 까치수염이라고도 한다.

까치수염은 솜털이 많이 탁한 느낌을 주고, 말쑥하고 잎에 반점 얼룩진 듯한 것이 큰까치수염이다. 맑은대쑥과 멍석딸기 덩굴 아래엔 돌미나리도 많이 자생하고 있다. 수영 일명 싱아이다. 나물이 심심하다고 하여 붙여진 이름이 아닐까?

이름도 신기한 미국딱총나무Sambucus canadensis는 캐나다딱총나무로 쌍떡잎식물 합판화군 꼭두서니목으로 인동과의 낙엽 활엽 관목이다. 북아메리카가 원산지로 일부 도감엔 미국딱총나무로 돼 있다. 서양딱총나무, 양딱총나무 등으로 불리운다. 개화는 5~7월로 흰 꽃이 다복이 여러 송이가 하나로 보인다. 잎은 마주 나고 깃꼴겹잎이다. 열매는 검은 자주색으로 익는다. 딱총나무 이름은 잎을 자르며 화약 같은 냄새가 난다고 하여 비롯된 일명이 아닌가 싶다.

털제비꽃, 서울제비꽃을 보고 나니 노린재나무는 가을에 단풍이 든 잎을 태우면 노란색 재를 남긴다 하여 붙여진 이름이다. 꽃이 4~6월에 피는데 하얀 꽃이 만발하면 눈에 덮인 듯하며 꽃술이 하얀 털을 뒤덮고 있어 풍성하게 보인다. 목재는 도장을 만들 때 쓰이고 태운 재를 풀어 염색하기도 한다.

이제 무지랭이골에서 무봉리 쪽으로 작은 마을로 가는 길에 으름나무 덩굴이 나무를 휘감고 보라색 꽃이 방긋 웃으며 반긴다. 4, 5월에 피는 으름꽃은 화려하지는 않지만 소박한 색감이 눈을 편하게 해 준다.
그 이름은 열매가 익으며 벌어져 속살이 투명하고 얼음같이 보이는 것과 먹으면 혀끝에 차가움으로 느껴져 얼음나무라 불린다.
봄철에 어린순은 식용도 하고 열매가 익으면 그 맛이 바나바와 비슷하여 조선바나나라고 부른다.
깊은 계곡에 자생하는 것으로 내 고향 장안사 골짝에 많이 자라 여름 방학 땐 나무 하는 겸 으름 따먹는 재미로 십 리 길을 걸어 계곡을 찾아 시원한 물가에서 놀던 어린 날 생각이 눈앞을 아롱거렸다. 꽃은 구경 못 했으나 팔십이 넘어 귀한 꽃을 보았다.

오늘도 수십 종의 식물을 접하였으나 막상 정리해 보려고 하면 생각이 나지 않을 때가 많다.
우리의 식물 공부에 귀한 시간 함께한 이 선생님 정말 감사드리며 건강하시길 기도합니다.

은방울꽃이 마중 나온 무지랭이골

봄날에 들꽃 산책은 무지랭이골로 귀하디 귀한 은방울꽃을 찾아 나선다.

아침의 시간은 무언가 기대감이 있었나 기대는 자신감, 충만함, 열정이라고 한다는데….

오후 2시여서 조금은 빠른 시간이지만 식물의 기대감 속에 나섰다. 1동 주민센터 작은 도서관에 들러 마정인의 시집 '반달 사랑' 책을 찾았으나 의정부 어느 도서관에도 없다. 이럴 수가! 그러나 없는 것을 어쩌나. 도서실에서 이리저리 둘러보다 눈에 보이는 읽을거리는 '기록 따라 떠나는 한국고전기행'이란 책을 대출하여 강의실로 들어선다. 아직은 한 명밖에 없다. 시간이 다가오는데….

출석 인원 8인이 이*호 선생님의 인솔 아래 무지랭이골로 들어선다. 처음 인사를 나누는 나무가 자귀나무이다. 꽃말이 '두근거리는 가슴, 환희라는 일명 부부목이다. 능선을 그리며 굽이 퍼지는 가지 사이로 피어난 연녹색 잎이 한 폭의 동양화를 연상하는 자귀나무는 예부터 부부의 금실을 상징해 마당에 정원수로 많이 키운단다.

나무의 특성은, 해가 지면 마주한 잎새는 밤을 맞아 다른 영역에서 활동하다 밤이면 위안을 찾는 금실 좋은 부부를 닮은 것으로 부부목이라 한다. 6, 7월에 독특한 모양의 연분홍색 꽃을 피운다. 실같이 갈라진 화관은, 끝이 붉은 빛의 수술이 달려 야리야리한 자태를 뽐내며 한 달 정도 아름다움을 보인다.

물이 맑은 계곡이라 물소리와 등반객들의 발걸음은 분주하다. 꼬리조팝나무란다. 제주도를 제외한 전국에 분포한다고 하며 산골짜기 습지에 자라고 양지를 좋아하는데 내건성이 약하여 척박한 곳에서는 견디지 못한다. 유사종은 가는잎조팝나무, 공조팝나무, 갈래조팝나무, 갈기조팝나무, 긴잎산조팝나무 등 진한 붉은색의 꽃이며 원추리꽃차례를 이룬다.

개비자나무가 얼굴을 내민다. 암수와 숫수가 동족을 이루고 꽃을 피운다. 등산로의 양쪽 길은 줄기 딸기로 그 종류도 16가지가 된다고 한다. 지천에 자생하는 제비꽃은 개별제비, 콩제비 등 60종이나 된다고 한다.

한 걸음 걸으니 비룡나무, 고마리 황새냉이, 암꽃 수꽃이 함께 핀다는 사초, 개찌버리사초Carex japonica Thunb 잎은 편평하고 짙은 녹색 또는 연한 황록색으로 피고 밑부분의 엽초는 볏짚색 바탕에 갈색이 돈다. 햇빛이 잘 드는 산과 길 주변의 풀밭에서 자라는 여러해살이풀이다.

물봉선이 선보인다. 이는 흰꽃, 노랑꽃, 붉은 꽃등이 핀다.

이름도 신기한 도독놈의갈구리란다. 산기슭의 숲속에 자라는 여러해살이풀이다. 도독놈의 갈구리 같다고 하여 붙여진 이름이며 개도독놈의갈구리, 꼭지갈구리풀, 둥근잎갈구리풀 등이 있다. 또 바위 위에는 습기를 어디서 공급하는지 녹색의 돌나물과 그 가운데 기린초가 오고 가는 님들을 보느라 고개를 들고 섰다.

이제 의정부에서 이 한 그루밖에 없다는 팽나무Celtis sinensis는, 느릅나무과의 갈잎큰키나무로 중국, 한국, 일본 등 온대 남부 이남에서 산기슭이나 골짜기에서 자란다. 키가 20m나 자라며 정자나무로 많이 심는다. 이름은 대나무 대롱과 대나무 꼬챙이에 팽나무 열매를 넣고 쏘는 소리가 '팽'하고 들린다고 하여 붙여진 설이 있다.

새순과 열매는 식용으로 쓰며 잔가지는 약재로 쓰이고 나무가 단단하고 잘 갈라지지 않아 가구와 집을 짓는 데 쓰인다. 유사종으로 푸조나무, 풍게나무가 있다.

봄을 알리는 전령사가 산수유보다 먼저 3월 초에 핀다는 올괴불나무이다. 올괴불나무의 꽃은 발레리나의 구두라고도 불리며 꽃말은 붉은 꽃 두 송이가 함께 핀다고 하여 '사랑의 희열'이다.

그 옆에 꽃아카시나무Robinia hispida는 껍질이나 잎 열매 등 독성이 있다. 나무의 낙엽 관목은 키 3m까지 자라며, 잎은 최대 13개의 전단지로 있다. 분홍색 또는 자색을 띠는 완두콩 꽃은 5개 달려 있다. 식물 이름도 가지가지다.

노랑꽃이 피는 짚신나물, 벼룩이자리, 벼룩이나물, 가락지나물, 개미취, 야산고리이며, 이름도 모르는 양지쪽 넓은 자리에 누운 묘소에는 우리가 보고파 온 은방울꽃Convallaria majalis이 녹색 잎 사이로 하얀 밥풀을 매달고 있다. 시골길 호야등처럼 매달려 있다.

그래서인지 꽃이 대롱대롱 종처럼 매달린 꽃은 앙증맞을 정도다. 긴 뿌리줄기가 뻗은 잎은 2, 3개 타원형이며 5, 6월 흰 꽃이 핀다. 이야기는 예수가 십자가에 못 박히자 십자가 아래서 성모 마리아가 흘린 눈물에서 피어난 새하얀 눈물방울, 그런가 하면 에덴동산에서 뱀의 꼬임에 선악의 열매를 따 먹다 이브가 흘린 회한의 눈물에 피어난 '영혼의 정화' '모든 근심의 끝' '다시 찾은 행복' '틀림없이 행복해집니다'라는 꽃말을 가지고 있다.

주로 서늘한 지역의 산지에서 자라며 정원의 관상용으로 기른다. 또 꽃보다 향기가 매혹적이라 자극적이고 강렬한 향보다는 숲속의 고요가 마음을 훔친다. 그러나 꽃과 향을 가진 은방울꽃은 독초이니 조심하지 않으면 안 된다. 냉이나물과 비슷하다.

이제 시간이 주어진지라 하산하며 이리저리 살피니 콩식물의 고삼, 일명 '도독놈의 지팡이'라고 하니, 주변엔 붉은 가시딸기 일명 곰딸기라. 그 종류가 산딸기, 줄딸기, 붉은딸기, 멍석딸기, 복분자 그 이름도 지천이라 익을 때 따 먹으러 오자고 야단이다.

하행할 때는 그저 내려가는가 했더니 아니다. 오르다 보지 못한 풀 한 포기 선개불알풀. 이것도 곁들여 눈개불알풀, 눕개불알풀, 좀개불알풀이란다.

이렇게 식물과의 이야기는 진지하다 그들은 아무리 척박한 땅이라도 그곳에는 흙이 있고 물이 있으며 햇빛이 비쳐 주고 맑은 공기가 있으니 자생한다고 하며 당신의 마음과 생각만 있으면 어느 곳이든 자신의 삶에 정원을 꾸민다고 말한다. 그들은....

꿩의 밥풀Luzuta capitata은 골 풀과의 여러해살이풀로 온대와 난대 지역

산기슭의 양지바른 쪽이나 묘 주변에서 자생하는 식물이다. 덩이줄기 모양의 땅속줄기에서 줄기가 곧게 올라 줄 모양이 희색 긴 털이 있고 끝부분이 딱딱하다. 4, 5월에 붉은빛을 띤 갈색의 꽃이 피고 열매는 모난 달걀모양이며 씨앗은 검은빛을 띤 짙은 갈색이다. 독성은 없어 어릴 때 먹거리가 적을 때 손바닥에 부벼 먹기도 했으며 많이 먹으면 설사한다.

오늘의 식물 공부는 끝이 났나 했더니 보고 그저 지나칠 수 없어 또 새모래나 흰꽃이 핀다는 노린재나무, 노박덩굴풍지나물과 인사를 나누고 이탈하여 W-mart에 들러 소량의 식재를 구입한다. 실상은 starbox coffee를 구입하고자 왔으나 오는 날이 장날이라 없다. 기온이 높아 그런지 등허리에 땀이 찼다. cafe에 들러 냉커피로 외로운 마음을 달래며 휴식을 갖는다.

오전 내내 우울한 시간 보내다

오늘이 몇 날인데....

오전 내내 우울 속에 묻혀 있었다. 캘린더를 보아도 무슨 날은 아닌데, 아침을 끓여 먹는다. 웬일일까. 가슴이 멍하고 차고 오른다. 그렇게 시간을 보내지 않으려고 노력하는데, 그간은 아무런 사고 없이 하루하루를 즐겁게 무탈하게 지나왔다.

왜 그럴까. 아무것도 하고픈 의지가 없어진다. 어제저녁은 한기가 들고 춥고 떨려 보통 10시가 되어야 나의 방을 찾는데, 저녁 7시에 그대로 누워 버렸다. 병 들면 어떡하지~ 은근히 마음은 복잡해진다. 나 같은 사람을 누가 돌보아 주랴. 걱정은 부정으로 비좁은 이 마음에 자꾸만 끼어들기 시작한다. 얼마간의 시간이 흐르게 되면 평상시로 돌아오겠지....

김어진의 '겸손은 힘들어'를 보다 잠이 들었다. 어벙하게 지나던 차에 지난날 청량리 경동시장에서 머리카락에 효력이 있다는 맥주효모를 한 스푼에 휘저어 마시고 1동 주민센터로 나선다. 오늘이 5회가 되는 들꽃 산책 프로그램에 참여하기 위하여 107번을 타고 나선다.

오늘은 어디로 가려나 하고 강의실을 들어선다. 인원이 점점 적어진다. 모두가 13인이었는데 이젠 9인이다. 고산동 왕바위 앞에서 부용산

비탈진 곳 오래된 집단 묘역들이다. 문중 묘역인지 꽤나 넓은 공간에 양지바른 곳이다.

천지가 붓꽃으로 도배한 것처럼 느껴진다. 우리나라에서 제일 크게 분포된 곳이라고 선생님은 소개한다. 보라색 꽃의 천지 속에 한두 포기 흰 꽃이 보인다. 귀하디귀한 꽃이다. 이명호 선생도 "붓꽃이 이렇게 핀 곳은 없었다"라고 한다. 활짝 핀 붓꽃 이름의 유래는 어디서 왔을까?

식물의 이름은 꽃이나 열매 혹은 잎의 모습에서 붙여진 이름들이다. 그러면 이 붓꽃은? 하고 머리를 굴린다.

전설에 따르면 중세 시대 이탈리아에 아이리스라는 한 미녀가 살았다. 명문 귀족 출신에다 마음씨 곱고 고귀한 성품의 아가씨는 부모의 권유를 뿌리치지 못하고 마음에도 없는 왕자와 결혼을 했다. 행복하지는 못했지만 결혼한 지 10년에 왕자는 병으로 죽고 아이리스는 혼자가 되었다.

그녀의 교양과 미모가 무르익을 무렵 청혼이 많았으나 모두를 거절하고 있던 차, 한 화가로부터 끈질기게 다가왔다. 아이리스는 화가의 열정에 감동되었고 "저 그렇게 결혼을 원하신다면~"이라며 조건을 붙였다. 그 조건은 살아 있는 것과 똑같은 꽃 그림, 나비가 앉을 수 있는 생동감 넘치는 그림을 그려 달라고 부탁한다.

화가는 그때부터 여러 해를 거듭하면서 정열을 쏟아부어 그림을 완성했다. 아이리스는 그가 생각했던 그림이라 마음속으로는 은근히 기뻤으나 "이 그림에는 왜 향기가 없네요"라고 말했다. 그때 어디선가 나비가 날아와 꽃에 앉아 꽃에 키스를 하자 이를 본 아이리스는 그 화가에게 달려가 키스를 했다. 그 그림이 바로 붓꽃이다.

붓꽃의 향기는 화가와 아이리스가 나눈 키스의 향기라 꽃이 필 때는 은은하고 그윽한 향기를 풍긴다. 그 향기는 꽃의 색깔에 따라 다르다. 보라색은 '기쁜 소식과 사랑의 메시지'요, 노란색은 '슬픈 소식'이요, 흰색은 '사랑'이란 꽃말을 가지고 있다.

처음 인사한 식물 미국자리공Phytolacca decandra은 자리공과에 속한 여러해살이풀로서 독성을 가진 식물이다. 하늘 높은 줄 모르고 3m 정도 자라는 식물로 뿌리는 방주 상으로 굵어지고, 잎은 타원형으로 크고, 꽃은 6~9월 녹색이 도는 흰색 또는 붉은 빛이 도는 흰색에 총상 꽃차례에 빽빽하게 달린다. 열매는 둥글며 북아메리카산으로 우리나라에 귀화한 외래식물이다.

장소를 옮기기 전 갖가지 풀과 꽃들에 싸여 열심히 듣고 따른다. 살갈퀴, 제비꿀, 봄치완두, 장대나물, 도둑놈의지팡이, 조개나물, 솜방망이 등 그 이름도 다양하고 생김새 또한 각양각색의 꽃들이다. 도둑놈의 지팡이에 매료되어 음미하는 가운데 벌써 몇 발자국을 걷자 손을 가리켜 솔나물이라 한다. 솔나물Galium은 잎이 소나무 잎처럼 생겼다 하여 붙여진 이름이다. 꽃이 필 때 강한 향기가 나는 방향성 식물이다.

애기솔나물과 큰솔나물로 구분되는데 송엽초, 황미하, 봉자체 라고도 부른다. 햇볕을 좋아하는 양지 식물이고 노란 꽃을 피워 어디든 볼 수 있다, 꽃이 흰색이면 흰솔나물, 황록색이며 개솔나물, 씨방에 털이 있는 것은 털솔나물, 그중 크기가 작은 애기솔나물은 한라산 백록담 근처 풀밭에 서 자라는 특산 식물이란다.

묘지의 상부 쪽으로 옮기니 지친개, 쓴박이나물, 패랭이 꽃, 꿀풀, 뻐비, 구절초, 쑥부쟁이, 덩굴별꽃, 세모리 덩굴, 멍석딸기, 팽이사초, 점나도나물, 벼룩이자리 등 듣고 들어도 먼 산에 구름 넘어가듯 하고 다리는 질질 끌면 따라다닌다. 능선을 오르려나? 오르면 곧장 민락동으로 내려가 집으로 가려고 마음먹었으나 방향은 아래쪽으로 내려간다.

웬 식물의 이름도 역겹다. 며느리밑씻개라고 한다. 고마리와 너무나 비슷하다. 꽃만 보면 비교하기 힘들 만큼 같다. 고마리는 작지만 앙증맞고 메밀꽃이 필 무렵 개울가나 하천 등 습지가 있는 곳에 무리로 피어 있는 쉽게 볼 수 있는 야생화이다. 그러나 며느리밑씻개는 줄기가 가늘며 가시가 송송 돋쳐 있고 잎사귀도 작다. 꽃도 작고 단단하다. 자라는 곳도 습기가 덜한 논둑 등에 자란다. 이름의 유래는 일본말의 의붓자식밑씻개 마마코노 시리누구이로 우리나라에서는 의붓자식을 며느리로 바꿔 부르고 있다. 꽃도 예쁘고 효능도 좋은데 이름이 떨떠름하다. 이름은 누가 지어 주었을까!

나무의 종류도 많지만 풀 식물의 종류는 이루 말할 수 없이 많다. 박주가리, 닭기장풀, 개찌버리사초, 뽀리뱅이, 땅의 식물에만 열거한다고 했는데 우거진 수목 가운데 흰 꽃이 나비처럼 앉았다. 층층나무 Cornaceae란다. 층층나무목의 과이다.

온대에 분포하며 세계적으로 11속의 100종 가량이 알려져 있는데, 한국에는 층층나무, 식나무, 말채나무, 산딸나무, 산수유나무 등 22속 8종이 분포하고 있다. 히말라야산맥에서 자생하는 낙엽수 키는 10~20m로 큰 편이다. 가지가 뱅그르 돋아나며 서로 수평으로 층층이 나기에 층층나무란 이름이 붙여졌다. 꽤나 유용한 식물로 잎, 뿌리, 나뭇가지 등이 약재로 쓰이고 열매와 수액은 생으로 먹으며 목재는 인형과 젓가락 등을 만드는 데 사용된다.

  이제 시간도 꽤나 지났으니 하산하겠지 하였지만, 눈에 이름 모를 식물들이 보이니 머릿속에 지식 그저 갈 수는 없어 보이는 식물을 가리켜 갈끼덩굴, 새별꽃, 노박덩굴 등 이름과 특징이며 자생하는 곳이며 인간과의 관계에서 이야기를 쏟아붓지만 듣는 학생들은 생각은 멀고 생소해 들을 때 그때뿐인 걸....
  오늘도 수고들 했습니다.

문예창작반에 시기 삼아 청강생

기대 반 시기 반으로 시작하는 창작반에 청강생으로 나선다.
오늘은 수필에 관한 강의를 할 모양이다. 강사는 50대 후반으로 되어 보이는 김문희 선생님이다. 김 선생님은 의정부문인협회 문과부 회장이라고 자기소개를 한다. 출석 체크 후 자기소개를 하고 강의에 들어간다. 강의는 자신이 가져온 프린트물로 그저 보탬도 없는 그대로의 설명으로 한 시간 반을 채웠다.
다음 시간에는 무엇을 하려나 궁금하여 청강을 더 들어보아야겠다고 하니, 사무실에서는 청강은 1회만 허용한다는 것이다. 이제 실실 고민에 빠진다. 수강을 접수해야 하나 그렇지 않으면 여기서 마쳐야 하나? 둘 중에 선택을 해야 한다. 강의는 그런대로 들을 만해도 강의 질과 참여 인원의 호응도가 문제이다. 이왕 시작했으니 한기 3개월을 두고 보고픈 생각에 오기로 등록을 하고 말았다.

이제 오후 2시를 향한 들꽃 둘레길에 참여를 위해 1동주민센터를 향한다. 시간이 없어 허겁지겁 센터에 들어서니 모두 내려온다. 일단 승합차에 탑승하니 오늘은 전번 갔던 고산도 왕바위라고 한다.
지난주에 묘소를 훌렁 벗기다시피 다녔는데....

그래도 빠진 것이 있으니 오늘도 그 방향이지 하고 나서는데 지난주 코스대로 가며 이야기꽃을 피운다. 지난주 그렇게 받아쓰고도 모자라는지 졸졸 따라가며 열심히들 듣고 있다. 일행 중 나이가 칠십 대인 지팡이 아저씨는 선생님이 무어라 설명을 하여도 자기는 자기 나름대로 이 성산이 꽤나 직급을 가진 선비의 종족들 무덤이라고 떠들어 댄다.

식물에 관한 식견을 배우고자 온 무리가 아닌 듯 혼자 동서남북 떠들어 댄다. 모양새가 좋아 보이질 않는다. 지난주 이곳에 온지라 거의 복습을 한 것으로 생각하면 편할 것 같다. 들이나 길섶에서 자라 노랑꽃을 피운 괭이밥Oxalis corniculata은 간혹 화분으로 키우기도 한다. 잎과 줄기는 시큼한 맛이 나는 부전나비의 먹이식물이다. 이름의 유래는 괭이고양이가 소화가 안 되거나 탈이 났을 때 약용으로 뜯어 먹는다고 해서 괭이밥이라 불리운다.

클로버와 유사하게 생겨서 혼동되는 식물이다. 잎이 둥글지 않고 하트 모양이며 꽃잎 5개로만 이루어진 작은 꽃이 핀다. 괭이밥은 햇살에 예민하다. 햇살에 잎을 활짝 펼치지만 밤과 흐린 날엔 접는다. 이를 수면운동이라고 한다. 이처럼 사랑초 또한 괭이밥속이다.

괭이밥, 선괭이밥, 애기괭이밥, 큰괭이밥, 들괭이밥, 사랑초, 자주괭이밥, 덩이괭이밥 등이 있다. 종류는 여러 가지나 비슷비슷하다. 오늘은 너덧 종류의 식물을 볼 수 있었다. 다른 날보다 30분 일찍 마쳤으니 복지관으로 달린다. 오후 3시 반부터 서포드 강의가 있으니 말이다.

세상과 더불어 왜 어지러운가

　삶을 사랑하는 사람은 때마다 일마다 기쁜 소식들이 있다.
　버들가지의 새싹이 움틀 때를 보면서, 길가를 지키며 소식을 전하고자 선 붉은 우체통이며, 캘린더를 보면 생일이나 기념일에 동그라미를 그리면서 하루의 일과를 점찍어 가면서 오늘의 주어진 시간을 즐겁게 보내기를 힘쓴다.
　신이 만든 나의 일과를 나 스스로 변경이나 그것이 싫다고 피해 갈 수 없다. 주님의 스케줄에 맞추어 살면 간단한데 그러나 주님의 생각을 오늘 살아갈 내가 모르니 어지럽다. 세상이 흘러가는 시간의 소식들처럼 아무도 어떤 일이 나 자신에게 일어날지도 모른다.

　그러니 주신 매시간을 즐기고 평안하기를 바라며 보내는 것이다. 갈 때는 이 땅의 것은 아무 쓸모없는 것들이지만 주어진 오늘은 자전거를 타고 나그넷길을 달리다 지치면 쉬어가고 또 달리다 해가 지면 수면을 취하고 날이 밝으면 또 움직인다.
　과거는 돌아갈 수 없는 것, 그러니 과거를 품고 살면 삶이 힘들 뿐 아니라 괴롭다. 그럼 앞으로의 미래는 행복한가! 미래를 꿈꾸는 자만이 이룰 것이다. 미래는 노력하면 노력한 만큼 대가를 기대할 수 있을 것이다.

태양은 늘 떠 있지만 우리에게는 밤과 낮을 준다.

사람을 만든 그분의 배려요 친절이며 만족이다. 모든 것이 순환의 곡선을 타고 죽음의 종착역이 어딘지 어느 날인지 모르지만, 오늘에 내가 있음을 감사하고 내일을 향해 묵묵히 걷는 것이다.

열닷새를 꼬박 누워 있었다. 힘도 없고 두통과 어지러움으로 쉬어 가는 시간이다. 영원하기를 빌 따름이다. 다행스럽게도 자식들의 호의로 에어컨이 설치되어 있어 감사하다. 그동안 관리비를 생각해 무더위를 참고 견디려고 하였지만, 몸의 상태가 점점 나빠지니 하는 수 없이 가동해 본다. 거실은 27도 맞추어 놓았지만 시원하지 않다. 방으로 들어와 에어컨을 켜니 시원하다. TV를 보지 말라는 것이다.

방으로 들어와 멍하니 앉아 있으려니 그렇고 책을 펼치니 읽는 재미가 없다. 우리 아들이 설치한 컴퓨터에 몸을 실어 본다. 모니터가 커서 좋다. 이것저것 만지작거리니 금세 시간이 흘러버린다. '생의 목표'란 이해인 수녀의 글을 읽는다. 그의 글을 보면 '그녀는 인생의 8할을 넘게 걸어왔다. 앞으로의 삶이 2할도 채 남지 않은 지금, 자신의 남은 생의 목표가 있다면, 그것을 말하라면, 건강한 노인이 되는 것이라고 한다.

나이가 들어 늘어가는 검버섯이야 어쩔 수 없겠지만 차림새를 깔끔하게 입고 다니고, 남의 손 빌리지 않고 자신의 손으로 검약하게 밥상을 차려 먹겠다고 다짐도 하며, 눈은 어두워져 잘 안 보이지만 보고 싶은 것만 보는 편협한 삶을 살지 않겠다는 다짐을 한다.

약해진 청력으로 잘 듣지 못하여도 항상 귀를 열어 사람들의 이야기를 듣는 따뜻한 사람이 되겠다는 다짐도 한다. 성한 이가 없어 잘 씹지 못하지만, 꼭 필요할 때만 입을 열며 남에게 상처 주는 말을 하지 않는 사람으로 잘 살겠다고 다짐한다.

또 다리가 아파 잘 못 걸어도 느린 걸음으로 많은 곳을 여행하며, 여행지에서 만나 느끼고 경험했던 좋은 것들과 좋은 사람들에게 배운 것을 실천하는 여유 있는 삶을 살아가겠다. 어릴 때 어른들이 묻는 물음은 '무엇이 되고 싶으냐'란 물음에 이제는 건강한 노인이라고 답하고 싶다.

나이가 들면 건강한 사람이 가장 부자요, 건강한 사람이 가장 행복한 사람이요, 건강한 사람이 가장 성공한 사람이며, 건강한 사람이 가장 잘 살아온 사람이다. 거의 옮겨온 글이지만 공감이 가는 글이다. 요즈음 나이를 타령하는 노인들은 늙으면 죽어야지 자식에게 짐이 되지 말아야지 하지만, 이 시인은 종교적 관념도 있지만 닮아야 될 것들이 얼마나 많은가. 긍정적이며 검소하고 사랑하고 섬기는 것은 우리 모두가 닮아야 한다. 지금 나의 현실은 이렇게 늙어 가는 게 죄가 아니라 인류의 이치요 법칙인 걸 어찌 여기에서 이겨 가겠는가! 건강한 노인으로 늙어 가는 게 행복이라면 그 행복은 그 누구도 가져다주는 게 아니고 스스로 찾아서 노력하는 게 아닌가! 늙은이들이 분주하게 산다고 손가락질하지 말라. 취미에 빠져 시간의 흐름을 조절하며 지혜롭게 사는 것이 정답이요. 그게 보람이면 건강의 미를 잘 닦아가는 삶을 즐기자.

제5부

오뚜기 훈련

나그넷길에 멈춰 선 단풍잎

조물주는 어느 한 점을 두고 무한이 돌도록 설계했다.

생물은 더욱 그렇고 무생물은 그들대로 부딪혔다 뭉치고 깨어졌다가 그 형태가 사라지고 부스러기는 또 다른 친구들과 어울려 다른 생물을 기생시킬 것이다. 생물은 계절이라는 맛을 느끼고 즐기고 꽃피우고 열매를 맺어 자신의 존재를 보전할 것이다. 서로의 개체가 나름대로 자연을 통한 번식과 살아남기를 몸부림치며 이웃과 전쟁 속에 늘 경주하며 살아가고 있다.

나그넷길에 선 자신은 달랑이는 한 잎 붉게 물든 단풍, 언제 떨어질지도 모르고 솔솔 부는 바람에 나들나들거리며 끈질기게 붙어 있다. 오고 가는 뭇사람들에게 자신을 보이며 친구하잔다. 그 표현과 그 본질은 진정성을 잃지 않고 섰지만, 모든 것이 흘러 쌓이고 고여서 나름대로의 삶을 이야기하고 있다.

한 알의 알갱이가 어떻게 싹이 트고 자라는지도 자신은 모르지만, 자연의 친구들은 안다. 어디서 왔으며 무얼 먹고 있었으며 무슨 이야기들을 나누며 노래했는지 지나온 삶에 고통의 이야기는 전연 새로운 것이 아닌 시작의 첫 단어일 뿐이다.

이제 24년도도 얼마 남지 않은 시간이다. 12월의 마지막 시문학 수업이 둘째 주 수요일에 끝이다. 아쉽고 또 보고 싶을 것이다. 시시때때로 생각에 잠길 것이다. 13권째 '나의 향기를 찾아서' 출판과 회원들에게 배부했다. 받아든 책을 펼치면 무엇을 떠올릴까! 한 사람 한 사람 '구름 꽃' 처럼 머릿속을 맴돌며 지난다.

구름 꽃 / 해송
구름이 지나는 길 따라/ 꽃이 피지만 지지 않고 있구나//그 구름/ 이 곳저곳 남은 손자국으로 보이지만/ 흐르다 멈추니 쏟아지는 비// 마음속 내리니 젖은 이 없구나// 구름 꽃이 눈물로 흐르는데/ 마음에 구름은 언제 멈추나// 맑은 하늘/ 시간이 약 되어/ 하늘처럼 높고 영원하겠지....

헤어짐을 회원들은 어떤 생각들로 서로를 보며 웃음으로 나누는가? 차의 향기를 따라 시간의 흐름은 있지만, 시간의 관념은 느끼지 못하고들 있다. 오늘이 지나면 또 한 해도 무리 없이 지남의 손길들 감사하며 희끗한 머리와 주름진 얼굴들이 교차하는 모습 속에서 만남을 또 기약하겠지만.......

장마가 끝난 원두막의 칼럼

세 사람이든 다섯이든 산을 찾는 길은 즐거웠는데....
산의 매력은 함께하는 길이요. 이야기꽃이 능선을 타고 가다 늠름하고 장엄하게 선 아름드리 소나무 아래 앉아 쉬면 수십 년이 된 소나무와 이야기를 주고받는다. 생김새는 기생오라비가 계곡 타고 치맛자락 날리며 오르는 아낙을 부르듯 포즈를 취하고 있다.

그런가 하면 수많은 적과의 전투에서 승리한 장군처럼 긴 칼 옆구리에 차고 팔을 허리춤에 짚고 선 장군의 모습 같다. 머리엔 투구를 쓰고 계곡을 바라보면 신하들에게 호령하는 모습에 어깨가 으쓱해진다.

생각은 자유이지만 기생오라비가 되었다. 백전백승의 장군이 되어 계곡을 타고 오르는 바람과 함께하니 넓어진 가슴은 보인다고 보는 것도, 들린다고 듣는 것도 아니다. 마음을 그곳에 두고 보고 귀를 열고 들어보라. 그 의미와 본질을 꿰뚫을 수 있다. 지나간 날들의 산들은 눈앞에 왔다가는 서서히 사라지니 오늘은 오랜만에 비가 멈추었으니 집을 나선다. 컵라면으로 점심을 겸해 먹고 나선다.

어디를 갈까 하다 그동안 비가 많이 왔으니 부용천이 얼마나 범람했을까! 하고 걷는다.

산책로 1.5m를 넘어 흐른 듯 그 자체가 보인다. 붉은 황톳물은 누가 무슨 말을 했나 성깔이 머리끝까지 오른 듯 그 흐름은 사나워 보인다. 산책로 이쪽저쪽으로 건너다니는 조약돌은 물에 묻혀 버려 어디에 있는지 알 수가 없다. 조금을 걸었으나 앉고 싶어 의자를 보니 물길이 지나친 흔적으로 흙투성이다. 앉을 수 없으니 자분자분 걷다 서서 가는 이 오는 이를 구경하다가 물살에 묻혀 가 본다.

이번 장마엔 뉴스를 통해, 전국적으로 산사태가 마을을 송두리째 삼키고 간 자국이며, 오송 궁평 지하차도를 급습한 물 때문에 열대여섯 대의 차들이 침수가 되고 13인의 생명을 잃었다. 이는 하천이 범람하여 둑을 밀고 지하도를 삼킨 것이다. 전국적으로 보면 4~5십여 명이 목숨을 잃었고, 실종된 이들은 아직 그 시신도 발견하지 못하고 있는 실정이라 안타깝기만 하다.

그러나 황톳물이라도 즐겁게 헤엄치는 잉어 떼들과 오리들은 물길이 세어도 아랑곳하지 않고 논다. 짊어진 가방에서 건빵을 내어 부스러기를 던지니 날렵하고 힘이 좋은 놈이 먹어 치운다. 인간이나 동물이나 가진 자가, 보다 힘 있는 자가 약자를 죽이는 것이 매한가지로구나 싶다.

건빵이 떨어졌으니 수변공원의 망루에 앉는다. 산책로를 걷는 이들과 수변공원에서 그네에 앉은 이들, 신발을 벗어 들고 맨발로 걷는 이들, 아기 손을 잡고 푸른 잔디를 거니는 이들이 다채롭다. 아이가 놀다 엄마와 거리감이 생기자 아이는 엄마하고 뛰자 아이가 넘어질까 봐 아이를 향해 뛰는 엄마. 자식 사랑을 볼 수 있지만, 저 자식 머리가 커지면 그땐 엄마도 멀어진다. 자기 짝꿍만 좋아하고 부모는 뒷전이다.

부모는 백발이 되어도 자식을 품고 있지만, 자식은 어릴 적 부모뿐이지 자기 능력이 되면 부모는 멀어져 간다. 이를 생각하니 다섯 살 내가 보이고 그때의 엄마가 불러보고 싶다. 목이 터져라 부르고 싶으나 그 엄마는 없다. 머리에 감돌 뿐이지 현실엔 없다. 눈물 자국만이 가슴에 묻어올 뿐이다. 크게 엄마를 외치며 흥얼거린다. 한 늙은 아주머니 품격에 맞지 않게 그 옛날 '담다디' 노랫가락이 라디오를 통해 흘러나온다. 그 소리와 함께 앞자리에 앉은 아줌씨 옆에 허름한 색깔로 바랜 신문지 한 장이 있다. 음악은 가요로 전환된다. 심심했는데....

　아줌씨로부터 신문을 얻어 뒤적인다. 칼럼 좋아하는 차라 역시 '인생 담다디'란 신미나 시인 겸 웹툰 작가가 쓴 칼럼이다. 그 옛날 소싯적의 일들이라 생각이 가물가물했는데 오늘 뜻 아니게 아줌씨의 라디오 가락과 신문이 일치하는 심심산천을 돌아온 것처럼 좋은 시간이었다.

　'담다디' 하니 청소년 수련관을 지날 때였다. 쿵따, 쿵치따! 드럼 치는 소리가 작게 들렸다. 연초에 드럼을 배워야지 하며 봄을 기다린다. 해빙이 되어 수련관으로 들어선다. 청소년뿐만이 아니라 성인반도 모집 중이다. 연주실 방음문을 열자 드럼 치는 소리가 쏟아진다. '담다디'를 치는 아주머니와 마주쳤다. 무심한 듯 드럼을 치는 모습이 근사하기도 했지만 연주곡이 '담다디'여서 마음이 동했다.

　때마침 수강 신청 첫날이라 나는 서둘러 접수를 마쳤다.

　1988년 대학가요제에서 훤칠한 키로 껑충껑충 춤추며 노래하던 이상은, 개구쟁이 같은 옷차림에 삐딱하게 쓴 모자, 세련된 패션을 소화하는 모습도, 그의 청량한 목소리도 좋아했다. 당시 초등학생이었던 나는 '담다디'가 무슨 뜻인지 궁금했다.

'담다디'는 사전에 없는 단어였다. 흔히 이별 노래라면 '한국인의 한限'이라는 것이 애절하게 그려진 기사를 떠올리지만 '담다디'의 노랫말은 청승맞지 않았다. 떠나지 말라고 애원하는 신파가 아니라 이별한 사람이 잘되길 바라는 씩씩한 사람이었다.

'담다디'는 아이러니다. 이별을 앞둔 연인을 향한 노랫말로 들리는 한편 자신을 향한 독백으로도 들린다. 감정의 높낮이가 다르기에 같은 가사를 두고 여러 갈피로 해석한다. 누군가는 낮은음으로 이별을 받아들이고, 누군가는 높은음으로 이별을 노래한다. 저마다 다른 음역으로 리듬을 타는 것이 인생인가 보다.

'담다디'를 치던 아주머니는 그새 다음 곡으로 넘어가며 트로트를 신나게 엇박자로 타며 연주했다. 아주머니는 '인생의 담다디'를 부르고 싶었던 때는 언제였을까, 노래가 없다면 우리의 삶은 참으로 앙상할 것이다. 좋아하는 노래와 더불어 나이 들어가는 기분도 괜찮다고 길가에 탄력 있게 늘어진 영춘화를 슬쩍 건드리며 집으로 갔다.

개미처럼 살라

인생은 시간의 흐름에 따라 그 삶이 변화가 많아진다.
무언가를 위해 길을 만들어 가야 하며 목적을 위해서는 수많은 험난한 길을 개척해야 한다. 구름 한 점 없는 쾌청한 날씨에 수락산 정상을 오르기 위해 검은 돌 마을을 지나 계곡을 파고드니, 청옥 같은 물이 검은 바위틈을 비집고 요리조리 돌아가며 흐르고 있다. 계곡 전체가 크고 작은 검은 돌로 쌓여 있어서 붙여진 이름 같다.
여름 장마가 지나간 뒤라 풍성한 물줄기는 작은 폭포를 이루고 있다. 바위틈에 겸손히 앉은 소나무, 바람 따라 햇볕 따라 숨죽이고 선 모습은 지난날 나도 저렇게 시간 가는 줄 모르고 세상을 주름잡고 살아왔나 싶다.
토요산행의 이야기꽃은 시간 가는 줄 모르고 이어진다. 야망을 가지고 잘살아보겠다고 망망대해를 건넌다, 말도 통하지 않은 낯선 땅 아메리카가 희망의 땅이라고 나섰지만 이리 쫓기고 저리 숨어서 닥치는 대로 일을 했다. 결국은 불법체류자로 보호 감호소에 넘겨져 귀국하게 된다. 긴 2년간의 세월이 뼈대를 굵게 만들어 주었다는 청담의 젊은 날 이야기다.
잠깐의 쉼을 가질 시간, 때마침 왕개미들 웅성거림은 군단을 이룬 그들이 자기의 몸집보다 크나큰 지렁이와 사투를 벌이고 있었다. 엄청 많은 무리가 영차영차 비지땀을 흘리며 그들 나름의 삶을 위해 힘을 다하고 있다. 그 누군가 하자고 안 했을 것이며 본능적 움직임으로 보인다.

성경은 "개미는 두령도 없고 감독자도 없고 통치자도 없으되 먹을 것을 여름 동안에 예비하며 추수 때에 양식을 모으느니라잠언 6장 7절~8절"라고 말씀하시니 추수를 위한 멀고 먼 험난한 길을 먹이를 물고 집을 찾아 걷고 또 걷는다.

게으른 인간에게 개미를 보고 지혜를 얻으라고 잠언은 가르치고 있다. 인간도 살기 위해 짧기도 하고 길기도 한 여정을 나그네처럼 이곳저곳을 누비며 일을 하다 어두워지면 집으로 돌아온다.

그렇게 살아온 날들을 생각하며 인간이 가장 힘들게 일을 할 때가 사오십 대가 추수 때요, 이삼십 대가 여름날 예비할 때이다. 그렇다면 육칠십 대가 쉼을 가질 때가 아닌가 싶다.

지나온 우리의 삶은 완성이란 없었다. 지금도 그렇지만 삶은 끝없는 최선이 있을 뿐이고 부족하지만 최선의 삶이 불안한 완성의 삶보다 더 아름답다고 생각하고 싶다.

그렇게 보니 황혼이라는 단어 속 님들은 하루도 내일이라는 말을 입에 올리기 싫고 각자의 주어진 시간은 아무도 모른다. 저 쓰러져 있는 나무들 병들고 늙고 비바람에 못 이겨 넘어져 몸은 썩었지만, 그 몸에서 자라나는 나무를 보며 생명이란 귀하고 소중하구나 생각하며, 팔순에 미친 듯 매주 산을 오르게 되니 천복을 받은 것이 아니겠는가.

그래서 남겨 둔 여생을 젊게 기쁘게 살려는 노력, 주신 체력을 안배하며 주신 지혜를 사랑과 배려하는 마음으로 아낌없이 나누며, 나그넷길인 깊은 강도, 높은 산도 신이 창조한 대자연을 벗 삼아 오늘도 걷는다.

자연은 신이 우리에게 주신 선물이다. 잘 가꾸고 보전할 임무가 누구에게나 다 있다. 우리가 초등학교 시절 헐벗은 산을 가꾸기 위해 식목일 나무를 심고 물을 주며 이루어 놓은 지금의 무성한 산림들이다.

나라의 살림살이가 좋아져 산의 등산로가 삶을 힐링할 수 있도록 공간이 잘 조성되어 있다. 그러나 몰지각하고 이기적인 사람들의 담뱃불과 취사와 부주의 때문에 산불이 자연을 훼손하고 있다. 또 등산로 계곡엔 생활 쓰레기가 지각없이 버려져 있어 눈살을 찌푸리게 한다.

산을 좋아하는 사람들이라면 다음 세대를 위해서라도 쓰레기를 주워 맑은 공기 푸른 산을 보전해야겠다. 막상 눈에 보이는 쓰레기를 주워 오지만 쓰레기 수거함이 없어 집에까지 가져온 적도 있다.

오늘의 산행은 뗏벌 계곡을 올라 기차홈통바위로 해서 낙엽 덮인 능선 길을 선택한다는 것이 길을 잘못 들어 자칫 나그네가 될 뻔했으나 가이드 덕분에 무사히 귀가했다. 산은 말이 없다. 깊은 산일수록 등산로를 이탈하면 변을 당한다. 길이 아니면 가지 말자.

우린 서로가 신뢰하고 함께 기뻐하고 슬퍼할 누군가가 있다는 것과 터놓고 이야기를 나눌 누가 있다는 것이 위안이 된다. 수락산의 정기를 받아 인생을 개미처럼 부지런히 산행하며 글도 쓰고 멋지게 아름답게 노년을 즐겁게 보냅시다.

여보게들 다행스럽지 않은가. 취미가 같은 글쟁이가 되기를 꿈꾸는 이들은 신이 주신 자연을 그 자연을 사랑하는 오늘의 삶이….!

오늘 이 모습 이대로

　인터넷의 발달로 카톡의 단톡방 회원들의 톡을 보면서 어리둥절하다. 무어가 무언지 감을 잡을 수 없다. 패거리를 만드는 자는 누구이며 거기에 말려드는 어리석음은 오죽하겠냐마는, 산을 사랑하고 나무처럼 곧고 푸르게 살기를 원하며 자연을 우리 인간에게 주어 다스리고 누리고 관리하라는 창조주의 마음을 조금이라도 생각한다면 글을 쓰는 진실하고 진솔하게 그 마음의 표현을 어쩜 카르텔로 이원화하여 무슨 이익을 창출하겠다는 심산인지 글쟁이들이 아니구나. 순수한 마음들을 이권이 가로막는구나 이렇게 생각이 드니 후회가 걸음을 멈추게 한다.
　300명의 동아리 회원들은 카톡카톡 하는 소리를 들으면 열어 보고 무엇을 감지했을까. 먹지 말라는 선악과를 먹고 난 후의 인성은 문학으로 어떻게 표현할 것인가 물어본다.
　이제 염려되어 하는 소리지만 10여 명이 되는 우리 시문학동아리도 예외는 아니겠지만….
　서로 부추기지 말고 끼리끼리 작당들 말고 순수한 감정으로 쏟아지는 글을 쓰자. 황혼의 친구들이여!

　아래의 글을 읽고 백의민족의 마음가짐과 부에 혈안이 된 서구인들 마음을 비교하며 오늘을 열어 가는 한국인이 되자. 카르텔은 오래 갈 수 없으며 자기 이익을 위해서는 찢어지고 또 찢어지는 것이 카르텔이니 사람 조심, 행동 조심, 말조심하여 내일을 열자. '마부馬夫와 농부農夫 이야기'를 실어본다.

철학자 프리드리히 니체는 미쳐서 죽었다.

그의 말년 모습은 강렬한 충격으로 다가온다. 1889년 겨울, 이탈리아 토리노에서 휴가를 보내던 니체는 집을 나선다. 우체국으로 편지를 부치러 가다가 광장에서 매를 맞는 늙은 말을 발견한다. 무거운 짐마차를 끌고 가던 말은 미끄러운 빙판길에서 그만 발이 얼어붙고 만다.

겁먹은 말은, 마부가 아무리 채찍을 휘둘러도 움직이지 않는다. 마부는 화가 나서, 더욱 세게 채찍질을 한다. 그 광경을 본 니체는 마차로 뛰어들어 말의 목을 감고 흐느낀다. 이웃이 그를 집으로 데려갔다. 그는 침대에서 이틀을 꼬박 누워 있다가 몇 마디 말을 웅얼거린다.

"어머니, 전 바보였어요"라고.

그 후로 11년 동안 정신 나간 상태로 침대에 누워 죽음을 맞는다. 니체가 늙은 말을 부둥켜안은 것은 존재에 대한 연민 때문이었을 것이다.

짐마차를 끌고 가는 말과 삶의 등짐을 지고 가는 자신을 같은 처지로 여기고 감정이입感情移入을 했는지도 모른다. 무거운 짐을 벗어던지지도 못한 채 채찍을 맞아야 하는 삶이라면 얼마나 고달픈가. 그것이 가죽의 채찍이든, 세파의 채찍이든 말이다. 니체가 눈물샘이 터져 울부짖은 것이 바로 그 지점이다....

1960년 방한한 미국 소설가 펄벅은 니체와는 전혀 다른 경험을 한다.

그녀는 늦가을에 군용 지프를 개조한 차를 타고 경주를 향해 달렸다. 누렇게 물든 들판에선 농부들이 추수하느라 바쁜 일손을 놀리고 있었다.

차가 경주 안강 부근을 지날 무렵, 볏가리를 가득 실은 소달구지가 보였다. 그 옆에는 지게에 볏짐을 짊어진 농부가 소와 함께 걸어가고 있었다. 그녀는 차에서 내려 신기한 장면을 카메라에 담았다. 펄벅이 길을 안내하는 통역에게 물었다.

"아니, 저 농부는 왜 힘들게 볏단을 지고 갑니까? 달구지에 싣고 가면 되잖아요?"

"소가 너무 힘들까 봐 농부가 짐을 나누어 지는 것입니다. 우리나라에서 흔히 볼 수 있는 모습이지요."

펄벅은 그때의 감동을 글로 옮겼다.

"이제 한국의 나머지 다른 것은 더 보지 않아도 알겠다. 볏가리 짐을 지고 가는 저 농부의 마음이 바로 한국인의 마음이자, 오늘 인류가 되찾아야 할 인간의 원초적인 마음이다.

내 조국, 내 고향, 미국의 농부라면 저렇게 힘들게 짐을 나누어 지지 않고, 온 가족이 달구지 위에 올라타고 채찍질하면서 노래를 부르며 갔을 것이다. 그런데 한국의 농부는 짐승과도 짐을 나누어서 지고 한 식구처럼 살아가지 않는가."

동물이든, 사람이든 모든 생명체는 자기 삶의 무게를 지고 간다. 험난한 생을 견뎌 내는 그 일만으로도 충분히 위로받을 자격이 있다. 하물며 같은 종의 인간끼리라면 더 말할 필요조차 없을 것이다. 그런 마당에 SNS에는 오늘도 비수 같은 말들이 홍수를 이룬다. 당신은 늙은 말에 채찍질하는 마부인가, 등짐을 나눠지는 농부인가? 옮겨온 글이지만 동서의 상황은 전혀 다르다. 인간이 살아가는 가운데 배려란 인간이기 때문에 배려가 아니고 인간과 함께한다는 배려는 말 못 하는 짐승이지만, 정이란 알고 있으면 배풀면 보답하는 짐승은 더 힘을 내고 더 열심히 일을 할 것이다.

하물며 인간 사회에 끼리끼리라는 좋지 않은 카르텔은 결국엔 모두를 망하게 하는 것이다. 한 농부는 함께하는 짐승을 소중히 여기고 대접하고 아우르는 모양새는 참으로 아름답다.

내일이면 아내 떠난 지 꼭 한 달 코다리찜

시도 때도 없이 무엇에 꽂히면 떠나보낸 아내의 얼굴이 떠오른다. 맑게 갠 하늘이라도 흐린 날이라도 울컥하면 쏟아진 가슴 언저리 미안하고 섭섭하다. 생각을 멀리하려고 하여도 아직은 시간이 필요한가?

언제까지 이렇게 지나야 하나 실어증이 걸릴 것 같다. 아무것도 손에 잡히질 않는다. 때론 길을 방황하기도 한다.

그렇다고 집으로 오면 아내의 손길이 없는 곳이 없으니 멍하니 액자에 넣은 영정 사진을 본다. 그녀를 쳐다보면 항상 웃고 있으나 웃음 뒤엔 그 얼굴엔 수심이 가득하고 아파하는 그 모습이 마음을 더욱 아프게 한다.

살면서 이것저것 다하지 못한 손길이 그렇게 미안할 수 없다. 사랑하고 사랑 받기 위해 살아왔을 터인데....

사랑한다고 말 한마디 했으면 삶은 언제나 봄날이 될 터인데....

마음으로 따뜻하게 하지 못한 자신이 이렇게 가슴에 지워지지 않고 생활의 한 부분에서 지키고 보고 있을까 싶다.

불러도 보고 물어도 보지만 대답은 없다. 물끄러미 쳐다만 볼 뿐이다. 먹는 것도 먹히지 않지만, 그러나 당신이 쳐다보면 왜 때를 거르고 다니느냐면 걱정할까 봐 무엇이라도 끼니를 때워 본다.

이제 일자리도 23년 이틀 남은 날이다. 일을 마치고 다섯 여자들과 코다리찜을 먹으러 간다. 날씨가 흐리고 비도 힘없이 내리면 옷이 젖을 정도라 일을 대충하고 일찍 마치기로 했다. 우산을 준비하지 않은 관계로 옷이 젖는 둥 마는 둥 그저 부지런히 대로를 누빈다. 회원인 한 여성이 집으로 들어가 우산을 들고 나온다.

측은해 보였을까! 그들은 말은 하지 않지만 모두가 외톨이들이다. 남편보단 아내를 잃은 삶이 고층이 더하겠다 하며 안쓰러워하는 눈치가 보인다. 화요일 철학도 쉬었고, 오늘 명심보감 강의도 듣고 싶지 않았다. 203-1번 버스가 오기에 덥석 타고 말았다.

집으로 들어와 점심때 먹던 코다리찜 생각에 아내의 절친인 박*임 씨가 하남에서 가져온 양념한 코다리를 어제는 구워도 보았고, 오늘은 고추장을 풀고 찜을 해 본다. 먹어 보지는 않았으나 냄새가 홀로 있는 집안을 주인 행세를 하며 풍긴다. 부산의 전포동 양정동 연산동에서 두 동생과 함께 자취생활을 하던 그때의 맛 향기를 가져온다.

반찬이 없을 땐 달리는 열차를 바라보면서 엄마가 먹을 것 가지고 올 것만 같아 달리는 열차만 쳐다보았다. 그런가 하면 이 자리에 없는 아내를 생각하면서 눈시울을 적시며 이것저것 양념을 풀어도 본다. 아내가 있었으면 양념에 관한 코치를 해 주어 맛깔날 터인데....

저녁 시간을 기다리며 집 안을 스팀 청소기로 밀어 보지만 시간은 멈춘 듯 썰렁한 집 안은 냉랭한 공기만 순환 중이다. 왜 산다는 것이 이렇게 힘이 든단 말인가! 부부, 자녀, 가족이라는 단어가 편안하고 위로와 기쁨과 소망을 준다고 하지만 이들 단어를 떠올리면 마음이 무거워지고 마음속에 고통이 사라지지 않으니 눈물만 쏟아진다. 찜으로 저녁을 먹었으나 아무것도 하기가 싫어진다. TV 보는 것도 책을 읽는 것도 글을 쓰는 것도 모두가 싫을 뿐 이불을 덮고 누워 버린다. 멍한 눈으로 천장만 볼 뿐이다. 잠이 오지 않는다. 수면제를 먹었으나 눈은 멀뚱멀뚱하기만 하다. 양념을 찾다가 백두산이라는 술이 보여 1/3컵을 마시는데 독하다. 열이 나니 잠이 든다. 언제인가 모르게 그러나 약속이나 한 듯 03시 반이면 눈이 떠진다. 이제부터 하루의 일과가 시작된다. 오늘 하루도 잠을 자는 둥 마는 둥 하였으니 피곤에 빠져들겠다.

김치찌개에 눈물 밥

오늘은 일찍 퇴근하였나 현관문이 열리는 소리가 난다.

내일부터 기온이 뚝 떨어진다고 하니 애비가 염려되어 왔나 보다. 구구절절 이것저것 묻기도 싫다. 그들이 알아서 잘하니까! 약 40min 머물다 간다. 이런저런 이야기에 아들은 그저께 엄마를 꿈에 만났다고 한다. 꽤나 보고픈 모양이다. 그렇겠지….

아들도 오지 못한 것은 엄마가 생각나서, 그리고 직장도 경매로 내놓았다고 하고 사직서를 냈다고 한다. 지출이 많을 텐데….

한편으로 걱정이 된다. 나에게 여자관계를 이야기한다. 너희들이 한두 살이 아니니 자기 인생은 자신들이 알아서 해야잖겠나….

하늘나라에 간 너희 어머니도 자식 관계로 몇 개월은 두문불출하며 말은 못 하고 속앓이만 했다고 했다. 끝내 자식에게 이렇다 저렇다 말은 못 하고 떠났지만, 아내의 마지막 모습만 떠오르니 가슴이 멍하다. 딸은 나에게 수입이 얼마냐고 하면 묻는다. 엄마가 남기고 간 우체국 통장은 아버지 몫이라고 하면 월말에 삼십만 원씩 통장에 넣어주겠다고 한다. 얼마가 있었는데 하니 이천 얼마라고 한다.

그래도 고맙지 생각을 하고 있었으니, 얼마나 또순이 살림을 했는가 나에게 수입이 뻔한 것을 알고도 월 사십만 원은 만들어 아내에게 주었으니, 주면 용돈으로 쓰라고 했으나 극히 외출은 삼갔다. 식사값이며 찻값을 생각해 관리비며 가스비 등 돈 쓸 곳은 많고 일정한 수입은 없고 했으니 그 심정 모른다면 너무나 무능하지 않을까! 그러나 나이 팔십 넘는 주제에 어디서 뭘 하겠나. 그러니 자연 말수가 적고 함께하는 시간이 뜸할 수밖에 없었다.

젊음은 바보였다. 깨우치지 못함이 무능이었다. 엎질러진 물 다시 담을 수 있나. 그러나 아내는 내 곁을 떠나버렸다. 벌써 5주 넘고도 5일이다. 집에 들어와 이것저것 정리에 청소에 시간을 투자하고 나면, 무얼 먹을까 하는 생각에 냉장고 문을 연다. 여기저기 모두가 먹을 것들이다. 어쩜 그녀는 자기의 떠나는 날을 알고 있는 듯싶다. 홀로 보낼 나를 위해 준비해 둔 것들뿐이다.

돼지고기, 닭가슴살, 양념불고기, 한우불고기, 만두, 옥수수, 모시떡, 두부, 양념류 등 재료들이다. 늘 쉬는 것 같지만 여유로운 시간은 없었다. 오늘은 한가하다. 05시 눈을 떠 무얼 할까 망설이다 김치찌개를 하자 결정하고 인터넷에 김치찌개 백종원 레시피 만드는 법을 연다.

김치 반 포기 썰고 참기름을 넣고 김치를 볶는다. 그리고 물 8컵을 넣고 끓이며 된장 1/2스푼에 간장 2스푼 새우젓 2스푼 고춧가루 2스푼 설탕 1/2스푼 끓이다 청양고추 1개 썰어 넣고 대파 1개 넣고 파 넣고 간을 본다. 그리고 간이 맞는지 아내에게 묻는다. 대답은 없고 물끄러미 쳐다만 본다.

훈련은 이제부터이며 자기가 조교인 듯 항시 눈을 돌리지 않고 바라보면 은근슬쩍 미소를 지을 뿐이다. 첫 솜씨에 훌륭하다고 자화자찬에 아침상을 차린다. 그리고 사진을 찍어 가족란에 올린다. 목적은 아이들에게 걱정을 덜어주기 위한 오늘의 작전이다. 그러나 그 속에는 울컥하는 마음이 서너 차례 왔다가 사라졌지만 오랜만에 아침을 눈물 밥으로 먹는다.

돼지 김치찌개는 손도 대지 않고 설거지와 집 안 청소를 하고 밖을 나선다. 신곡복지관으로 철학을 들으러 갈까 하다 걸음을 멈춘다. 듣고 싶지 않다. 재미가 없다. 이제 철학도 명심보감도 강의를 듣지 않기로 마음먹는다. 이제 무엇으로 시간을 보내지....

운동 삼아 부용천을 걷는다. 민락천과 만나는 지점 다리 위에서 걸음을 멈춘다. 한 자 반만 한 수십 마리 붕어 떼들이 먹이를 찾느라 방향을 가릴 것 없이 동분서주하며 설치고 다닌다. 마침 호주머니에 모 교회에서 전도 차 주는 건빵을 부수어 던지니 와자지껄 모여든다. 그곳에서도 서열은 없고 힘센 놈이 주둥이를 제일 크게 벌린다. 날렵한 작은 것들은 등을 타고 건빵을 물고 다리야 날 살리라고 하며 달아나나, 냄새를 맡고 덤벼드는 큰놈은 이미 꿀꺽한 뒤라 허탈한 모습으로 눈을 돌리지만 소득이 없다.

난 건빵으로 고기 떼를 이리 끌고 저리 끌고 다니다 건빵이 떨어지니 그들에게 미안한 기분이 든다. 허탈한 걸음이다. 지나는 이들은 손을 흔들며 삶에 생기가 살아 있지만, 그들을 나도 모르게 물끄러미 쳐다볼 따름이다. 나뭇가지에 물들어 떨어지지 않은 잎새들과 흔들어 대는 바람에서 어쩐지 가을을 벗고 겨울을 부르는 소리가 들리곤 한다.

저녁은 사위와 함께 찌개를 맛보는 시간이 열린다. 백종원 레시피는 성공리에 끝났다. 합격 점수를 받았다. 요리는 그리 어렵지 않아 자신감을 얻었다고나 할까. 다음은 무얼 끓이지....

가을 보내는 날의 마음

가급적이면 잊으려고 하지만....

캘린더를 보면서 가슴이 울적한다. 떠나 버린 당신을 생각하면 또 미안하다는 말이 먼저 나온다. 산다는 것은 숨이 붙어 있으니 숨을 쉬고 먹을 걸 찾는다. 밖에서는 이런저런 생각을 안 하는데 집에만 들어오면 무얼 먹을까 하는 것부터 부닥친다.

왜 그럴까. 옷을 갈아입고서 거실에 나오면 빙긋이 웃는 당신 사진을 보기 때문에 매 끼니를 먹는 걸 거를 수 없다. 보고 있으니 괜히 걱정을 끼칠까 하는 생각 때문이다. 멍하니 서성거리는 것보다는 음식을 만드는 데 정신을 쏟다 보면 어느새 시간들이 물 흐르듯 흘러가니 그 시간만큼은 즐겁다.

누구인가 카톡이 왔다. 동화처럼 살아라. 나보고 하는 소리인 것 같아 읽어 본다. 그렇겠지....

마음이 밝으면 외로움도 병도 발을 못 붙이지 않을까 싶다. 성격이 급할수록 단명이니 시간은 바람처럼 지나가는 것이라도 저래도 지나가는 시간들 이왕이면 느긋하게 사는 것이 좋겠지. 삶은 이것저것 재다 보면 고민거리가 많아진다. 그것도 병을 부르는 것이지 않을까!

요즈음 은근슬쩍 그놈의 망각된 짐작에 따른 고소를 경찰서에서는 고소 취하로 끝이 났다 했더니 지법에다 배상청구권 소장을 내어 선한 사람을 괴롭힌다. 선고에서 기각으로 끝난 것을 항소한 모양이다. 미움은 받지도, 하지도 않으려고 했는데 미워지기 시작한다. 미움은 삶을 어둡게 하거나 피를 탁하게 하는데....

늘 하늘나라로 간 아내 생각과 김*식의 사건으로 짓눌려 있다 보니 24시 전 잠을 잔 적이 없다. 수면 부족이 늙어가는 길을 앞당길 것인데 말이야! 하루의 일과 또한 친구들과 어울려 시간을 보내다 보니 정신적 건강이 좋아지는 것 같은데...

꽃은 다시 피지만 젊음은 다시 갈 수는 없는 법, 나를 알고 배려하는 친구가 있다는 것은 기쁨이고 행복이 아닌가! 마음 건강한 하루를 보내기 위해, 이제 육신의 건강을 위해 무엇을 끓여 볼까 하고선 냉장고를 열고 이것저것 찾다 유부가 눈에 꽂힌다. 그래 이제 음식 만드는 것 두렵지 않다.

만물박사인 내 핸드폰이 있다. 유부를 사용한 조리는 어떤 것이 있는지 열고 읽고 또 재료들을 집합시켜 놓고 끙끙거린다. 있는 것으로 유부국을 끓이자.

무 1/4토막 얇게 썰고, 감자 2개, 들기름 1스푼, 마늘 다진 것 1스푼에 먼저 볶는다. 그리고 양념을 만든다. 된장 1/2스푼, 맛간장 1/2스푼, 붉은고추 1개, 풋고추 2개, 유부 5개 썰고 사골 물 3컵에 물 5컵으로 끓인다.

간을 보고 설탕 조금 넣어본다. 합격일까 불합격일까. 먹어보지만 평가할 사람이 없으니 아내 사진을 쳐다보고 맛이 어떠냐고 하니 웃음만 있을 뿐 조용하다. 국이 없으면 밥이 목구멍으로 잘 넘어가지 않는다.
　아내의 장례 빈소에서 첫날, 아들 녀석 아버지 식사하셔야죠. 하며 컵라면을 내놓는다. 웬 라면? 하고 보니 인스턴트 미역국이다. 이제 아버지도 여기에 익숙해져야 해요 하며 내민다. 맛은 있었으나 눈물 미역국이 되고 말았다. 당신을 보내고 처음 먹는 밥은 인스턴트 밥과 국이다.

　얼마나 버티어 갈까 하는 생각이 먼저 든다. 그러나 오늘은 홀로 살아가는 법을 습득하고 있다. 냉장고 안을 정리할 겸 보니 여기저기 그렇게 많은 냉동이 된 갈비, 불고기, 닭가슴살, 꼬막, 조기, 가자미며 양념들을 보게 됐다. 생각은 벌써 하늘나라로 갈 줄 알고 미리 준비한 것들로 보인다. 가슴이 미어지지만, 그러나 한편은 언제 이를 만들어 먹을까 하는 걱정이 앞선다.
　오늘의 유부국, 앞 전전날은 돼지 김치찌개였고, 그 전전날은 가재미 김치찌개, 그 전전날은 조기 김치찌개, 그 전전날은 돼지 김치찌개였으며 그 전전날은 무청 된장국을 끓였다. 맛은 있었으나 분량 조절이 힘이 든다. 한 끼를 먹는다고 끓인 국은 네 끼를 먹고 나머진 누룽지죽을 끓여 또 한 끼를 때운다.

12월 12일은 56일째 날이다

오늘 날씨는 영상이다.
어제 겨울비가 왔다. 기온이 떨어질까 했는데 다행히 영상4℃이다. 그래도 하고 한 겹을 더 입었다. 바람이 있어 차갑게 느껴진다. 모임 10분 전인데 조*숙 아흔의 할머니만 와 있다. 제일 가까운 송*자 씨가 제일 늦게 왔다. 그러나 지각은 아니라고....
항상 도는 그 코스이다. 도로변을 내려오지 말라고 해도 잘 들리지 않은 분이 또 도로를 걷는다. 뭐라 해도 들리지 않으니 하는 수 없다. 동작이라도 민첩했으면 하는 바람이다. 그러나 23년도 일은 이제 이틀밖에 남지 않았다. 그래도 모두 아무런 사고 없이 잘 따라주어서 고맙다.

어제 일자리 등록했느냐고 하나 은근히 함께했으면 하는 바람에서 하는 말들이다. 고맙긴 하지만 난 송산복지관에 등록을 했다고 하니 아쉽다는 표정들이다.
몸은 한기를 느끼지만 따뜻한 커피로 이야기꽃을 피운다. 또 최*희 씨가 떡을 가져와 점심 한 끼를 넘긴다. 오늘 이야기들은 산매가 오리를 뜯어 먹는 데서 시작하더니 닭 잡는 거, 개 잡는 거, 돼지 잡는 거, 소 잡는 거 등 어린 시절을 떠올리며 이렇게 죽이고 저렇게 죽인다는 등 말들은 빨랫줄을 매니 잠깐 앉은 것이 정오를 가르친다. 목요일 만날 것을 약속하고 헤어진다.

아무튼 다들 건강하기를 바랄 뿐이다. 206-1번 마을버스를 타고 성모병원으로 간다. 아메리카노 커피 한 잔으로 대기실 의자를 빼앗아 앉아서 예약 시간을 기다린다. 소변을 참고 오라고 했으니 금방 쏟아질 것 같다. 예약 시간은 한 시간가량 남아 있다. 하는 수 없이 2층 비뇨기학과로 가서 간호사에게 내 실정을 이야기하니 번호표를 뽑으라고 한다.

#139 한 10분이 되니 부른다. 소변을 보고 소변량을 체크하고 항문을 통해 이리저리 열어 보고는 12월 29일 12시까지 입원하란다. 경비가 약 50만 원이라고 준비하라는 뜻이다. 원무과 내려가 예약을 하고 주의사항을 주며 약 처방전을 받아 성모제일약국으로 가니 오랜만에 본 나를 약사가 반갑게 맞아 준다.

한동안 성모병원을 오지 않았으니 혹여나 죽은 것으로 생각했었나 보다. 노인들이 오다가 보이지 않으면 그만 흙에 묻힌 것으로 보니 말이다. 성모병원에서 암 치료가 끝났기 때문에 올 이유가 없었다.

약사와 몇 마디 주고받고는 24년도 캘린더를 들고 206-1번 버스를 타고 물사랑공원 앞에서 내려 터벅터벅 낙타 걸음을 하고 집으로 걷는다. 저녁을 무엇으로 해 먹지….

저번 토요일 딸아이와 함께한 청국장이 생각나 한번 끓여 본다. 청국장+된장+국간장+양념다진 마늘+풋고추+붉은 고추+대파+무+당근에 물과 사골을 반반씩 넣고 끓였는데 국물 맛을 보니 소금물이라 다시 국물을 다 쏟아 붓고 물로 다시 끓였다. 간이 좋아지는 것으로 짜면 설탕 조금 넣어 완성된 국은 어설픈 청국장 국이 되었다.

여자가 없는 자리는 이렇게 표가 났다. 깊은 생각에 지나온 삶들이 바람 타고 밀려왔다 밀려간다. 이것이 삶이요 인생의 여정인 걸, 마음속에 간직하니 헛웃음만이 나와 뻥 뚫린 하늘만 쳐다본다. 당신과 헤어진 지도 56일째, 저녁은 무엇으로 때우지....

냉장고 안은 가득하나 만들어야 하는 것들, 먹을 수 있는 것은 김치와 총각김치 그리고 파김치, 그리고 언제부터 있었는지 갓김치 올 김치와 방금 선보이는 청국장 국으로 저녁 파티는 시작이다. 맛의 가치란 지식과 경험에서 시작되는 것이지 그냥 얻어지는 게 아니다. 직접 경험하고 부딪혀야 얻어지는 법....

이러니 무얼 먹을까 하는 두려움을 버리자. 힘들 때 떠오르는 생각을 어떤 형태로든 시작부터 끝이 날 때 완성은 없다. 계속 미완성일 뿐이다.

하루는 이렇게 끝이 나나 보다. 내일을 위하여 컴퓨터에서 잠깐의 생각을 정리 후 잠을 청한다.

벌써 두 달이 되는 날이다

어제저녁의 전화는 답이 없다.

아들 녀석은 토라졌나, 그렇지 않으면 관심이 없는가? 보고 싶기도 하고 어떻게 지내는지 궁금하다. 딸도 자신이 힘들겠지만 아무런 소식이 없다. 그저께 사위는 주일날부터 기온이 영하로 내려간다고 따뜻하게 입으라며 내일은 동영상 예배를 드리는 게 좋겠다고 한다.

일찍 일어나 대충 청소를 하고 먹어 치운다. 그리고는 민락교회로 조심조심 발걸음을 옮겨 본다.

대성전에 들어와 의자에 앉으면 마음은 말씀을 듣지 않아도 은혜롭다. 특히 예배 전 이男 이女인 4人의 찬양 인도가 은혜로운가 하면, 찬양대의 고운 찬양도 예배를 통한 하나님께 영광 드리는 삶을 더욱 풍성하게 만들어 준다.

오늘이 아내가 하늘나라로 간 지 꼭 두 달이다. 집에 들어오자 함께 찍은 사진이며 항상 지긋이 웃는 모습에 무얼 먹을까 하다 꽁꽁 얼려 있는 고기만두가 생각이 나서 해동 후 물과 사골 우린 물 반반씩 넣고, 양념은 진간장 1/2스푼에 대파를 썰어 넣고, 들기름 커피 스푼으로 하나 그리고 색깔을 내기 위해 당근은 채썰어 넣고 끓여 보니 간이 심심하게 느껴진다. 만두를 다섯 개 넣어 두 그릇 양이니 당신 좋아하는 만두잖소. 당신 한 그릇 나 한 그릇씩 합시다.

두서너 개 되는 그릇을 설거지하고 소파에 앉으니 사진의 당신은 나를 쳐다보는데 그 얼굴을 맞이하니 눈시울이 붉어진다. 20세기 작가의 선구적 역할을 한 영국 소설가 조지 엘리엇은 "이별의 아픔을 맛봄으로써 사랑의 심연을 들여다본다"라고 하니 그의 작품 〈플로스 강의 물레방아〉 속 인물의 심리적 묘사와 도덕 그리고 예술에 관한 지적 관심은 등장인물들의 특성을 잘 표현하고 있어 꼭 당신의 검소하고 깔끔한 지적 모습이 사진엔 다시 새롭게 보인다.

못 잊어서 '너를 보고 있으면' 하고 연민의 정을 나누며 적어 두고 간다.

> 햇살이 찾아오며/ 베란다엔/ 몽실몽실 소담스럽게 피어난/ 천리향나무 꽃향기는/ 방 안을 가득 메운다// 곧고 매끈한/ 몸에는/ 여기저기 지나온 흔적뿐이니 따스한 마음 흐른다// 천 리까지 향기가/ 울렁이는/ 마음에 꽃 인정의 꽃/ 칠십 년 묵은 그녀다

천리향이 베란다에 가득할 때 당신은 문을 활짝 열고는 마음껏 그 향기를 흠모하며 꽃송이를 만지며 사로잡힌 모습을 본 난 그렇게 좋아하며 그 나무가 이 아파트로 이사 와서 자그마한 가지를 꽂아 둔 것이 뿌리를 내리고 이십 년 함께 했는데....

너무나 늙고, 화분으로서는 고목이야 하면 겨울을 나기 위해 거실로 옮기고 내년 새롭게 꽃이 피기를 기대하며 가지치기를 하였더니 말끔하다. 당신이 미장원 갔다 들어온 모습처럼 깔끔하고 아름답다. 그 나무와 더불어 거실에는 당신의 빈 공간을 열댓 개의 화분으로 채우고 있다.

절뚝거리며 들어온 딸아이

딸 둘을 둔 가정주부로, 직장인으로, 성숙한 여인이나 딸은 딸이라 아이 같다.

오늘 퇴원한다는 날짜이다. 수술 후 이상이 없고 봉합이 잘 되었으면 퇴원하나 아직 피 주머니를 제거하지 않았으니 내일 될는지 모른다는 사위의 카톡이다. 후유증 없이 잘되기를 바라는 애비의 심정이다. 병원으로 면회를 갈까 하다 면회가 어렵다는 말에 그만두기로 했다.

집을 나서다 멈추니 괜히 마음이 더 허전하기 시작한다. 방 안을 몇 번 어슬렁거리다 조금은 걸어야지 하며 나서지만 갈 곳이 마땅히 없다. 이유 없이 거리를 다니는 것이 남의 눈에 그렇게 좋아 보이지 않을 것 같아, 특별한 이유 없이 거리를 배회하는 노인은 되고 싶지 않다.

날씨는 맑고 영상이지만 꽤나 추워서 후드를 쓰고 공원을 배회하다 다이소로 향한다. 들어설 때는 무엇을 사려고 했으나 막상 들어오고 보니 까마득히 잊어 버렸다.

실내를 한 바퀴 돌고 돌아 보았지만, 생각이 잘 나지를 않는다. 나와서는 야채 시장인 새벽 시장 가게로 나선다. 저녁에 먹을 걸 찾는다. 두부와 양파 귤을 들고 집으로 오지만 그 길은 왜 그렇게 나 자신이 측은해 보이는지....

어느 누구가 손가락질하는 것 같다. 보도블록이 빙판이라 조심해서 걷는 걸음이 젊은이들처럼 그렇게 활기차게 걸을 수 없고, 마음이 차가워지니 더욱 표정도 모습도 누추하게 보일 것이다.

현관문을 열고 들어서니 그날 당신이 sh신경외과에서 치료를 하고 들어서며 대성통곡을 했듯이 나도 눈물이 난다. 그저 소파에 앉아 물끄러미 부용산을 바라보며 한참의 눈시울 싸움에 누가 이기고 진 것도 없이 일어나 옷을 갈아입고는 주방에 들어선다. 퇴원하면 저녁은 내려와 함께 먹자고 했으니....

냉장고를 열고 보니 꽁꽁 언 돼지고기가 있어 우선 해동시킨다. 무 감자 버섯 김치를 넣고 돼지고기와 함께 볶는다. 그리고 양파, 대파, 붉은 고추, 청량고추, 고춧가루, 고추장, 들기름, 다진 마늘과 들깨, 맛간장 등으로 양념을 하고, 사골 국물과 물 1:2로 넉넉하게 붓고 끓인다. 그리고는 가재미를 굽고 보니 온 집 안이 냄새로 가득하다. 이 추운 날 환기도 시킬 수 없고 자연 순환되기를 바랄 뿐이다. 준비는 끝났다.

오후 여섯 시, 사위가 내려와서 "무엇을 시키는 것 같은데요?"라고 한다. 저녁 준비를 하였는데, 제 어미 없는 집에 오면 또 섭섭한 마음이 들까 봐 그런대로 정성을 들였는데....

조금 있으니 딩동댕 한다.

사위와 우린 벌써 한 상 차려서 먹었는데....

갓김치와 무김치며 물김치 그리고 돼지고기 찌개와 두부찌개로 맛있게 먹었다. 딸은 절뚝거리고 내려왔다. 왼쪽 허벅지 40cm를 찢은 지방종 수술이다. 지방을 그렇게 많이 들어냈다고 한다. 얼굴이 핼쑥하다. 그래도 아비가 끓인 것 맛이나 보고 한마디 해 주었으면 하는 기대도 하였건만.....

그리고 아들 식이도 함께 했으면 얼마나 좋을까!

그놈은 궁금하지도 않은지 전화도 없다. 사위와 밥을 다 먹고 나니 땡동땡동하고 벨 소리가 난다. 해물탕이다. 5인분은 되어 보인다. 둘째 손녀와 둘이 먹고 남은 걸 어떡하지 걱정이 된다.

내가 끓인 찌개도 가득 있는데 이제 음식 잔량은 내가 치우는 게 할 일이다.

해가 열리고 다짐하는 자신

24년 갑진년의 해는 밝아 왔다.
어제 계묘년 12월 다섯째 주 주일이다. 나는 출석 교회인 민락성결로 향한다. 지난날 내린 눈 때문에 길은 미끄러워 아이젠을 하고 교회의 화장실에서 벗어들고 예배실로 향한다. 오늘은 가족 연합예배라 좌석이 꽉 찬 편이다.
유초등부와 청년부의 찬양과 율동으로 예배가 시작되니 하나님은 얼마나 기쁘실까! 귀여운 아이들과 듬직한 청년들의 찬양과 율동이 끝나자 장년들은 흐뭇한 마음에 덩실덩실 춤을 추며 이 나라의 재산이요 꿈인 그들에게 정을 주며 성령으로 고이 자라기를 기도하니 마음이 든든하다.
저무는 한 해를 돌아보면 기도한다. 한 해의 희로애락喜老愛樂은 누구에게나 있지만, 나에게는 지난 10월 17일 아내를 하늘나라로 떠나보낸 후 거의 매일 울먹였다. 왜 그렇게 생각이 나는지, 이렇다간 치매와 우울증이며 자신이 무기력해질까 봐 염려가 된다.

그래, 어떤 일이 있더라도 24년부터는 절대 울먹이지 않겠다고 기도한다. 예배드리고 난 뒤는 매 주일 딸아이와 점심을 한다. 오늘은 몸을 위해 고기 생각이 나 돈가스를 시켜 칼질을 하고 사위와 딸은 국수를 먹는다. 집으로 들어와 매 주일이면 하는 분리수거도 하지 않고, 멍하니 한 해를 둘러보고는 해가 저물도록 재촉할 따름이다.

23년의 마지막 밤은 TV 시청으로 02시에 잠을 청한다. 일어나니 07시이다. 해돋이가 지났구나. 하지만, 우리 집엔 부용산이 가려 아직 햇살이 비치지 않는다. 신년 첫날이라 아내의 사진을 보고는 이제 우리 서로 웃고 일과를 시작하자고 다짐해 본다.

그러나 마음은 울적해진다. 울면 안 돼 하며 참아 본다. 일부러 일거리를 찾아본다. 그래 새해 첫날이지만 지난해 모든 걸 털어버리자면 거실 카펫을 거두어 털고 주방의 것도 털어 버린다.

그리고 거실이며 방구석 구석을 물걸레질하고 나니 기분이 개운하다. 딸이 오늘 점심은 떡국을 끓이기로 했다고 전화가 왔다. 욕실도 벽이며 변기 목욕탕기 하수구도 모두 빼어 세척제로 닦고 나니 거의 점심시간이 가까워 왔다.

배와 귤과 커피로 잠깐의 시간을 휴식하고 나서 베란다의 창이 얼룩져 보기가 흉하여 닦아야지 하고 나서 보니 9층이라, 창 아래가 까마득하다. 창틀을 닦다 떨어지면 죽음이다. 죽으면 마누라 보내고 자살했다는 소리를 들을까 봐 비가 올 때 하자 하고 물러섰다. 14시가 되어 아이들이 왔다.

음식 먹을 재료를 만들어 왔으니 끓이기만 하면 된다. 먹고는 후식을 시킨다. 영화 이야기가 나오고 '서울의 봄'이 생각이 나 롯데시네마에서 하느냐고 확인하고 물으니 우리 작은손녀가 오늘이 마지막 날이라 한다.

놓칠세라 영화를 보아야지 했더니 예매하여 코드 번호를 보내 준다. 16시 15분 9층 6관이다. 예매는 처음이라 극장에 도착하여 처음 무인 발매기에 서서 무엇부터 해야 하는가 보니, 예매 확인을 하고 코드 번호를 입력하고 내 전화번호를 입력하는 순이다. 했는데 확인 불가란다.

작은손녀가 예매하였기로 손녀의 전화번호를 입력했는데도 티켓이 나오지 않는다. 아직 단말기에 익숙지 않아 두리번거리니 티켓 나오는 곳이 아래쪽이 아니라 우측 상단이었다. 그곳에 흰 종이가 말려 있다. 꺼내어 확인하니 내 것이었다.

촌놈, 오늘 확실히 무인기에 자신이 붙는다. 그러나 10분 전 입장은 하였지만 어렵쇼 f10열은 없다. 아뿔사 6관이 아닌 4관에서 김선달의 좌석을 찾으니 있겠는가. 확인하고 6관으로 다시 들어가니 내 자석만 주인을 기다리고 있었다. 내가 늙었는가 하고 생각하니 젊은 청춘이 아니라 팔십 중반의 나이라, 옛날이면 살아 있는 사람이 없을 터인데….

영화의 스토리는 대충 알고는 있었지만, 군부 사조직 '하나회'라는 뛰어난 조직 장악력 아래 권력을 강하게 추구하는 전형적인 리드를 보이는 전두환 역의 배우 황정민 악인역이다. 10.26 사건을 메가티브로 한 영화로 정권의 야욕이 얼마나 무서운지 희생된 국민이 피를 많이 흘렸다.

이렇게 나라는 성장하는가 보다. 집권자에 따라 나라는 흥하고 망하니, 국민은 정치를 눈으로 보고 마음으로 느끼고 소통의 관습을 보여야 하지 않겠나 싶다.

새해 첫날의 해는 저물고 허전한 마음을 다짐하며 거침없이 흐를 강줄기 하나 만든다. 강의 평화와 절제와 겸손의 생활을 날마다 막힘 없이 흐르게 하자. 삶의 모든 날을 단단해 보이도록 희미했던 실체들을 뚜렷해지도록 노력하자.

우울증인가 보건소를 찾는 발걸음

새해의 해는 뜨고 지고 한 지도 오일째 되는 날이다.

아내는 금요일이나 토요일엔 항상 대청소를 한다. 이날이면 복지관 가지 않느냐 토요일엔 산에 가지 않느냐는 것, 소리는 귓전을 때리니 아침에 사위가 보낸 낙지로 배를 달래고는 대청소를 한다.

창을 열고 거실의 카펫을 털고 스팀 청소기로 구석구석 닦으니, 여기저기 아내의 손때 흔적만 남아 있다. 혹시나 청소를 잘못했는지 또 다른 소리가 들리지 않는지 꼼꼼히 정리정돈을 하여도 힘든 것도 없다. 커피로 잠깐의 휴식과 더불어 샤워를 하고 나니 12시가 되었다.

운동을 하지 않으니 먹고 싶은 생각도 없다. 그러나 때를 놓쳐서는 또 아내가 무슨 소리를 할까 봐 작은손녀가 가지고 온 순대로 점심을 해치운다. 베란다에 나서 보니 책장에서 '길 위에서 찾은 행복'이란 김완복 씨 수필집이 눈에 띈다. 작가는 한글 서예반에서 함께 글을 썼다.

직접 사인해서 준 책이다. 그땐 읽지 않고 책장에 꽂아 두었다가 수필을 쓰기 시작하니 눈에 보여 이제 펼쳐 본다. 몇 페이지를 읽다 부용산을 쳐다본다. 그저께 하얗게 뒤덮인 산의 눈은 찾을 수 없다. 영하의 날씨가 영상이 되어 포근하다. 산행 친구들 카톡은 무엇들 하느냐고 야단이다. 간편한 차림을 하고 조금 걷자 하고 나섰으나 바람이 부니 걸음은 자동으로 버스 정류장에 서 있다.

집을 나설 때 마음먹은 대로 마을버스를 탄다. 성모병원에서 전화가 왔다. 항문을 통해 종양을 열두 개를 떼어 낸 후 조직 검사를 했는데 결과가 어떻게 나왔는지 궁금하다. 혹시 잘못된 것이 있지나 않은지 왜 전화까지 친절하게 하는지....

동부보건출장소로 들어간다. 치매 체크을 위한 것이다. 아내를 떠나보낸 지 꼭 팔십일이다. 요즈음은 정신이 맑지를 않고 어제의 일도 생각이 잘 나지 않는다.

그래서 보건소를 찾은 것이다. 예약하지 않았지만 치매 검사를 해 준다. 물론 이상은 없다. 정신적 스트레스이다. 시간적 여유가 있으니 2층 작은 도서관으로 들어선다. 책이나 읽다 걷자. 도서실로 들어서니 말끔히 단장된 실내는 벌써 평안해진다.

이 책 저 책 뒤지다 '나를 흔드는 시 한 줄' 오래전에 한 번 읽은 책이다. 다시 읽고 싶다. 소파에 앉아 읽다가 빌려서 약속대로 집까지 걷기로 한다. 한 6천 보는 될 것으로 느껴진다. 무지랭이골 하천을 걸을까 하다가 그래, 빠른 길로 걷자.

이왕 운동이니 템포를 조금 빠르게 걷는다. 이랜드 앞에 도달하니 무릎이 욱신거린다. 지난 십이월에 일주일 간격으로 세 차례 연골 주사를 맞았는데, 이렇게 아프고 쑤시면 이제 산행도 굿바이가 아닌가 싶다. 질질 끌고 집으로 왔다.

자신을 돌아보면 지금까지 함께한 주님께 감사하다. 옛사람이면 땅속에서 잠자고 있지 않았겠나 생각해 보니 자연 오래도록 살아옴을 깨달아 본다.

시간이 어떻게 되었으면 배가 후출한가 은근슬쩍 허전함을 느낀다. 아내가 좋아한 간장게장이 왜 이렇게 생각이 날까! 울컥하면 마음에 스며드는 게장, 결혼 후 시간에 매달려 살다 보니 남편으로서 무관심과 책임 회피는 감출 수 없다는 듯 꽃게의 등을 덮고 살을 여미고 드는 그 아픔을 억누르니 안도현 시인의 '스며드는 것'이 머리 스쳐 지나간다.

"꽃게가 간장 속에/ 반쯤 몸을 담그고 엎드려 있다/ 등판에 간장이 울컥울컥 쏟아질 때/ 꽃게는 배 속의 알을 껴안으려고/ 꿈틀거리다가 더 낮게/ 더 바닥 쪽으로 웅크렸으리라/ 버둥거렸으리라 버둥거리다가/ 어찌할 수 없어서/ 살 속으로 스며드는 것을/ 한때의 어스름을/ 꽃게는 천천히 받아들였으리라/ 껍질이 먹먹해지기 전에/ 가만히 알들에게 말했으리라// 저녁이야/ 불 끄고 잘 시간이야"

안도현 시인의 '스며드는 것' 전문이다. 게장 대신 어제 먹던 콩나물, 시금치, 무채, 취나물과 고추장 참기름으로 비빔밥을 만들어 된장국으로 먹고는 컴퓨터 앞에 앉아 하루의 일과를 점검하니 하루가 마감된다.

자신이 이렇게도 허약할까

　첫 출근에 하루가 이렇게 힘들 줄이야 미처 생각도 못했다.
　그러니 그날 이후 드러누워 버린 몸은 꼭 주일이 지났으나 좋아질 기미는 보이지 않고 두통과 빈혈과 다리에 힘이 풀려 걸음을 제대로 걸을 수 없다. 허공을 헤매일 뿐이니 서러움이 밀려든다. 혼자의 시간은 감당하기에 어려우니 누구에게 하소연하랴….
　싱싱한의원에 월, 수, 금, 침을 맞는 일자를 취소할 수밖에 없고, 하루 세 차례 먹던 탕약도 중지할 수밖에 없다. 가정의학과 원장은 한약 먹는 것도 중지하라는 것이다. 양팔에 두드러기 현상으로 가려움도 참을 수 없다. 내일은? 하고 기다려 보지만 토요일이 지나고 주일이다.

　딸아이는 친구 만나러 강남에 가고 나는 사위와 함께 민락교회로 간다. 예배 후 약방을 찾았으나 문을 연 집들이 없다. 아무리 휴일이지만 한 지역에 한 곳 정도는 문을 열어야 하지 않겠나 싶다.
　또 참을 수밖에~. 벅벅 긁고 또 긁으니 피부는 성질이 나서 붉은 점으로 꽃처럼 수놓고 있다. 월요일을 기다려야 한다. 사위는 못내 신경이 쓰이는지 전화를 하고 내일 병원에 꼭 가시라고 한다. 고맙다. 왜 부스럼이 생길까? 인터넷을 뒤져 보니 햇빛 알러지란다. 그렇다. 어제저녁은 어느 것 하나 껄끄러운 것도 없다. 또 해당이 될 만한 것들은 모두 정리를 한다.

여름날 음식은 냉장고라고 해서 믿어야 하나, 믿지 말아야 하나 혼자 궁리 끝에 어디서 어떻게 발생한 일인가 하고 냉장고 청소에 열만 올렸다. 버리는 게 일쑤가 되어 버렸다. 이제 무얼 먹지? 하다 누룽지를 끓여 본다. 지금껏 살아온 것들은 남들을 위해 무엇이든 열심히 봉사도 희생도 하였지만, 몸소 자신이 가눌 수 없는 처지이다 보니 허망하다.

깨달음은, 나를 위해 하는 일에는 한계를 느끼겠지만 정작 남을 위한 마음으로 하는 일들은 열심히 공부하면서 도전장을 내밀었다. 성숙이란 '나를 위함'에서 '남을 향한 자세'는 어떻게 보일까? 투자는 역시 남을 위함이 아닌 자신의 이윤을 추구하기 위함이 아닌가! 실패는 무엇을 가질 것인가를 생각하기 때문이다.

그 생각에서 무엇을 버리고 남길까를 생각하자. 변해야 할 것이 변하지 않고 변하지 말아야 할 것이 변하면 곧 성공의 길이다. 노을 지는 태양은 왜 붉게 이글거리며 불타는가. 하루의 일과를 계획대로 하지 못함의 아쉬움이 많은 이가 살려고 머리를 박고 아우성을 침이 아닐까! 경쟁은 가정이든 국가이든 사람 사는 곳은 모두가 같다. 더 잘살아보겠다는 투지와 의지 때문일 것이다.

나 홀로 노인 요리훈련

50년 전의 군 생활이 떠오른다.

어저께 거리에서 받아온 건빵이다. 내가 예수를 믿는 모습이 보이지 않아서일까! 예수 믿으세요~ 하고 건빵을 내미는 어느 교회의 성도이다. 교회 다닌다고 하였으나 이왕 내민 손이라 그저 거두기가 싫었던 모양이다.

수고들 하시는 모습에 그 옛날의 생각이 떠오른다. 여의도 순복음교회에 다닐 때이다. 그땐 불타는 신앙인가! 그저 만나는 사람에게 전도했지만, 지금은 그 모습이 쑥스럽게 느껴진다.

먹을까 말까 하다 집까지 왔다. 끼니때가 되고 하면 항상 거실을 왔다 갔다 하면서 무얼 해 먹어야 하나 서성거린다. 앞뒤 베란다를 두서너 번 왕복해야 머리에 떠오르는 대로 먹어 치운다.

주방에서 여기저기 보고 또 보고 하다가, 냉장고를 열었다 닫았다 또 열어 보고 하여 눈에 보이는 된장국에 밥 대신 건빵을 한입 오물오물하다 국을 떠먹으니 이것도 한 끼의 식사인가 느낌이 좋다.

10시 강의 시간을 맞추어 09시에 출발을 한다. 11번 버스로 가야 하는데 9분을 기다리면 된다. 실시간 전광판으로 알려줘 고맙다. 첫날이라 시간이 35분이나 걸렸다. 의정부에 살지만 잘 나오지 않으니 거리 또한 생소하다. 시장 입구에서 내려 보니 방향 감각이 없어진다. 어디가 동인지 서인지 알 수가 없다. 두리번거리다 가게 젊은이에게 길을 물어본다. 스마트폰 지도를 들고 물으니 이쪽 방향으로 쭉 가라는 것이다. 시장 통이라 사람을 헤치고 빠른 걸음으로 허둥지둥 나서니 큰길이다. 동두천 방향을 보니 코앞에 건물 간판에 한국요리학원이라고 붙어 있다.

  대로 건너편이라 길을 건너서 건물 출입구를 찾느라 이 건물인가 하고 4층을 걸어서 오르니 아니다. 또 옆 건물을 보았으나 출입구를 알 수가 없다. 한참을 서성이다 들어서니 엘리베이터가 있다. 강의실에 들르니 모두 모여 있다. 10분 전에 들어온 것이다.

  선생님의 인사 소개와 학생들의 자기소개가 끝나니 그제야 강의가 시작된다. 오늘 음식은 '떡갈비'이다. 재료는 돼지목살 1근씩이다. 강의를 듣고 막상 도마와 칼을 잡으니 무엇을 먼저 해야 할지 먹먹하다. 신이 우리에게 주신 기억력은 왜 이렇게 더딜까 생각이 떠오르지 않는다.

  한참을 생각하다 집에서 눈썰미로 하던 버릇이 떠올라 요리를 시작한다. 요리 선생님이 다가와 양념을 먼저 하라신다. 그러기 위해서는 파부터 씻어 보라고 한다. 그리고 돼지고기를 다지고 양념 준비를 한다. 양파, 녹말가루, 간장, 설탕, 물엿, 소주, 마늘, 대파, 참기름, 후춧가루 등이다.

  만드는 방법은 대파를 잘게 다지고, 요리 술에 양파를 넣고 갈고, 고기에 양념을 넣고 녹말가루로 반죽해서 치대어 놓고, 팬에 오-일 넣고 노릇하게 손바닥만 크기로 지지면 된다. 프라이팬은 지글거리면 고기는 익어간다. 노릇하게 익는 것을 보노라니 기쁨과 아픔이 어우러지는 것 같아 보이나 그리 어려운 음식은 아니었다.

　그러나 아뿔싸 뒤지니 까맣게 타 버렸다. 불 조정의 실패이다. 실패는 부끄러운 것이 아니란 걸 오늘은 음식 만드는 과정에서 또 깨닫게 된다. 실패를 통해 무언가를 배워 가기 때문이다.

　오늘은 첫날이니 잘해 보자. 타 버린 떡갈비도 자기가 한 음식이라 자기가 가져간다.

　이를 집에서 까맣게 탄 부분을 긁어 내고 점심밥을 먹는다. 한 끼에 두 쪽의 떡갈비로 5일을 먹을 수 있다.

　화. 금요일은 싱싱한의원에 진료 예약을 한 터라 조금 휴식 후 오후 3시에 집을 나선다.

나의 하루 일과를 살펴본다

벌써 10월인가!

당신이 내 곁을 떠난 지도 1년이 되었구려.

오늘이 10월 4일이니 13일을 남겨 둔 일 년이다. 한 것 없이 시간은 이렇게 지나나 그대를 잊은 적은 없구려. 항상 나의 가슴에 남아 자리를 차지하고 있어 고마워요. 그러나 난 거리를 걸어도, 한적한 공원에 앉아도, 낙엽 하나 떨어지는 모습을 보아도, 거리를 다정히 걷는 젊은 부부를 보아도 나의 가슴엔 당신에게 미안한 마음뿐이니....

당신이 보고 있는 것 같아 끼니를 거르지 않으려고 하지만, 그러나 그것이 어떻게 생각하면 내 한구석엔 삶의 욕심이 아닌가~ 하고 자문자답할 때가 있어 자신을 꾸짖기도 하죠. 아마 팔십을 넘나들어도 성숙하지 못함이 있어 그런가 보구려. 조금 더 단순하고 순수하고 진실하다면 마음 한구석 자리는 평안이 찾아 올 터인데....

이럴 때마다 생명의 주관자인 주님을 원망할 때가 있었지. 삶에 회의를 느낄 때도 많았다. 신앙이 무엇인지, 자식들에게 부끄러워 나 자신이 마음대로 할 수가 없었다.

혼자 사는 게 이렇게 때론 미안하고 때론 눈에 보이는 모든 것이 살아

생전 남들처럼 그렇게 하지 못함을 늘 마음에 거슬리는구려.

오늘은 시간을 지켜보니 제일 분주한 하루를 보낸 것 같아요. 아침 4시에 기상하여 이것저것 정리를 하다 보니 9시라 한국 요리 학원으로 뛰었지. 내가 송산노인복지관에 나선 지도 어언 13년 차가 되니 복지사들이 나의 형편을 아는지 독거노인 특별 프로그램인 요리학원으로 등록해 놓고, 금요일이면 문자 넣어 함께 해 주니 고맙기도 하다.

학원에서, 시골에서 직접 만든 큼직한 두부로 두부부침을 만들었지. 이것저것 레시피대로로 양념장을 넣고 프라이팬에서 탄생한 10개의 음식물을 타파통에 넣어 왔지.

집에 와 점심은 네 조각으로 먹고는 또 복지관으로 뛰어야 했다. 1시부터 시작되는 선배시민 프로그램의 포스트 맨으로 10월 다리목 행사에 나설 바람개비를 제작하곤 하였지. 바로 3층으로 뛰어가 도서관에서 김경애 선생의 독서프로인 시간에 참여하여 글쓰기 강의, 즉 자서전 쓰기와 수필 등 강의에 열중하는 시간을 가졌다.

마치자마자 친구들과 커피 한잔 나누는 시간도 없이 송산역으로 간다. 16시에 싱싱 한의원에 예약한 시간이라 경전철로 발곡역 장암동 병원에 도착한다. 40분을 지난 뒤라 그래도 접수하고 기다려 침 맞고 나서니 19시라. 집에 도착하니 20시가 되어 컴퓨터 on하여 몇 자 적어 본다.

이렇게 바쁜 시간을 즐겨야 머리에 떠오르는 잡다함을 잊을 수 있었다. 오늘은 바쁜 시간 줄곧 뛰어다닌 셈이지.

꼭 이렇게 시간을 보내고 보니 나의 젊을 때가 생각나는구려. 밤낮없이 직장에 매달려 자기 시간을 즐기지 못한 그때 같구려.

산다는 것은 복잡한 것들을 단순하게 가는 여정이 아닌가 보인다. 한 가지 마음을 열어 본다면 마지막 때 무언가 가진 것 다 털어 버리고 가슴에 담은 사랑이란 걸 놓치지 않고 베풀면 한다. 어려움이 있다고 원망하고 책임을 떠넘기거나 탓한다면 '다음'이란 없지 않은가 싶다.

도드람산 기슭의 우리 님을 찾아

가을이라고 하지만....

들녘의 벼들을 수확하고 있다. 토요일이라 고속도로는 한강을 건너는 길만 조금 막힐 뿐 주행 속도는 고속도로의 제한 속도를 낼 정도의 환경이다. 여주 이천까지는 한 시간 정도면 서이천을 빠져나갈 듯하다. EDEN PARDISE로 들어선다.

일 년 전 그때는 침묵 속에 있었는데....

아이들은 그저 평상시처럼 즐기는 모습이다. 난 그대를 떠나보내고 지금까지 늘 잊은 적이 없고 외로움과 쓸쓸함에 빠져 있었는데....

막상 1주년의 추모를 위한 이곳은 더 쓸쓸하다. 가을이라고는 하지만 1만여 평에 각종 식물과 나무측백나무, 편백나무, 블루엔젤, 산딸나무들은 채색옷을 갈아입지 못하고 있다. 도로변의 나무들만 붉게 물들어 가고 있으며 구절초와 억새풀은 에덴가든의 풍광이 가을을 즐기고 있다.

딸아이가 예약한 두 평 남짓한 방에서 간단하게 예배를 드린다.

전도서 3장 11절의 말씀이다. "하나님이 모든 것을 지으시되 때를 따라 아름답게 하셨고 또 사람들에게는 영원을 사모하는 마음을 주셨느니라 그러나 하나님이 하시는 일의 시종을 사람으로 측량할 수 없게 하셨도다"라는 말씀을 전하고 커피 타임을 갖고 밖으로 나와 낙원교회에서 각자 기도드리고 방명록을 쓴다.

아들 녀석은 방명록을 쓰다가 지워 버리고 나가 버린다.

인간은 삶의 시간 안에서 죽음은 끝이고 단절이라고 하지만 우리 그리스도인은 육의 죽음이 영원한 삶의 시작이다. 에덴낙원은 기쁨과 평화가 가득한 영원 안식의 공간이다. 추억을 만들고 기억하는 공간이라 한 줌의 흙으로 돌아가기 위한 측백나무로 둘러선 류수장에 가루를 띄워 물이 흐르다 자연으로 흙으로 스며들게 한 水眠場을 돌아본다.

시간은 가는데 잊지 않고 / 해송

바람이 불며 시간도/ 밀려 가려나 하였지만/ 360일 되던 날/ 가을 길 고속도로/ 고개 숙인 황금들이며/ 푸른 산엔 노랗게/ 또 붉게 점 하나 찍혀 있고/ 가슴속 흐르는 물엔/ 올챙이 방울이 뛰논다// 도드람산 기슭 에덴 정원/ 측령나무 편백나무 억새풀 구절초/ 줄지어 반겨 주지만/ 류수장 넓은 뜰/ 수정같은 물 위 환히 웃는 어제의 모습이/ 오늘은 붉은 나뭇잎 하나 떠 반기는구나// 미안하오/ 가을 지나 겨울과 봄 그리고 여름/ 계절 따라 오마고 마음먹었지만// 쓸쓸했지, 그리고 미웠지/ 경아의 이야기에/ 이곳이 너무 좋다고 하며/ 철 따라 휴가를 즐기며 함께하자더니/ 해를 채우고 이곳에 잠들었구나/ 나도 한 해를 버티고 불러달라고 하였는데/ 이제 영원의 만남만 남았구려....

나에게는 소중한 사람이었고 사랑하는 그대를 보낸 웅덩이 물은 그제나 오늘이나 맑다. 어디서 왔는지 나무 잎새 하나만이 떠다닐 뿐이다.

고인은 살아생전 이런 곳을 원했고 꽃과 나무들이 잘 정비된 곳이고 쉴 수 있는 공간이며 숙박할 호텔도 있어 고인을 생각하며 일상을 떠나 잠깐 쉬어 갈 수 있어 좋다.

차를 렌트해서 왔기에 반납 시간이 16시라 급히 출발한다. 식사는 집 근처인 민락2지구의 일식 이즈방으로 들어선다. 예배 후 티타임에 가족 우호와 기도 제목을 큰 외손녀가 정리한다. 가족 성경 읽기 릴레이를 꺼낼까 하다 식사 후 D&P에서 꺼내어 본다.

성경과 친밀함을 가지고 자연 기도를 유도하기 위한 방편으로 고인이 기뻐하리라 믿어 본다.

제6부

기다림의 날들

삶의 넋은 마음이 아프다

그런대로 24년이 잘 지나가는 것으로 생각했는데...
무안공항에서 제주항공 소속의 여객기가 태국에서 무안으로 비행 활주로에 착륙을 준비 중 조류 때문에 엔진이 둘 다 정지되는 바람에 랜딩기어가 작동하지 않는다. 몸통으로 활주로에 진입했으나 벗어나 방호벽을 밀고서는 화염에 싸여 꼬리만 남긴 채 모두가 재로 남았다.
정확한 사인은 알 수 없으나 그렇게 추정하고 있다. 승객 181명의 탑승자 중 생존자는 단 2명이고 179명이 생명을 잃은 사고였다. 12.3 계엄령 이후 대통령 탄핵소추로 나라의 신용도 및 경제 공황은 물론 정치, 사회 혼란이 새해를 먹물로 뒤덮고 있다. 탄핵의 바람은 거세게 불어 닥친다.
뉴스는 잠잘 틈 없이 티끌처럼 날고 있다. 국민이 받는 고통과 각 개인이 받은 스트레스는 새로운 이야기들이 삶의 시작에 불과한 단어일 뿐이다.

24년도는 너무나 우울한 일들이 많았다. 시간의 흐름은 허망할 뿐이고 눈앞에 어슬렁거리는 죽음이란 단어는 좁은 마음을 더 구석진 곳으로 몰아넣고 있다. 마치 산산조각으로 부스러진 거울처럼 말이다. 자신을 살펴볼 아무런 주관이 흐리다. 시간들은 실수의 연속뿐이고 그 긁힌

자국은 욕심으로 말미암은 상처뿐이니 그 조각난 것들을 모아 맞추어도 거울 속 자신은 부끄러움을 고백하지 않을 수 없다.

마음도 몸도 추스르기 힘들어 싱싱한의원에서 침을 맞으려고 장암동으로 간다. 오늘따라 이렇게 땀이 나는지 옷은 젖어 있다. 맥빠진 걸음으로 집으로 왔다. 한 통의 전화는 거창 동생이다. 막내인 시종이가 알츠하이머 병으로 집에서 진료를 받아 왔으나 이제는 하는 수 없이 요양병원에 입원했다는 소식에 만나고 왔다는 보고이다.

상황 설명은, 거동할 수 없고 누워 있으며, 사람을 알아보지 못하며 미음도 호스를 통한 주입을 하고 있다는 소식이다. 형제 중 그 누구보다 동생 둘과 함께 전포동이며 연산동으로 옮기며 자취생활을 하던 그때를 지울 수가 없다.

내가 첫 직장생활을 할 때이다. 둘째는 부산상고에 다녔고 막내는 중앙중학에 다녔다. 동생들의 마음을 아프게 했다. 그들이 하고픈 일들을 뒷바라지하지 못함이 지금도 미안하기만 하다. 신이 준 생명은 희망적인 삶이 되어야 하고 사물과 모든 이웃으로부터 아름다움을 느끼며 판단하는 주관이 뚜렷해야 하는데….

젊은 날 그 건강은 어디로 가고 하늘도 땅도 분간하지 못하니 가슴이 아프다. 거리가 천 리 길이 아니면 금방이라도 찾아가 보고 싶지만, 모든 것이 마음뿐이니 아 슬프다 오늘이여, 신이여 모두에게 주신 복은 있지만, 그 누림을 찾지 못하고 찾으려 부단한 노력을 하여도 부족할 뿐더러 또 만약 찾아도 과분한 욕심에 잃게 하였으니, 자신을 꾸짖고 비판하고 신이 부를 그날만 기다려지는 맹목적인 시간만 기다림보다는, 길이요 진리이신 주께 의지하자.

올 한 해 송구영신 예배를 통한 아이들에게 주신 말씀이 카톡에 담겨 있다. 딸은 히13:16절의 말씀이다. 직장이 대순진리회라고 하는 이단 종단 대진대학이다. 주어진 일은, 젊음이 반란한 학생들의 상담이다. 특히 그리스도인으로서 상담자로서 예수의 사랑으로 포용하라는 말씀이다.

"오직 선을 행함과 서로 나누어 주기를 잊지 말라. 하나님은 이 같은 제사를 기뻐하시느니라"〈히13:16〉

사위에게는

"믿음의 주요 온전하게 하시는 이인 예수를 바라보자, 그는 그 앞에 있는 기쁨을 위하여 십자가를 참으사 부끄러움을 개의치 아니하시더니 하나님 보좌 우편에 앉으셨느니라〈히12:2〉"

주어진 일에 불평도 불만도 하지 말고 주만 바라보고 자신을 낮추고 주를 높이는 생활 패턴으로 움직이라는 바람이다.

우리 큰손녀 민이에게는

"너희 중에 누구든지 지혜가 부족하거든 모든 사람에게 후히 주시고 꾸짖지 아니하시는 하나님께 구하라 그리하면 주시리라〈약1:5〉"라는 말씀이다. 한마디로 주어진 일에 자만하지 말고 심사숙고하며 모든 지혜를 주게 구하라는 바람이다. 딸아이의 가정에 한 사람 한 사람 꼭 살을 찌르는 주님의 사랑이 담겨 있다. 그런데 우리 둘째 손녀만 소식이 없을까? 그리고 나에겐 어떤 말씀을 주신 걸까!

'모두가 주 안에서 형통하길 빈다'

해송

자만은 금물이다/ 쏟아진 물은 다시 담기 힘들며/ 우리 삶의 본체는 지혜라/ 아는 길도 두드리며 한 걸음씩 전진하라// 총명한 아이여/ 나의 구원의 주가 예수님이면/ 누굴 의지하여야 할까/ 상담자 본인 주관이 확실해야 신뢰를 받는다/ 생기발랄한 20대 들에게 심어 주어야 할 존재이다/ 선을 위한 나눔이 강조이다/ 행함은 곧 믿음이니 자기 주관이 흐트러지면 끝장이다/ 딸이여 주를 의지하라// 사위야 힘들제/ 투명하게 살자 생각도 함께하면 쉽게 풀리는 것/ 가정이든 직장이든 기독인으로서/ 자신을 보여 부끄러움을 감추지 말자/ 승리자 예수만 의지하고 주어진 일에/ 당당하게 나서길....// 우리 유민이는/ 바람 바람이 허공을 헤매지 말기/ 예수님을 친구로 보내는/ 시간들이여 응답하라

국경일엔 무엇을 주고 남겼는지 부끄럽다

    삼월의 첫 주요 어제는 106주년의 삼일절이다.
    대한민국에서 1919년 있었던 3.1운동과 독립 선언을 기념, 경축하는 국경일이다. 3.1절은 대한민국의 공휴일이자 국경일이다. 돌아보면 1919년 4월 1일 임시정부 수립 이후 1920년에 독립선언일이라는 국경일로 지정되어 임시정부 및 독립운동가로부터 그 기념이 시작되었다. 광복 이후 1946년 3월 1일 제27회 기념을 기해 국가 경축일이 지정되었고, 제1공화국 수립 이후 1949년 10월 1일 국경일에 관한 법률을 공포함으로써 국경일로 재지정되었다. 이는 2005년 12월 29일 국경일〈국경일에 관한 법률〉로 개정되어 지금에 이른다. 3·1운동 때 유관순, 손병희를 포함해 3,000명이 참여했다.
    이날에는 정부 주최로 삼부 요인은 물론 각계각층의 유명 인사들이 모여 기념식을 거행하여 대한민국의 헌법 기본정신인 3.1정신을 되새긴다. 이와 함께 나라의 광복을 위해 싸우다가 순국한 선열들의 유족 및 애국운동가들로 구성된 광복회 회원들은 따로 파고다공원에 모여 그날의 깊은 뜻을 되새기는 의식을 거행한다. 또한 민간 차원의 갖가지 문화 공연도 이날에 베풀어지며, 전국 관공서 및 각 가정에서는 대한민국의 국기인 태극기를 게양한다.

이렇게 3.1절 대한독립의 정신을 우리는 오늘날 형식적 절기를 지키는 것으로만 전락하고 있지 않은가 싶다. 오늘도 광화문엔 이념이 둘로 나누어진 대통령 탄핵의 찬반 논란은 심각한 상태로밖에 여겨지지 않는다. 순국선열들이 지금 하늘나라에서 볼 때 어떤 심정일까! 집집마다 태극기를 게양해야 하나 서로의 눈치 싸움에 그런지 계양한 집이 몇 집이나 있는지 생각해 보라.

오늘날 나라가 이렇게 잘살 수 있게 만든 것은 그분들의 정신이 있기에 그런 것 아닌가. 지금이라도 정신을 차리자. 살아 있는 자유 대한민국을 만들자. 선열들 앞에 부끄럽지 않도록....

주일 설교 말씀은 "나라와 민족을 위하여"란 느헤미야 1장~5장까지의 말씀이다. 나라를 세우는 데 기독인들이 많이들 참가했다. 나라를 사랑하는 기독인이라면 나라 위한 기도를 해야 할 것이다. 디모데전서 2장의 말씀을 보면 "첫째로 내가 권하노니 모든 사람을 위하여 간구와 기도와 도고와 감사를 하되, 임금들과 높은 지위에 있는 모든 사람을 위하여 하라 이는 우리가 모든 경건과 단정함으로 고요하게 평안한 생활을 하려 함이라〈딤전 2:2〉", "공의는 나라를 영화롭게 하고 죄는 백성을 욕되게 하느니라〈잠15:34〉" 말씀하고 있다. 우리는 이웃인 모든 사람과 나라의 지도자를 위한 기도를 하지 않으며 그것이 죄이다. 사람을 위한 눈물의 기도가 있어야 할 것이다.

다윗은 기도하기를 "여호와여 나의 기도를 들으시며 나의 부르짖음에 귀를 기울이소서 내가 눈물 흘릴 때에 잠잠하지마소서 나는 주와 함께 있는 나그네이며 나의 조상들처럼 떠도나이다〈시39:12〉" 우리는 눈물의 기도 즉 기도의 눈물과 반성의 눈물과 감정의 눈물로 하나님 앞에 엎드려야 한다.

기도하기를 쉬는 죄를 범하지 말자. 욥은 하나님께 기도하기를
"땅아 내 피를 가리지 말라 나의 부르짖음이 쉴 자리를 잡지 못하게 하라, 나의 증인 나의 중보자가 높은 데 계시니 나의 친구가 나를 조롱해도 내 눈은 하나님을 향하여 눈물을 흘린다〈욥16:18~20〉"

보면 그는 통곡의 눈물과 회개의 눈물과 기도의 눈물을 흘린 선지자다. 욥처럼 누구가 니가 뭔데 하고 조롱하고 멸시해도 나라 위한 기도와 조롱하는 그들을 위해 하나님께 눈물의 기도를 해야 할 것이다.

선배시민宣培恃民으로서 自願奉仕

전형적 봄을 알리는 듯 쾌청한 날씨이다.

이렇게 날씨처럼 하루를 넘기고 또 하루를 맞이하며 살아온 시간들이 벌써 노을은 서산을 향하고 있다. '지금껏 나는 무엇을 하며 살아왔나?' 이는 수없이 묻고 하며 지난 세월이 이제 이슬 맞은 허언 백발 노인이 되어 있다.

그러나 간간이 되돌아보면 한 것도 많고 하지 못한 아쉬운 것도 너무나 많다. 봉사는 국가나 사회에 남을 위해 자신의 힘을 나 아닌 그들에게 나누는 것이다. 청년기부터 몸에 배어 온 것이라 자랑스럽다.

인생이란 내가 생각하는 그것이 내가 되는 것이다. 그 누가 만들어 주는 것도 아니다. 이웃을 잘 만나면 좋은 조언과 칭찬이 사랑을 나눌 기회가 되는 것이다. 그건 자기를 낮추면서 꿈을 가질 때 그 꿈은 이루어진다.

다시 말하면 내가 꽃이 되어 그 안에서 노래를 하면 그 노래는 꽃의 노래가 되고 내가 강이 되어 부르는 노래가 물이 되어 흐르면 그 노래는 강의 노래가 된다. 이처럼 내가 입으로 노래하면서 자기 기능을 다할 때 그 노래는 사랑으로 다가온다. 봉사는 사랑이 없으면 진정한 봉사가 아니다. 겉으로는 봉사라고 하지만 노력한 기쁨이 없다.

젊을 때는 여러 가지 일에 힘을 썼지만 때론 끌려서 하기 싫은 일을 하기도 했다. 이제 나이가 들어 취미 생활에 투자하다 보니 그 일을 위해 자신이 타고나지 못한 분야라도 책과 싸우면 주어진 그 시간을 즐겁게 보내기 위해서는 많은 것을 투자하기도 한다.

오전에는 시문학 동아리 회원들과 시의 이론과 자작시를 낭독하고 시를 쓰게 된 동기라고 할까, 자기 의견을 교환하며 시간을 나누었고, 오후 3시엔 선배 시민으로서 자원봉사 발대식에서 대표로 선서를 하기도 했다.

선배시민이란 노인을 선배로 호칭하기도 하지만 그것은 지금껏 살아온 삶의 지혜의 보고를 공동체를 위해 헌신하는 자의 호칭이다. 선배는 후배들과 소통하고 그들을 돌보며 모두가 최소한 인간답게 살 수 있는 권리를 요구하고 후배를 돌보는 의무가 있다.

누구나 우리는 풍요로운 세상을 꿈꾼다. 그 꿈을 위협하는 사회적 위험에 안전하고 생존의 문제에 걱정하지 않는 편안하고 풍요로운 세상을 위해 걸어가는 길을 만들어야 한다. 이제 돌봄의 대상이 후배시민과 공동체를 위해 선배시민으로서 걸어간다면 그 길은 새로운 길이 될 것이다.

삶의 진정한 기쁨은 성공적으로 하고자 하는 일들이 이루어지기를 마음에 샘 하나를 파는 것이다. 나그네가 가는 그 길에 끊임없이 사랑과 기쁨과 열정이 솟아나는 샘이 있다면 그 보람은 자신의 재능과 지식을 투자하는 활동이 후배를 위한 밑거름이 될 것이다. 지금껏 살면서 주변의 도움과 자기 개발이 없었다면 슬픈 일이다. 가진 것 무겁게 짊어지고

이 세상을 무의미하게 떠날 것인가, 그렇지 않으면 가진 것 모두로 후배를 위한 거름이 될 것인가를 판단하여 어딘들 쓰여지는 부끄럽지 않은 귀한 그릇이 되자.

오랜만의 다정다감한 웃음

오늘이 2월의 마지막 주일이다. 2월 22일인가? 23일인가!
경아는 주일엔 문자를 넣어 주더니 소식이 없다. 그러니 뭇국에 밥을 넣고 다시 끓여 어저께 딸이 만들어 온 고추계란조림과 시금치무침으로 먹고는 청소를 하고 시간이 여유가 있는지라 컴퓨터 앞에 앉았다. 10시 30분에 교회로 간다.
오늘 말씀은 히브리서10장 19~25절과 사도행전 2장 46~47절의 말씀에서 사도행전성령행전 4번째의 담임 목사류성은의 말씀이다. 주일 말씀은 25년도 신앙의 '실천신앙'이란 주제로 첫째 '모이는 신앙말씀과 예배', 두 번째는 '다락방 기도성령 따라', 세 번째가 '섬김착한 사랑'이란 주제로 오늘이 4번째 섬김에 관한 말씀이다.

"서로 돌아보아 사랑과 선행을 격려하며 모이기를 폐하는 어떤 사람들의 습관과 같이 하지 말고 오직 권하여 그날이 가까움을 볼수록 더욱 그리하자〈히10:24~25〉"의 말씀과 "날마다 마음을 같이하여 성전에 모이기를 힘쓰고 집에서 떡을 떼며 기쁨과 순전한 마음으로 음식을 먹고 하나님을 찬미하며 또 온 백성에게 칭송을 받으니 주께서 구원 받는 사람을 날마다 더하게 하시니라〈행 2:46~47〉"의 말씀으로 은혜와 성도 서로 간 격려하며 예배를 드렸다.

예배를 드리고 집으로 가려고 나오는데, 진우, 경아, 혜민, 유민이가 우리 교회에서 예배를 드리고 나온다. 사정인 듯 주차할 공간이 없어서 왔다는 이야기다. 우리는 주일이면 점심을 함께 모여 먹는다. 오늘 COZY HOUSE에서 밥을 먹으며 오고 간 이야기들은, 지난주 일본 여행과 큰 외손녀는 2주 뒤 스리랑카로 1주일 여행 아닌 출장이란다. 혜민이는 우리 집에서 제일 부러운 친구이다.

잘 다녀오기를 바라고 나는 이제 나라 밖 여행은 할 수 없는 형편이니 부럽기만 하다. 지금의 심정 같아선 글감의 소재도 찾고 하면 좋으련만....

오후 3시가 가까워 오자 경식 아들이는 온다는 연락도 없이 불쑥 들어온다. 조금 있으니 제 누나 경아가 들어온다. 부모 자식 간의 셋 모임은 오랜만이라고 하겠다. 커피와 빵을 나누며 즐거운 시간을 보내다가 일본 여행에서 가져온 용각산과 커피 그리고 일본 우동면 등 나눔 후 각자의 집으로 돌아간다. 혼자 있는 애비 생각에는 보내고 나니 또 서운하다. 건강을 위하여 잘 챙겨 자시라고 하지만 대답은 그러마 하지만....

집이 있는 곳이며 사랑의 웃음꽃이 피고 있으면 어머니의 넓은 사랑과 아버지의 깊은 사랑이며 형제간의 우애와 가족에 대한 믿음과 희망의 웃음이 있다고 하지만, 그러나 하늘나라로 떠나보낸 어머니의 빈 자리는 아쉬움으로 크게 북받쳐 온다.

오가는 이야기엔 엄마의 생일을 이야기하니 한편은 기특하기도 한다. 혼자 있는 자신이 또 쓸쓸하게 느껴져 온다. 이 마음이 언제까지 지나야 될지 그 마음의 정돈이~ 하며 '베란다 밖 밤'을 바라본다.

주일의 경건한 삶/ 쉴 새 없이 쏟아진 자동차 행렬/ 숨 쉬는 자 누굴까/ 문 열고 더듬지만 잡히질 않는다// 아무리 등을 켜고/ 동서 사방 쏘다녀도 보이지 않고/ 내 심정도 모르고/ 빵빵거리니 미얄시럽이 송곳이 된다// 이러면 안 되는데/ 하지만 중식에 먹은 맥주 한 잔/ 손녀는 주일인데 하니/ 아 아하 내 신앙도 노송의 무덤이다// 어두움이 밀어낸/ 바람 속 생명의 자작거림이/ 그럴 수가 어제의 말은/ 어디론가 떠나간다는 작별 인사도 없이

'한국문학' 문학대상 받던 날

일찍 일어나 쓸고 닦고 이리저리 정돈하고 소파에 앉는다.

마음은 어수선하다. 수년간 원고를 보내곤 하였지만, 졸작인 글들이라 어디 생각조차 하지 않았다. 그래도 책에 실어주는 것만으로 감사했는데....

생각지도 않은 수상 소식에 어안이 벙벙했다. 일주일 전 통보는 받았지만 마음에 정리는 잘 되지 않는다. 많은 작가가 좋은 글을 보내고 있지만 비교가 되지 않는다고 늘 생각해 왔다.

김*연 씨가 부이사장인데 그 여자가 어떻게 생각할까? 그래도 그는 그 작가는 시 부분에는 자신을 내세우고 있고 협회 시 강의하는 명색이 교수라고 떠들고 다니는데....

그녀는 우리 시문학동아리에서 약 3년간 강의를 해 왔다. 그러다 올해는 이렇다 저렇다 말도 없이 동아리를 떠나 버렸다. 회장인 나하고 적수가 되어 버렸다. 사소한 감정이 있어서가 아니다. 그러나 소문은 좋지 않게 들리곤 했다. 나는 그 어느 누구와도 담을 쌓고 있는 인간은 아니다.

요즈음 잠을 깊이 자지 못한다. 졸다가 보니 11시가 되었다. 회룡역에서 동아리 친구들 네 명이 축하하겠다고 나선 걸음들이다. 입고 갈 마땅

한 옷이 없다 옷장에 걸려 있는 것이 계절에 맞지 않을 뿐더러 구닥다리라 무엇을 입을까 고민이 되었다. 그러다가 어저께 송산메트로신경외과 진료를 마치고 집으로 오면서 싸구려 옷점에서 아주 얇게 패딩솜을 넣고 누빈 정장 윗도리를 만 원 주고 구입했다.

옛날 옷은 무겁고 이 옷은 싸구려 같아 보여 입었다 벗었다를 여러 번, 그러나 낙점은 싸구려를 입고 나섰다.

상에 관한 것은 아이들에게 알리지도 않았다. 어떻게 생각할지? 신인상 받을 때는 아내가 동행해 축하를 해 주었다. 그러나 아내 없는 나에겐 동아리 십년지기 친구가 있다. 신인상에도 왔었지만 이번 대상에는 그 친구와 오빠라며 잘 따르는 장애를 가진 이윤지, 카메라를 들고 설치는 진충범 씨 그는 나이가 90턱걸이하는 노인이다. 우리도 노인이지만….

축하하러 온 그들을 본다. 그래도 나와 함께 기뻐하고 곁에 축하할 그들이 있으니 얼마나 다행인가. 은근슬쩍 위로가 된다. 마음을 터놓고 이야기하며 웃을수 있는 그들이 있으니 산다는 인생이 더 멋지고 아름다워 보인다.

오후 1시 30분에 식이 진행된다. 식순에 따른 행사는 1부 국민의례와 2부는 시상식이다. 떨리는 가슴은 조금 안정된다. 시상식은 대상이 먼저다. 상장과 상패, 꽃다발 증정, 사진 촬영, 그리고 수상 소감을, 그런데 무슨 말을 할까~

머릿속에 담아두긴 하였지만 몇 마디 하고 보니 목청이 떨린다. 축하객들이 한두 명이 아니고 80여 명이 모였으니 그럴만도 하다. 내빈과 임원, 그리고 심사위원인 교수들이 먼 앞자리에 앉았으니 그들을 보는 순간 말이 기어들어 간다. 얼버무리다가 끝을 내고 단상을 내려온다.

그리고 현대계간문학의 신인상 시 부분 네 명과 수필부문 세 명이 호명되고 차례로 시상을 갖는다. 한 두어 시간이 흘러 마치고는 식당으로 점심을 먹으러 간다. 우린 밥을 먹고는 시낭송에 참여하지 않고 한국의 집으로 운동 겸 걸었다. 한국관 로비에서 커피로 피로를 풀고 지하철을 탄다.

4월의 세째 주 수요일

　수요일을 위한 준비에 고민은 전주 수요일 지나면 바로이다.
　오늘은 천양희 시인의 '어떤 하루'로 마감하였지만 다음 돌아오는 수요일엔 무엇을 전할까! 천양희의 '어떤 하루'는 불가에서 벌레 한 마리도 생명이 있으면 죽이지 않는다는 생명 존귀 사상을 논하고 있다.
　요즘처럼 AI시대에 생명 존귀란 말에 지나지 않는다. 생명이 귀함을 말한다면, 그 생명에 따른 두려움을 알고 산다면, 생명을 함부로 다루지 않을 것이다. 하지만 두려움은 욕심에서 오는 것이라 정체성이 없는 가짜들이 많기 때문이다. 이를 깊이 생각한다면, 누구나 어떤 일에 노력을 다할 때 그 결과물은 달라질 것이다. 사랑스럽게 보이고 아름답게 보일 것이다. 이렇게 보이는 것이 노력에 따른 보상이 아닐까 싶다.

　천양희 시인의 선택함도 물론 생태계에 관한 시라고 하지만 전후반을 두고 보면, 전반은 보조 예화로써 오스트레일리아 멜버른에서 있었던 감동의 미담이다. '건설 중인 빌딩 꼭대기에/ 둥지를 튼 송골매 두 마리가/ 새끼를 낳아/ 다른 곳으로 날아갈 때까지/ 공사를 중단했다는 이야기가 몇 년 전/ 오스트레일리아 멜버른에서 들려와/ 나를 감동시키더니.' 작가는 우리 곁에서 저렇게 아름다운 일이 있을까 궁금했다. 그러나 며칠

전 신문을 보고 깜짝 놀랐다. 왜? 우리 곁에 일어날 수 없는 일이 일어났기 때문이다. 후반부에서는 주 중심 예화는 서울에서 유사한 미담이다. '아파트 공사장에/ 까치 한 마리가 새끼를 낳아/ 다른 곳으로 날아갈 때까지/ 공사를 중단했다는 이야기가/ 멜버른이 아닌/ 우리나라 서울에서 들려와/ 나를 감동 시켰다'라는 시인의 인생론적 아포리즘이 최종적 자기중심을 토로하고 있다. 오늘날의 생명에 대한 경시적 경황에 따르면 다시 한번 천 시인의 시에 매료되어 생각하는 사회가 되었으면 한다.

지금까지는 선배 시인들의 시를 살펴보는 시간이었으나 2부는 시를 좋아하는 이들의 모임인 동아리 회원들의 글을 살펴보는 시간이다. 이전 시간에 과제로 내준 '부용천'에 관한 시를 쓰라고 했다.

하나하나를 살펴보면 모두 10인이 참가하였다. 이를 촌평해 본다면 재미있는 글들이다.

* 황*복의 시 '선택된 목련꽃'은, 겨우살이를 이겨 내고 나온 꽃봉오리가 활짝 웃는 얼굴로 하늘 보고 해님 보고 바람 따라 춤추며 내일을 향한 부풀음이다. 그 추운 겨울을 지샌 보람은 뜬구름처럼 날리고 한 모금 이슬 되어 찻잔에 띄우니 마음 아리다란 시로 아름다운 시다.

* 김*덕의 시 '부용천의 봄날'이라는 시는, 4월의 봄 햇살을 받은 벚꽃이며 개나리와 개천 변의 버들강아지와 산책로를 거니는 이들의 걸음걸이와 떼 지어 물살을 가르는 잉어, 모두가 봄기운에 활기차고 한낮의 아지랑이 햇살 속에 아롱거린다는 부용천 현장 답사인 듯한 글이다.

* 조*수의 시 '부용에 뜨는 별'은, 부용이란 양귀비처럼 아름다운 미인을 우회적으로 표현한 말이다. 부용은 글쟁이 기생이 있었다. 그녀는

외모가 뛰어나고 더욱 얼굴이 아름다웠다. 그녀는 김이양이란 문학에 뛰어난 벼슬쟁이 글을 좋아했다. 그녀가 16세 때 성천군에서 백일장이 열리자 그녀는 참가하여 장원을 받았다. 그곳의 부사인 백발의 김이양과 인연을 맺어 15년이란 긴 세월을 함께하며 시간을 즐겼다. 그녀는 죽기 전 가까운 사람들에게 자기가 죽으면 영감의 무덤이 있는 천안 광덕리에 묻어 달라고 했다. 그는 자신의 몸을 더욱 깨끗이 단장하며 3년 상을 치르고 그녀가 늙어 죽게 되자 이웃들은 그의 유언대로 천안의 광덕리에 묻었다는 야화이다.

작가는 꽃말에 관한 이해를 밤하늘의 꽃인 별이 꿈꾸던 꿈에 따라 흐르는 별을 장대로 따 바구니에 소복이 담긴 별자리 이름을 불러본다.

부용천의 뚝방에서 바라본 미래의 별들을 바라보며 이 세상을 짊어질 젊은 세대의 미래를 바라보면서 쓴 글이다.

* 조*석의 시 '부용천 무리들'은, 동아리 모임 이후 집으로 가는 도중 부용천의 열기가 넘치는 인간들의 삶을 본다. 그리고 환호성과, 들리지는 않지만 자연의 냄새와, 활짝 핀 벚꽃이며, 물가의 고기 떼가 물끄러미 바라보는 작가를 반겨 준다. 그들을 본 작가는 자신을 돌아보며 자신이 살아 있음에 행복하다는 시이다.

* 라*실의 '부용천의 봄'의 시를 보면, 풀밭에 작은 꽃들과 산책길에 늘어선 벚꽃들이 부용천에 봄이 왔다고 소리친다. 그 소리에 물가에 청둥오리 왜가리와 흰나비들이 날갯짓하며 나는 것이 봄의 꽃바람 소식을 전하는 것처럼 느끼며 꽃 진 뒤 초록의 시간으로 부용천의 봄이 걸어간다.라고 봄을 노래하고 있다.

＊ 이＊란의 시 '부용천' 아침 식단의 것으로 대신한 저녁상을 미루고 마음이 그렇게 썩 좋지 않은 마음으로 부용천에 나섰다. 밤의 공기를 정수인 양 마시며 부용천에 연잎은 없지만 연잎처럼 넓은 잎새에 각진 마음의 꽃을 내려놓아 본다. 이 마음이 동그란 이슬처럼 둥글게 될 수 있을까 하며 반짝거리는 저 달처럼 외로움을 달랠 수 있을까 하며 부용천의 밤하늘을 보며 멍한 가슴으로 돌아온다라고 작가의 낮의 시간을 되새기며 시를 쓰고 있다.

　＊ 이＊자의 시 '중랑천 쌍둥이 길'을 보면 폭죽 터지듯이 길 따라 피운 꽃길이 끝날 무렵 길가의 버드나무가 연둣빛으로 물이 든다. 그는 아쉬운 마음은 봄바람 꽃바람 따라 흩날리지 말고 활짝 핀 벚꽃 아래서 웃음을 잃지 않는 봄 같은 날이 영원했으면 하는 넋두리를 한다.

　＊ 이＊지의 시 '부용천아 다시 웃자'를 보면, 이곳저곳 옮기다 정착한 곳이 부용천이 있는 이곳이다. 수풀이 우거지고 물고기 떼들이며 오리가족이며 철 따라 찾아온 새들 모두 다 마음을 빼앗기기에 충분하다고 생각해 안착한 곳이다. 그러나 고층 아파트가 들어서고 개천의 물이 썩어 고기들은 나체를 보였다. 개수공사로 천은 벚꽃이 만발하고 피어난 꽃들의 환희는 맑고 깊지만, 인간사의 삶은 맑았다 흐렸다 하니 환경처럼 깨끗한 성품으로 화사하게 웃는 부용천이 되기를 바라는 마음을 노래한 시이다.

　＊ 손＊종의 시 '부용천의 낮과 밤'에서는, 잘 정비된 부용천은 생태계의 보고요 나그네 삶에 활력이 넘치는 곳이다. 환경에 따라 오고 가는 생명력의 것들이 안전지대라고 철 따라 찾아든 이곳의 야경은 그 아름다움이 물 위에 한 폭의 그림이다. 숨겨진 아파트는 물 위에 집들이라 낮

의 움직임의 생명은 어디를 갔을까. 아마 저 집 속으로 각자의 둥지를 틀며 내일을 향한 향기로운 사랑을 나눈다는 글이다.

* 진*범의 시 '부용천 길 따라'는, 부용천의 물은 구름처럼 흐르고 행복을 즐기는 볼거리의 부용천이다. 조약돌 사이 흐르는 물과 오리들의 먹이 전쟁의 소리, 모래섬에서 일광욕하는 새들은 그 합주곡에 따라 즐기고 졸고 있다. 천 따라 정비된 길목에는 삶에 활력을 충전하고자 즐기는 이들이 붉게 물들인 노을 진 부용천은 조용히 말없이 흐른다.

이렇게 쓰고 보니 오랜만에 전체적으로 화평하며 함께 동아리를 위하여 애쓰는 모든 회원 여러분께 감사의 인사를 올린다.

도드람산 기슭의 에덴 파라다이스

님을 하늘나라로 보낸 후 두 돌이 되는 생일날이다.

실제는 이틀 전이지만 주일에 가족 모두가 함께하는 의미로 오늘 나들이하기로 했다. 오후 시간이라야 부활교회가 오픈한다는 것이기에 점심을 먹고 에덴 공원으로 여정을 잡았다. 집에서 10시 40분에 출발하여 1단지 아들을 픽업하고 이천으로 향한다.

오늘도 수고할 친구는 사위다. 사위가 운전을 한다. 화창한 날씨이나 미세먼지와 안개는 시야를 어지럽게 하지만, 차는 금세 자동차 전용도로를 달려 수락산과 불암산 터널을 빠져나가니 동서울톨게이트를 지나 한강 건너 중부고속도로를 질주한다.

지금 시간이 11시 35분이다. 거의 한 시간을 가을과 같은 봄의 하늘은 아직 미세먼지로 희뿌연하지만, 차내에 쏟아지는 즐거운 이야기와 조용한 음악 소리에 곤지암을 지나 서이천으로 빠져나간다. 도드람산이 눈앞에 보이니 흐렸던 시야는 맑아져 봄의 기운을 받는 느낌이나 나무들은 못 들은 척 아직 눈을 감고 있다.

도드람산340m은 일명 저명산猪鳴山으로 옛날 한 효자가 홀어머니의 병에 특효가 있다는 석이버섯을 따기 위해 절벽에 밧줄을 메고 석이를 뜯고 있는데 어디선가 산돼지 울음소리가 들려 올라와 보니 밧줄이 거의 끊어져 가고 있었다. 이때 산신령이 효자의 목숨을 구해 주었다 하여 돗울음산돼지울음으로 불리어서 후일에 도드람산으로 변했다고 한다.
 산은 능선을 타고 오르면 제1봉, 2봉, 3봉으로 그 봉우리는 등산의 묘미를 느낄 수 있는 절경의 바위가 일품이라 이천의 명물이다.

 점심을 먹기 위해 유명하다는 이천 마장면 산타의 돌짜장집에 들어선다. 넓은 주차장은 만차이다. 대기 37번이라 거짓말 조금 양념하여 1시간 30분 기다려 테이블에 앉았다. 돌짜장과 양념게장과 공깃밥으로 맛있게 먹었다. 둘이 먹다가 하나가 죽어도 모를 맛이라 유명세를 탈 만도 하다. 이제 커피를 마시러 dear moon cafe로 들어선다. 사위는 많이 가 본 듯 잘도 찾아다닌다.
 이제 먹었으니 에덴 파라다이스로 들어선다. 한적한 곳이라 사람들은 별로 없다. 문상 겸 온 사람은 없고 장례 준비를 위한 사전 답사인 듯한 팀이 보인다. 우린 방명록을 뒤적여 보고 기록한다. 다들 기록을 남기는데 아들 녀석은 오늘도 쓸까 말까 하다 밖으로 나가 버린다.
 제 어머니가 살아 있을 무렵 여자관계로 사이가 좋지 않아 남의 자식처럼 등 돌리고 있다가 하늘나라로 갔다. 엄마에게 사과하려고 하였으나 기회를 잡지 못하고 그만 지나 버린 것 같다. 그러니 장례 둘째 날 새벽 날이 밝기까지 눈물로 호소하였지만, 지금도 오십 넘은 나이로 홀로 있으니 얼마나 괴롭고 가슴이 아플까….

 엄마 생일이라고 이곳까지 왔지만 글로 기록을 남길 자신이 나지 않은 듯 이리저리 서성이다 결국 나가 버린다. 마음이 아픈가 봐. 엄마에게 글을 남긴다는 게 그렇게 어려운가. 막둥이라서 그런가! 남편인 나도 막상 쓰려고 하니 마음이 울컥하고 미안한 마음이라….

부활교회로 들어서니 아들은 홀로 앉아 기도하며 눈물을 훔치고 있었다. 아들도 딸도 엄마가 보고 싶은 듯 그렇게 깔깔거리고 왔지만, 기도는 진심 어린 마음이라 눈물이 나지 않을 수 있으랴.

"필경은 위에서부터 성신을 우리에게 부어 주시리니 광야가 아름다운 밭이 되어 아름다운 밭을 삼림으로 여기게 되리라〈사35:15〉"라는 말씀은, 기도 후 주시는 주님의 말씀이다. 당신의 마지막 육신인 가루라도 이곳에서 자그마한 호수에 뿌렸으니 이렇게 찾아와 보는군!

호수를 한 바퀴 돌아 보지만 그 흔적은 없다. 반석인 검은 작은 돌들만이 햇살에 반사되어 나를 쳐다볼 뿐이다. 살아생전 생일이라고 하여도 함께한 날들이 50년인데 꽃다발 하나 주지 못한 남편이었다. 어느 생일날 꽃을 들고 축하해 주니 물끄러미 쳐다보면서 "꽃 살 돈 있으면…."이라며 현찰 타령을 했으니 아마 생활이 쪼들렸나….

오늘도 마음 같으면 꽃이라도 들고 오고픈 생각이었으나 그리하지 못했다. 정원을 이리저리 돌아다녀도 내 마음 한가운데 들어와 함께한 걸음걸음 그 옛날을 꾸짖고 있으니 묵묵히 듣고만 걷는다. 시간이 다섯 시가 넘었다. 서서히 에덴을 빠져 고속도로를 질주하는 차 안에서 오늘을 돌아보면 '하늘나라의 첫 번 생일'을 시로 쓰다 보니 의정부 집에 도착한다.

하늘나라의 첫 생일/ 해송

날 때가 있던 그날/ 태양도 축복을 하였고/ 따뜻한 마음의 꽃 향기로 웠지만/ 서로의 만남은 하늘의 뜻/ 열리지 않으면 두드리고/ 모난 것 다듬고/ 행복을 찾느라 헤매이다/ 어두움이 있을 땐 의지하고/ 밝은 날은 영원하리라 믿었지만/ 운명을 찢어 놓으니/ 이제 짝 잃은 기러기구나// 보내고 나서 보이니 미안하구나/ 그 마음을 열어 주지 못하고/ 그 아픔 끌어안지 못하고/ 하늘의 복 받은 날을 꽃 한송이 드리지 못해서 미안해/ 오늘이 하늘나라 간 지 두 해/ 귀빠진 날/ 남매와 함께 에덴 공원에 왔어// 만날까 하고 왔지/ 내 마음속 당신은 공원 뜰 거닐며 이 원수 꽃 한송이 없이 왔어 한다/ 옛날이나 오늘이나 야속해/그래 미안하구만 외로운가 기다리는 듯// 언제 올 거야 한다

4월도 마지막 가는 주일

4월도 이제 마지막 주일이다.
섭씨 20℃ 기온의 봄 날씨라 젊은이들은 반소매 반바지로 거리를 활보하고 있다. 부러움도 시샘도 한꺼번에 밀어닥친다. 마지막 주일이라 민락 성결교회를 향하여 발걸음은 비틀비틀하지만 은혜의 공간으로 침투한다.

오늘의 말씀은 삼하 6장 1~11절까지의 '십자가? 4번째' 말씀이다. "다윗이 이스라엘에서 뽑은 무리 삼만 명을 다시 모으고, 다윗이 일어나 자기와 함께 있는 모든 사람과 더불어 바알레유다로 가서 거기서 하나님의 궤를 메어 오려 하니 그 궤는 그룹들 사이에 좌정하신 만군의 여호와의 이름으로 불리는 것이라,
그들이 하나님의 궤를 새 수레에 싣고 산에 있는 아비나답의 집에서 나오는데 아비나답의 아들 웃사와 아효가 그 새 수레를 모니라, 그들이 산에 있는 아비나답의 집에서 하나님의 궤를 싣고 나올 때에 아효는 궤 앞에서 가고, 다윗과 이스라엘의 온 족속은 잣나무로 만든 여러 가지 악기와 수금과 비파와 소고와 양금과 제금으로 여호와 앞에서 연주하더라,
그들이 나곤의 타작마당에 이르러서는 소들이 뛰므로 웃사가 손을

들어 하나님의 궤를 붙들었더니, 여호와 하나님이 웃사가 잘못함으로 말미암아 진노하사 그를 그곳에서 치시니 그가 거기 하나님의 궤 곁에서 죽으니라.

여호와께서 웃사를 치시므로 다윗이 분하여 그곳을 베레스 웃사라 부르니 그 이름이 오늘날까지 이르니라. 다윗이 그날에 여호와를 두려워하여 이르되 여호와의 궤가 어찌 내게로 오리요 하고, 다윗이 여호와의 궤를 옮겨 다윗성 자기에게로 메어 거기를 즐겨하지 아니하고 가드 사람 오벧에돔의 집으로 메어 간지라,

여호와의 궤가 가드 사람 오벧에돔의 집에 석 달을 있었는데 여호와께서 오벧에돔과 그의 집에 복을 주시니라. ……중략……, 여호와의 궤가 다윗성으로 들어올 때에 사울의 딸 미갈이 창으로 내다보다가 다윗 왕이 여호와 앞에서 뛰놀며 춤추는 것을 보고 심중에 그를 업신여기니라." 이는 하나님의 궤를 다윗성으로 옮기는 이야기이다.

절대자 여호와의 궤를 다윗이 성으로 옮기는 중 소가 뛰므로 소를 모는 웃사가 궤를 잡자 여호와는 분노하사 그곳에서 웃사를 치시므로 웃사가 죽자 다윗은 그곳을 베레스 웃사라 칭하고 두려워하여 여호와의 궤를 다시 오벧애돔의 집으로 옮겼다.

옮기고 수개월 동안 이스라엘은 블레셋의 공격으로 수만 명이 죽고 궤가 있는 오벧애돔은 여호와의 축복을 받아 부자가 되었다는 소문에 다윗은 여호와의 궤를 옮기지 못함에 따른 죄를 의식하고 반성하는 가운데 다시 여호와의 궤를 다윗성으로 옮긴다.

이에 백성들은 비파 소고와 양금과 제금으로 노래하며 다윗은 기뻐

뛰면서 궤 앞에서 춤을 추며 다윗성으로 들어오자 이를 창문을 통해 본 그의 아내 미갈이 업신여긴다. 미갈은 죽는 날까지 자식을 두지 못했다. 그러나 밤낮으로 번제와 화목제를 여호와 앞에 드렸다.

여호와를 의지하는 백성에게는 복을 주고 멀리하는 자에게는 벌을 준다. 즉 우리의 구원 십자가, 주님이 우리 죄와 사망 권세를 지시는 십자가를 의지하는 주의 백성에게는 믿음에 복을 받고 멀리하는 자에게는 재앙을 주신다. 우리는 한시 한때라도 예수님을 의지하지 아니하면 어려움을 당한다는 오늘의 말씀이다.

반성을 하는 주일이다. 한동안 매일 취침하기 전에는 성경을 읽고 기도하였지만 그간에는 게으름을 피우기도 했다. 다른 곳에 신경을 쓰지 말자. 말씀을 읽으므로 성령의 인도하심에 늘 감사하며 살자. 주님이 부르시는 그날까지....

집으로 오는 길에 은근히 닭강정이 먹고 싶어진다. 주일에 한번은 고기육미를 먹어야겠다는 생각은 지워지지 않는다. 어지럽고 기가 빠짐은 건강관리에 문제없는 게 아니라 영향이 있다는 결론이다. 조금 일 인분만 사서 온다. 치아가 쑤신다. 아리다. 뜨거운 물도 찬물도 마시기 힘이 든다. 내일은 치과에 들러 신경치료를 해야겠다.

이제 팔십 중반에 들어서니 매일 병원 신세를 지고 사는 것 같다. 몸에 수십 수만의 기관이 팔십 년 동안 함께하며 사용했으니 이제 고장은 노후된 자동차처럼 매일 정비소에 들락거린다고 보아야 하나....

여기저기 어슬렁거리다 걸레질을 해 본다. 바닥 장판은 홈 사이에 때들이 끼어 닦아도 모양이 나지를 않는다. 때가 그대로 남아 있다. 이처럼 마음도 팔십이란 연수에 때가 많이 끼어 있으리라 보인다. 그래 바닥처럼 마음도 때를 닦으려 해도 욕심의 때는 남아 있고, 불만의 먼지는 마음 한구석에 쌓였으니 어떻게 하면 좋을까?

 그래도 어저께 연천으로 친구들과 마음에 바람을 쐬고 나니 기분은 그렇게 우울하지 않다. 그래도 나이에 따른 죽음과 자식들에게 앞으로 보여질 죽음 이전에 나라는 부모는 어떤 모습으로 생을 마감할지....

지나온 꿈같은 시간들

공학도의 꿈을 안고 나선 걸음이다.
전포동에서 등굣길이었고 부전동에서는 학교 앞길이다. 오가는 눈길은 사춘기의 시절이라 그저 보고 다니는 것이 아니었다. 학교를 들어가려면 혜성여고 정문을 지나야 했다. 지금도 그렇지만 골목길에는 붕어빵 장사가 서넛이 있어 학생들이 줄곧 점심시간이며 잘 들르는 곳들이다.
여학생을 골리려 짓궂은 장난을 치며 빵을 얻어먹기도 하고 때론 싸주기도 했다. 여름철이면 시원한 팥빙수가 인기 품목이다. 공부 시간에는 주로 실험공장에서 배선 도면이며 송전 선로와 변전소 도면과 싸우고 직접 시공도 공장 기계 배치에 따른 동력선 배치도를 그리고, 설치하는 일에 머리를 굴리며 하루의 시간을 보내곤 한다.
그러니 실장갑에 항상 기름 범벅이 될 때가 많을 뿐더러 손톱엔 기름때가 끼어 잘 벗겨지지를 않는다. 학교 수업을 마치며 미팅에 노란종이, 분홍종이, 파란종이에 멋을 부리며 무언가 한 자 적어서 여학교 운동장으로 비행기를 접어 날리기도 했다. 오히려 방학 때는 시간이 없다고 할까! 왜? 공학도라 여름 겨울 할 것 없이 실습을 나가기 때문이다. 산업체며 군 시설 산업체, 한전 등으로 쉴 틈이 없다.

못생겼으나 여직원들에게는 인기가 있다. 집으로 초대를 받을 때도 있다. 가전제품들이 고장이 나면 고쳐 달라는 부탁도 많다. 때론 가벼운 것들은 들고 출근을 하여 변전실로 가져와 맡기곤 했다. 근무 부서가 변전실이니 어느 누구 간섭하는 이들도 없다. 일반 직원들은 출입이 제한되어 있으니 근무자 외는 출입을 할 수가 없다. 근무자는 과장과 주임 그리고 실습생이다.

한두 번 한 번씩 5개 공장을 안전 점검하는 시간을 빼고는 전문과목 책과 문학전집을 들고 다니며 파묻혔다. 회사의 여러분들이 가져온 고장 난 가전제품을 수리하는 시간이다.

점심은 식당으로 갈 때가 얼마 되지 않는다. 직원들로부터 인기가 있어 그런지 도시락을 만들어 던져 주기도 하니 행복했다고나 할까!
시기가 한참 산업화 시기라 야학은 회사 통근버스로 학교까지 태워다 준다. 학문의 꿈은 살아서 있는지라 공대에서 청강생으로 강의를 듣곤 했다. 회사원들은 야간 대학에 다니는 걸로 알고들 있었다.
수업이 없는 날 퇴근 시간에는 수천 명의 직원들이 몰려나오지만 몰래 만나서 극장 아니면 저녁을 먹을 때가 많다. 그땐 몸을 만드느라 운동도 빡세게 할 때이다. 방학 때면 해수욕장으로 가곤 했다.
어느 날 광안리 해수욕장이다. 외진 곳에서 여성의 다급한 소리가 들려 가 보니 한 남성으로부터 협박을 당하는 듯 보인다. 눈짓이 도움을 요청하는 듯 보였다. 가까이 가서는 아는 척하며 접근하여 남성에게 이 나쁜 놈이라며 어벙하게 선 놈에게 한 대를 후려친다. 그리고 손을 잡고는 그곳을 빠져나온 때도 있었다.

오랜만에 방학이라 시골집으로 왔다. 동네 아이들과 짝을 지어 4km를 걸어 장안사로 간다. 먹을 것은 여성들이 준비해 왔다. 깊은 계곡과 물길 따라 골짝을 헤맨다. 한 마을의 친구들이라 숨바꼭질을 하다가 그만 유동을 치고 말았다. 고만 주저앉아 자지러진다. 얼마나 미안했던지.... 어떻게 할 수가 없었다. 그저 바라만 볼 수밖에....

그녀는 처녀가 되어 초등학교 선생과 결혼을 했다. 그땐 잘 쓰지도 못한 시를 써 보내기도 했는데....

문학을 좋아했으니 출근할 때는 언제나 시집이며 문집을 들고 다녔다.

먼 훗날
김소월
먼 훗날 당신이 찾으시면/ 그때의 내 말이 잊었노라/ 당신이 속으로 나무라면 무척이나 그리다가 잊었노라/ 그래도 당신이 나무란다면/ 믿기지 않아서 잊었노라/ 오늘도 어제도 아니 잊고/ 먼 훗날 그때에 잊었노라

그땐 작가가 누구였는지도 모르지만....

너무 조숙했나. 고 3때 실습 나가면 그땐 사회인이었으니까!

아무튼 추억은 아름다운 것, 지나고 보니 모든 것이 추억일 뿐이다. 이제사 말이지만 잘 살아라 그리고 행복하라고 한다. 아마 머리가 희끗희끗할 때까지 한 번이라도 만나지 않을까 은근히 기대도 해 본다.

어제와 오늘의 모습을 보면 아직도?

고 1 때이다.

우리가 전포동에서 큰형님께 함께 생활할 때이다. 동생과 나 그리고 형, 삼 형제가 큰형님 집에서 학교 다닐 때였다. 동생이 개성중학생이고 형은 부산상고 난 부산공고 다닐 때이다. 우린 전포동 뒷산을 아침저녁 운동하러 자주 가곤 했다. 집에서도 아령, 약도, 평행봉에 매달려 한참 몸을 만들 그때가 아닌가 보여진다.

우린 주일이면, 시골 부모님 댁에 가지 않으면 건너편 언덕에 자리한 교회에 형과 난 다녔다. 뭐 그때는 믿음이 있으면 얼마나 있을까마는, 성경에 "믿음은 바라는 것들의 실상"이라고 하니 그저 예배를 드리러 가는 거였다.

교회에서 기도할 땐 항상 공돌이가 아닌 공대생을 꿈꾸었지만, 교편 생활을 하는 큰 형님은 선생이 되라고 한다. 사범대 갈 실력은 되지 않는다. 그러나 지원하여 보기 좋게 낙방하고 말았다. 졸업 후 줄곧 섬유회사에서 일을 하다 큰형님이 시골로 전근이 되자 우리 삼 형제는 자취생활을 했다.

집주인이 장로님인데 큰딸이 있었다. 나와 나이는 한두 살 아래로 알고 있지만 지겹게 사귀기를 은근슬쩍 보이곤 했다. 다른 곳으로 이사를 하였지만 그것도 소용이 없었다. 군 영장을 기다렸으나 우리 나이엔 티오가 없어 면제란다. 군청에 근무하는 매형에게 부탁하여 군에 입대한다.

제대 3개월 후 복직한다. 점점 머리는 커지니 학교생활을 꿈꾸며 공대에서 1년을 청강생으로 도전은 하였다. 그렇지만 형편이 나를 놓아 주지를 않는다.

멀리 도망을 생각하자 전무님의 상담이 왔다. 서울에 사업을 하려고 하는데 전기부에서 나를 지목했다. 반가웠다. 서울 가면 공부를 해야지 하고 혈혈단신이니 꿈을 가졌다.

서울에 와서 절실히 느낀 점이 4년 대학 졸업장은 있어야 다른 회사도 명함을 내밀 수 있다. 물론 이곳에 올 때 페이가 월 43원이었으니 그땐 꽤나 높은 급료였다. 거의 차관 급료는 받았으니….

하숙집 아주머니의 소개로 아가씨를 알게 되었고 시골서 부모님이 서울 나들이를 왔다. 지금까지 혼수 문제가 있었으나 장가갈 본인은 강 넘어 콩밭이었으니까? 그러나 사건은 돌발했다.

부모님이 아까씨를 본 후로 이틀 후 저녁에 아가씨 집으로 가자신다. 부모님의 말씀에 거절을 못 했으니 그것이 고인이 된 우리 향숙씨였다.

처가가 기독교 집안이라 교회에 출석하게 되고 서울 곳곳 14곳으로 이사를 해 생활을 하며 학업의 꿈을 다졌다. 승승장구 진급하여 이사 공장장이 되고 집도 가지고 있자, 간에 바람이 들기 시작했다.

신앙생활도 익을 대로 익게 되고 보니 권유가 들어온다. 신학을 하라는 것이다. 직장 걷어치우고 사업하겠다며 선언하니 아내가 "내 계획이 있으니 조금만 고생하자"라고 말하는 게 아닌가. 하지만 나는 내 고집대로 사업이란 것을 시작했다.

㈜성전이란 사업은 허울 좋은 거울이었고 부도 위기에 놓였고 집도 팔고 오갈 데가 없어 처가의 지하방에 아이들과 웅크리고 사니 전교 일등하던 아이도 내리막길이요, 이 모든 걸 신앙으로 이기려고 발버둥을 치지만 내 뜻과 하나님의 뜻은 다르다는 걸 깨닫자 신학의 문을 두둘기기 시작했다. 회사는 폐업이란 잔치를 벌이고는 동생의 주선으로 꽃집을 하나 그저 근근이 하루살이처럼 입에 풀칠이다.

이제 신학 4학년이 되자 전도사로 교회 사역에 힘을 쓰게 된다. 졸업하여 직업이 사역자이다. 대학의 꿈은 일반대학이 아닌 신학대학 졸업이다. 잠실에 있는 모교회에 있을 때이다.

담임 목사님이 남해교회에 담임이 이민을 가니 그곳에 담임으로 가라는 명령이다. 가족과 이론은 사역자로서 교회 일을 하지 않겠다는 것이다. 그곳 잠실동교회를 나올 수밖에 없었다.

두 남매에겐 부모로서 많은 시간을 다하지 못했다 그들의 희망대로 해 주지 못하였고 직장이라는 밥 먹기 위한 생업에 투자되었으니 면목이 없는 애비였다.

지난날 목사님의 설교 아닌 충고의 말씀은 아직도 귓전을 울린다. 나이가 들어서는 어려움이 있다라는 말씀으로 '진 포먼'이란 여인의 이야기를 들려준다. 어린 시절 불우한 환자를 보고 의사가 되어 봉사하겠다는 꿈을 가졌으나 가정 형편상 고등학교를 졸업 후 의대의 꿈은 포기했다.

그러나 나이가 40이 되자 가정이 안정이 되고, 어릴 때 꿈을 이루기를 결심하고 의대에 입학했다. 가족들도 찬성했고 격려도 했으며 뒤를 돌보아주어 51세에 캘리포니아 의대를 졸업했다고 한다. 졸업 시 나이가 가장 많았다고 한다.

한마디의 말은 "우리는 저마다 한 번밖에 살 수 없는 인생에서 목표를 가지고 보람 있게 살기를 원한다. 의사가 되는 것이 목표가 아니더라도 다른 목표를 달성하기 위해서는 최선의 노력을 다했을 것이다. 만약에 그렇게 노력하지 않았다면, 왜 내가 그렇게 하지 않았을까? 하고 항상 후회했을 것이다."라고 말하면서….

그렇다. 꿈과 목표가 없는 삶은 사막과 같은 무미건조한 삶이 되기 쉽다. 그렇다면 우리는 항상 노력하고 그 노력에 성취할 수 있다는 인생의 목표와 꿈을 가지고 살자. "늙은이는 꿈을 꾸고 젊은이들은 환상을 보기를〈요엘 3:1〉

어제의 나는 어디로 갔을까

대답은 그 누구도 하지 않는다.
그렇게 기도하며 살아온 날들은 암흑 속에 묻힌 채 그날들의 행복은 찾을 수 없다. 행복은 언제나 열심히 살아가고 있는 사이 소리 없이 곁에 있어야 할 그 행복은 없다.
불손한 생각이 날이면 날마다 머리를 강타한다. 이리저리 뛰어 보지만 이제의 직장 때와는 거리가 멀어지고 다정한 회사의 친구들도 하나 둘 곁을 떠난다.
마음에 기쁨이 없다. 내 기쁨을 강탈당한 듯 생각되어진다. 왜 기쁨이 없을까~ 하고 힘없이 거리를 걷는다. 내가 신앙생활을 하는 인간인가. 지금의 나를 보고 있는 하나님은 꾸짖으신다.
잘나갈 그때에는 나에게 감사하고 고난에 처한 자기는 자기를 돌아보는 감사가 없었다는 걸 깨닫는다. 직장은 어렵다. 장사도 쉽지 않다. 거래처의 미수금도 회수가 되지 않는다.
그들은 내 물건 납품하고 내 돈 달라 하니 죽어가는 생명 본척만척이다. 이제 불평과 불만 그리고 부정적 생각은 도를 넘나든다.
청계천아 무너져라며 대로를 걷지만, 오고는 차들의 경적 소리뿐이다. 그때 스쳐가는 것은 너 지금의 행위자 누구며 그 영혼은 무얼 먹고 자랄까 그런 비겁한 영혼이 될 수밖에 없다 라고 한다.

대신 믿음과 감사하고 사랑과 평화의 양식을 먹이면 어느새 힘이 솟고 그런 영혼으로 되어 간다고 한다.

모든 것은 남에게 의지하는 것보다 내 스스로 자각하고 깨어나는 힘을 가지자고 할 때 장모님의 교회에 출석하는 김의진 장로를 소개받게 되고 겨우 하는 운전대를 잡게 된다.

운전을 하면서 진실은 멀고 입버릇처럼 전도하는 가운데 신학교 시절 다니던 교회 장로를 만나 지금 자기가 다니는 교회를 찾게 된다.

담임목사님은 신학 시절 상담학을 가르치는 교수였다 여기에 엮여 직급은 하고 싶은 쪽으로 하라고 하여 집사에서 장로직을 받게 되었다.

그 이후 노후된 차량에 전도의 사명을 다하려고 하였지만, 어느 날 갑자기 복통으로 성모병원에 갔는데 대장암 4기 초라는 먹구름이다.

그것이 2010년 12월이다. 입원 후 12월 15일 수술을 받고 항암 치료 5개월이 끝나자 직장은 옛말이라 허공의 세월이 다시 시작된다. 허수아비처럼 살다 가는가 싶더니 복지관으로 가서 시간을 보내 보라는 권유에 송산노인복지관 문을 두드린다.

처음이 컴퓨터, 그리고 서예실을 노크하고, 시문학 감상을 드나든다. 이제 벌써 칠십을 넘어가니 직장은 노래라 귀를 막고 입을 막고 살 수밖에 없다. 지나간 시간들을 어찌 글로 다 표현할꼬. 부부간이며 부자간이며 이렇게 살아온 무능한 남편이요 부모이다. 가족에게는 실례는 찾을 수 없다.

지나온 나의 인생행로는 모든 문이 열려 있었으면 얼마나 좋겠나. 그러니 닫힌 문을 잡고 열 수는 없었을까. 괴로워만 해야 했는가. 오래 기다리다 머리는 이슬을 머금어야 하고, 그 깊게 파인 고통에서의 깨달음 은, 이제 노을지는 그길에 힘이 빠진 거죽데기 뿐이니,
 그래도 살아 있음이 감사하고 내일의 밝은 태양만이 비쳐지기를 바랄 뿐이다. 그럼 앞으로 더 성장할까 더 성숙할까 더 멋지고 훌륭한 문인이 될까 그 위대한 이야기는 지금부터이다.

12월의 둘째 주 토요일이다

04시에 기상은 하였으나 천장만 바라보다 이불을 다시 뒤집어쓴다.

누구 말하는 사람이 없으니 오늘은 하루 종일 이불 속에서 뒹굴자 하고 다시 누워 버린다. 그러나 잠을 청하지만 마음대로 되지를 않는다. 조용히 FM방송을 틀고 듣는다. Radio도 아내가 CD로 찬양을 듣고 싶다고 하여 하이마트 롯데점에서 6만 8천 원을 주고 구입한 것이나 AM도 FM 방송도 나오지 않고 하프 소리만 나니 겨우 CD판을 사용 할 따름이다. 미운 새끼가 되고 말았다.

아내를 보내고 난 뒤 정리를 하여 버릴까 하다가 내 방에다 구색으로 놓아두었다. 2주째 되는 날이다. 집에 오면 막상 할 것이 없다. 겨우 청소 정도이니 눈에 띄는 것이 바로 라디오다. 미운 놈 치료나 해야지 하며 SW를 켜도 소음이 많이 꼈다 다시 켜 Andannar에 전선을 묶고 창밖으로 길게 걸어 베란다 빨래걸이에 묶는다. FM방송이 주파수를 맞추어 놓으니 한결 적막한 방에 사람 사는 온기가 난다. 이제는 라디오가 주인이다. 하루 종일 음악 소리가 집 안을 가득 메운다.

요즈음 몸에 이상이 생겼나 별로 Condition이 좋지를 않아 해마다 검사하는 한마음 병원을 찾았다. 피, 소변, 위내시경, X Ray, 항문 등 검사를 했다. 결과는 파란불이 아닌 붉은 불이 켜 있다. 다 정상인데, 전립선 비대증 수치가 4.9라는 높은 수치라 소견서를 받아 성모병원 비뇨기과로 간다. 12/12 Pm 14:50분에 오라는 것이다.

 이런저런 생각이다. 그래, 두부와 유부가 있으니 된장국을 끓이자 하고 이불을 박차고 일어난다. 한번 끓여 먹었으니 오늘은 느낌으로 조리를 한다. 방을 물걸레질하고 소파에 앉아 아내와 대화를 한다. 거실 모퉁이에 서 있는 AIR Con을 보니 그렇다. 그 더위에 전기세 많이 나온다고 틀지도 않고 땀 흘리며 선풍기를 3대나 틀어놓고 앉아 있는 모습이며 거실에 복잡하다고 화분 하나 들이지 않았는데,...

 당신이 떠난 지 2주일, 하늘을 활기차게 나는 독수리 목각에 주몽을 심고 저것이 내가 죽을 때까지 얼마나 자라지 하고 쳐다본다. 겨울나기를 한다고 화분이 거실 주변을 가득 채우고 있으니 생명이 있는 식구가 제법이다. 그러나 집 안은 너무나 조용하다. 하루 종일 화면을 가득 메운 70인치 TV는, 홈쇼핑이며 조리 프로에 매여 빙글 빙글 하고 있을 터인데 화면은 닫혀 있다.
 아침은 두유로 배를 채웠으니 끓여 놓은 국과 전번 날 먹다 남은 돼지고기찌개로 정각 12시 점심을 먹는다. 오랜만에 부용산이나 갈까 했더니 무릎이 무척 아프다. 목요일, 하는 수 없이 SH신경외과에서 무릎에 주사를 맞았다. 일 년에 한 차례씩 맞으면서 지난해는 그대로 지나쳐 버렸다. 그래서 그런지 걷는 데 무척 힘이 든다.

 외출금지령이 내려졌다. 그러니 밀린 글이나 쓰자 하고 컴퓨터에 매달려 본다. 소변이 고르지 못하니 자신이 개발한 기저귀나 만든다. 기존의 것은 조금 거북해서 걸어도 부자연스럽다. 그것을 응용해서 더 적게 하니 걸음 걸이도, 앉고 서고 하는 것에 별지장이 없다.

상표등록이나 할까!

컴퓨터에 매달려 회고록도 쓰고 지난해 수첩을 정리한 잔물 정리를 하고 있으니 딸아이가 들어왔다. 오늘은 여기서 저녁 먹기로 했다고 이것저것 들고 들어와 전이며 감자볶음이며 된장찌개 등 한 상이 단번에 차려진다. 둘째 소녀는 내려왔으나 소파에 앉아 열심히 기도만 한다. 무슨 고민이 있는가 했더니 된장찌개는 먹지 않는다고 한다. 냄새 자체가 싫다고 한다. 이 맛있는 찌개를....

한 해도 8일 남겨 둔 23일

내일은 merry christmas 이브이다.

2023년도가 팔일이면 저문다. 한 해를 어떻게 살아왔나? 별로 기쁨이 없는 한해라고나 할까! 물론 건강하고 주어진 시간들 활기차게 뜻있는 날을 보내고자 했다. calender를 돌려보아도 그렇다. 할 자랑은 없다. 저작물 지원금 한국예술인 저작지원금 신청이다. 기대하면서 알 수는 없지만 접수를 시킨다.

원고 집필에 신경을 서야 한다. 우선 산림문학 봄호에 수필을 3편 써 보낸다. 다행히도 선정이 되고 합격자에 이름을 올리고 당당하게 수필가로 닉네임이 붙는다. 산림문학은 시보다 수필이 등단하기 어렵다고 이야기를 들었다. 이제 뜻을 이루었으니 시집보다는 수필집, 아니 언제 또 출판도 할까 생각이다. 1장은 시, 2~3장은 산행 수기, 4장은 생활수기, 5장은 서예 이렇게 문집으로 꾸미기로 하고 그동안 memo해 둔 것들을 수집하여 하나하나 재집필을 한다.

지원금도 선정 통보를 받는다. 발간물 신고가 9월 15일까지이다. 일자를 넘기면 다음 해부터 신청할 수 없도록 되어 있다. 마음은 조급하고 주어진 시간은 어찌 그렇게 빨리 달리는지....

그런데 경찰서에서 출두하라는 전화다. 사유인즉, 고소장이 접수되었다는 말. 생활 미술 시간에 어이없는 오판의 이야기이다. 경찰서에 도착하니 김*식이 조서를 받고 있는 중이다. 조금 있으니 미술 프로그램 담당인 김 사회복지사가 들어왔다. 미술 종강 시간에 서로 언쟁이 있었다. 물감을 뿌려 바지와 속옷을 버렸다는 것이다. 물감을 뿌릴 여유도 이유도 없다. 다만 모든 것이 오해일 뿐이다. 고소장은 피해자의 고소 취하로 끝이 났다.

그러나 수개월 후 법원에서 배상 청구 소장이 접수되었다. 괘씸하다. 팔십을 넘기며 살고 있는 자로서 도저히 이해가 되지 않는다. 집필도 출판사에 넘겨야 하는데….

모든 것이 손에 잡히지를 않는다. 일정에 쫓기고 있으니 법원으로 가랴, 집필 마감하랴, 이렇듯 두서가 없는 일과가 지나가자 소장의 선고는 각하로 막을 내렸다.

문집은 '山마루 詩마루'로 출판되었고, 지원금 보고도 마쳤다고 했더니 아내가 condition이 좋지를 않다며 걱정이다. 병원을 싫어하던 사람인데 물리치료에 열심히 다닌다 했더니 복지관에서 온 지 3분이 지났나~ 아내가 들어오며 대성통곡을 한다. 아파트의 호수를 보고도 힘겨워 집에도 들어가지 못하고 거리에서 쓰러져 죽나 보다 하고 이를 악물고 왔다는 것이다. 미련하게도 전화를 하면 달려갔을 터인데, 그만큼 아내에게 믿음을 주지 못한 못난 남편이었나 보다.

병원에 가야 하는데 추석 명절이라 연휴에 휴일이 길어졌다. 화요일 119를 불러 을지병원으로 간다. 딸아이가 출근했다 바로 왔다. 집으로 대충 집 안 정리를 하고 있으니 그 동안 X-rey & c/t 결과 갈비뼈가 골절되어 편안히 누워 있어야 하니 입원할 필요가 없다는 의사의 말에 입원을 시키지 못하고 돌아왔다.

그 이후 목욕도 화장실도 부축하여 다녔으나 호전될 기미는 없고 더 불편하다는 것이다. 내 방 침대를 쓰다 병원용 침대를 임대해 있었는데 병원에 왔다 갔다 하고 검사하느라 이리저리 뒤척였으니 고통이 심했나 보다.

한글날이 지나고 119를 불러 병원으로 입원을 시켰다. 집에서나 병원에서나 간병은 이 못난 남편이 할 수밖에 없었다. 병원에 입원한 지 꼭 1주일 만에 아내는 하늘나라로 갔다. 이렇게 죽음이란 생각도 않았는데....

'바람이 있기에 꽃이 피었지. 꽃이 져야 열매가 있으니 떨어진 꽃잎을 주워들고 울지 말자. 人生이란 喜劇도 悲劇도 아니지 않는가! 산다는 건 그 어떤 理由도 없음이니 世上이 내게 가리키는 이야기는 富와 名譽일지 모르지만, 세월이 내게 물려준 遺産은 正直과 感謝였다네. 불지 않은 바람 있으며 늙지 않은 사람이 있겠는가. 가지 않으면 세월이 아니지.....

世上에는 그 어떤 것도 無限하지 않지. 아득한 구름 속으로 아득히 흘러간 내 젊음의 한때도 그저 通俗하는 歲月의 한 場面뿐이지 않는가! 그대 老年의 나이란 눈가에 자리 잡은 주름이 親熟하게 느껴지는 나이며 삶의 깊이와 喜怒哀樂에 毅然해지는 나이이지....

이제 잡아야 할 것과 놓아야 할 것을 깨닫는 나이라. 눈으로 보는 것뿐만 아니라 가슴으로도 삶을 볼 줄 아는 나이라. 난 당신을 알아 自身

의 未來에 대한 所望이 있지만 그러나 子息의 未來와 所望을 더 걱정하는 나이라. 당신이 늘 그렇게 했소이다.

여자는 강하고 남자는 약하여지니 다시 말하면 女子는 팔뚝이 굵어지고 男子는 다리에 힘이 빠지는 나이라. 이제껏 고집 가운데 살았지만, 이제부터는 지고 살아야 하는 나이니 뜨거운 커피를 마시고 있으면서도 가슴에 寒氣를 느끼는 마음이라. 먼 들녘에서 불어오는 한 줌의 바람에도 괜히 눈시울이 붉어지는지라 겉으로는 많은 것을 가진 것처럼 보이나 가슴속은 텅 비어 가니 오늘만이라도 기지개를 켜고 행복하고 즐거운 날이 되길 바란다고 하였는데….

그러나 얼마나 못났는가. 사진 속 당신을 보면 미운 생각이 든다. 당신은 우리 집 기도의 어머니였으니 그 기도는 노년에 들어와 입버릇처럼 75세에 불러달라고 주님께 기도했다. 그 기도가 이루어졌다. 사람은 자기의 갈 길을 마지막에 아는 것처럼….

상태는 악화되고 자정엔 붉은 피를 객토하였으니 그녀는 수면제를 청했고 잠이 들었는지 잠든 척하는지 조용했다. 나도 피로하였으니 그만 눈을 감았다. 그러나 이렇게 영원히 육의 이별이 될 줄이야 슬프다.

오늘은 어쩐지 한 해를 돌아보며 회유하는 하루인가 보다. 눈가에 이슬만이 맺혀 시간을 보낸다.

설 연휴 2월 10일

어린 시절, 설날은 제일 기다리고 있었던 기쁜 날이다.
보릿고개의 어려운 때이다. 먹을 것도 마음껏 먹고 제일 좋은 옷으로 입고 온 동리를 한 바퀴 돌고 나면 호주머니가 두둑하니 어린 마음은 새처럼 날던 때이다. 그날을 생각하면 오늘날, 나뭇가지 흔들리지 않은 바람에도 흔들거리는 흰머리 어깨 처진 나의 모습은 마음과 눈가에는 방울방울 맺힌 것 쉼 없이 흘러내린다.
집집마다 웃음으로 흔들리듯, 웃음꽃이 차가운 겨울을 밀어내듯, 봄의 기운은 사람 사는 인정과 음식의 향기가 활짝 핀 가정들이다. 냉랭한 집 안의 공기는 환기가 어렵다. 마음도 닫혔고 생각도 먼 나라로 떠나간지라 이제 구름으로 남아 베란다를 들여다볼 뿐이다. 우울함을 달래고자 스팀 걸레질을 이 방에서 저 방으로 돌아다녀 본다. 소파에 앉아 있으니 속이 미어질 것 같아 밖을 나선다.

괜히 할 일 없이 민락 2지구를 배회하다 물 사랑 공원까지 왔다. 앉으려니 딸아이 전화다. 물 사랑 공원 사거리에 있는 커피숍에서 만나자는 것이다. 설이라고 아무것도 하기 싫고 시댁으로도 가지 않으니 아무것도 할 것이 없다고 하나 사위가 전이라도 붙이겠다고 팔을 걷어붙이고 하는 걸 보다가 아부지 생각이 나 전화를 했다는 것이다.

부녀간에 커피로 눈물방울 띄워 마신다. 명절의 기쁨은 저 산에 감추고 지난날의 후회가 네거리의 달리는 자동차처럼 지나가고 나니 또 달려온다. 그래서 아쉽고 미안하고 가슴에 쌓인 아픔은 언제 사라질까 싶다. 하늘나라에 있는 님은 지금 보고 있을까!

당신의 생일날에 우리 큰손녀는 카메룬에서 업무를 마치고 집에 있는지라, 식구 모두가 당신의 육신이 재로 된 가루를 물에 뿌렸던 에덴 공원으로 가서 일박을 하자고 한다.

저녁을 먹고 가자고 하나 아무런 맛을 느끼지 못할 걸 알고 집으로 온다.

밖을 내다보며, 삶은 만나는 것이고 인생에서 만남은 중요하다. 언제 어디서 누구를 만나 어떻게 지나왔는지를 생각해 보자. 시인 정채봉의 글 '처음의 마음으로 돌아가라'는 글에서 생선과 같은 만남, 꽃송이와 같은 만남, 건전지와 같은 만남, 지우개와 같은 만남, 손수건과 같은 만남으로 분류했다.

생선처럼 비린내가 나고 악취가 나는 잘못된 만남인가, 꽃송이처럼 화려하고 향기로 아름다우나 질 때는 시들어 버린 조심해야 할 만남인가, 힘이 있을 때는 간수하지만 닳았을 때는 쓸모없으니 내어버리는 건전지 같은 비천한 만남인가, 금방 순식간에 지워 버리는 지우개 같은 아까운 시간의 만남인가, 힘들 때 땀을 닦아 주고 슬플 때는 눈물을 닦아 주는 손수건과 같은 아름다운 만남인가. 인생을 살아가면 아름다움이 만남의 축복인데....

우린 태어나 죽는 순간까지 만남을 경험한다. 그 만남은 좋은 날도 불행한 날도 있지만 혼자는 살 수 없는 것. 이웃과 함께 즐기면 생명을 살리고 도우며 상대를 귀하게 여기는 만남을 통해 인생을 행복하게 만들어 가야 하기에 사랑한다, 감사한다, 고맙다는 말하지 못했으니 더욱 가슴이 저린다.

그러나 설날이라 온 가족이 아버지가 외로워할까 봐 내려와 끓이고 볶고 한 솜씨가 어미를 닮은 듯 저녁은 진수성찬이다. 고맙다. 먹으며 눈시울이 또 뜨거워진다. 이를 감추기 위해 설거지를 하면서 이 그릇 저 그릇의 아내의 마음과 때를 훔쳐본다. 갑진년의 설은 이렇게 연휴를 떠난 아내와 함께 보낸다.

아침 고요 수목원으로 가는 노병들

복지관 특화 사업단이 이끄는 33명은 전세 버스에 오른다.

아침 9시에 출발한다는 버스는 복지관 앞에서 회원 모두 승차했지만 버스는 갈 생각이 없는 듯 숨도 쉬지 않는다. 한 사람이 아직 도착하지 않았다는 것이다. 단체 행동엔 항상 말썽을 일으키는 친구는 있는 법, 불평과 불만의 부정적 생각은 내 영혼의 모양새가 감사도 사랑도 평안도 그런 사람이 될 수밖에 없다.

팔십의 평생 살아온 날들이 관용이란 도리이다. 어쩌나 함께 황혼 길에 오른 친구들이라 시간이 15분 지났으나 기다리는 수밖에….

연락이 닿아 9시 30분인 줄 알았다는 전화 통화의 들리는 소리다. 그러나 기다리는 회원들에게 미안한 듯 15분에 도착, 곧바로 앉자 기사는 기다렸다는 듯 언짢은 표정 하나 없이 출발한다.

인솔하는 복지사 이*경 선생님은 주의사항과 함께 즐거운 나들이가 되길 부탁하니, 버스는 구리 쪽으로 자동차 전용도로를 달린다. 어느덧 춘천 방향의 국도로 접어든다.

목적지인 아침고요수목원은 1시간 정도 걸린다는 버스는 검문소를 통과하지만 밖을 보려고 하여도 볼 수가 없다. 앞좌석에 앉은 노친네, 창밖이 그렇게 쓸쓸하게 보이는지 커튼을 내려 버린다. 아침고요수목원은 축령산과 서리산 자락 450~600m에 위치하여 80년 이상의 잣나무 숲이 울창한 일만여 평의 대지에 인위적으로 조성된 휴양지로 젊은 연인들의 데이트 코스로 사랑을 받고 있다.

 오랜만의 나들이다. 창틀에 갇혀 세상 소리에 귀가 간지러워 창밖을 보니 왕대벌길에 띄엄띄엄 놓여 있는 자연과 어우러진 농촌의 삶을 보며 살아온 옛 흔적들이다. 걸리적거릴 수 있을 터이고, 마음의 빗장을 풀 수도 있고,바람을 따라 사랑의 햇살이 들어올 터인데 아쉬움만 남긴 채 암초박안골인 아침고요수목원 주차장에 주차한다.

 5개 조로 나눠 인솔 선생님과 함께 유치원 병아리가 되어 하나둘 호령만 없었지 졸졸 따라다니며 갖은 세월을 겪고 온 이리저리 굽은 소나무, 허언 살결을 부끄럽지도 않은지 속살을 내어 보이며 요염한 자태로 선 천년향나무는 수령이 1,000년으로 수목원의 상징목이란다.

 하늘길 따라 걷노라니 하늘을 찌를 듯 뻗은 낙엽송 사이 굽은 길엔 이름을 들어도 금방 까먹는다. 이방 나라에서 원족 온 화려한 꽃들, 우리 토종들은 왜소하고 아담하다. 외래종들은 화려하지만, 향기 없는 겉치레뿐인 꽃들의 군락지이다.

 인위적으로 정원을 꾸며 눈길을 유혹하는 전경이며, 사해처럼 물을 가둔 서화연못엔 물이야 썩었든 말든 하얀 이빨을 드러내 놓고 활짝 웃는 연꽃과 정자로 이루어진 한국정원은 한옥이 어우러진 전통미를 느낄 수 있다. 그러나 그곳에 들어가 누가 연애나 할까 봐 길을 막아 버린 정자는 혼자 자기가 시인인지 거룩히 앉아 있을 뿐이다.

특화 사업의 우리 그룹인 할미들, 나에게 부인은 어디 두고 혼자 있느냐고 한다. 하늘나라에 있는 아내를 어떻게 하겠소 하니 무슨 말인가 하며 오늘, 같이 오지 않았느냐고 한다. 웬 소리~ 아 라*실 씨 말이야 한다. 그렇다. 복지관에서 시문학 동아리로 만나 지 13년을 넘고 있으니 우리가 행동하면 꼭 같이 움직였으니 오해를 하셨군 그려.

할머니들의 잘못 생각한 것들이 오늘에야 이 수목원에서 풀어졌다. 미안하긴 뭐 그럴 수 있지요. 그래도 내 마음속에는 이렇게 꽃도 많고 맑은 공기와 함께하였으면 하는 아내의 생각이 마음 한 켠에 자리잡고 있었는데, 나 혼자 서먹한 마음을 다스리려고 외롭게 혼자 걷다 앉았다 하니 동물들이 있는 곳이 가까워진다.

연로한 노인들이라 먼 나라에서 온 초식동물인 벵골호랑이며 강력한 힘을 자랑하는 보금자리와 가족들을 지키는 수사자와 사냥과 실질적 생활을 책임지는 암사자며, 고산지대에서 서식하는 알파카 염소며, 일본의 가장 북부지방에서 추운 겨울 온천을 즐기는 일본원숭이는 구경도 못 했다.

그뿐만 아니다. 사람들과 가까운 초식 사파리며, 화려한 깃털이 한 폭의 그림같이 펼치는 공작새, 신기한 파충류와 물고기, 안녕하고 인사하는 앵무새, 귀여움과 즐거움을 함께하는 유기견들, 토끼며 기니피그며 코아티 친구들도 만날 수 있었는데 아쉬움을 남긴다. 이제 계곡 따라 하행하며 구름다리에서 포즈를 취한다.

다리를 건너는 중, 마음뿐인 젊음의 발동이 흔들어 대니 젊음의 함성은 어디다 숨겼는지 자지러지는 모습에 미안함은 마지막 추억이 될까 싶다. 매점에 들러 피로에 좋다는 아로마 민트 스프레이를 이만 원 주고 구입 후 맞은편 꽃집으로 들어섰다. 허브 향기에 취해 있노라니 전화가 온다.

어디서 모여 있다고 오라는 것이다. 뛰는 둥 마는 둥 뒤뚱거리며 도착하니 점심 먹으러 간다는 것이다. 어딜까? 수목원에서 5분 거리에 있는 음식점은 집 장사들이 지은 듯 세 채가 꼭 한 모델이다. 상호는 각각 다르지만 우린 옛집에 들러 비빔정식으로 주린 배를 채운다. 그리고 커피는 청평 강물이 흐르는 강을 바라보며 카페에서 아이스커피를 주문해 마신다. 한 잔이 육천 육백 원이다. 돈이야 내가 내는 것이 아니니 그저 감사한 마음으로 차를 마시니 강물이 흐르듯 시원하게 온몸을 휘감고 흐른다. 노년에 이렇게 배려하는 마음을 젖게 만드니 버스에 올라 즉석 자작시 두 편과 나의 것과 라 시인 것을 이유경 복지사 가 낭독한다.
언뜻 창밖을 보니 고려말의 충신 원천 등이 도피 생활한 곳 삼귀마을을 지나고 있다. 이제 복지관은 5분 거리이다. 생각이 접어들기도 전 도착이다. 모두 즐거운 듯 인사와 함께 헤어지지만 이제 늙어버린 꽃은 떨어지고 또 쓸쓸함과 낙심하니 삶의 열매는 맺히기 힘들고 오늘의 행복함은 이제 내일은 오지 않는다. 모든 게 마지막일 뿐이다. 허전할 뿐이다. 그래서 송산마루 길이라 칭하며 집에 이른다.

아메리카노로 마음 열고

수요일은 반갑고 부담이 되는 날이다
 10시 10분 전인데 한 사람도 출석한 사람이 없다. 창문을 여니 질주하는 차들과 몰고 오는 따스한 바람과 눈을 부시게 하는 햇살은 완연한 봄이다. 오늘이 경칩인가! 웅덩이엔 개구리 알들이 징그럽게 까만 눈으로 벌집처럼 오글거리는 계곡, 얼음이 채 녹지 않은 물을 타고 엄병엄병 기어 나오는 개구리들, 얼마 뒤 새소리보다 더 우렁찬 소리가 계곡을 흔들어 대겠지….

우리 동아리도 봄을 알리는 소리를 듣고 회원들이 모여들었으면 얼마나 좋을까! 무슨 일이든 서두르지 말고 한 발 더 물러서서 보자. 삶은 어차피 필요한 시간을 다 챙겨간다. 그러니 일에 적당한 때가 언제나 지금 오늘임을 알자.

그래도 봄의 소식과 함께 9명이 참석을 했다. 오늘은 '감성의 끝에 서서'의 두 번째인 관찰의 눈뜨기오관법를 강의했다. 소화력이 풍부한 이들에게는 영양제가 될 것이고 소화력이 부족하면 그저 듣고 바람에 날려 보내는 잠깐의 쉼터가 될 것이다.

동아리는 노년의 취미가 같은 이들의 나눔 공간의 시간이다. 구름이 물을 머금고 있지만 비나 눈으로 내리기 때문에 만물을 소생시키듯 나의 가진 것 서로가 나눌 때 또 다른 생명이 아름다운 삶으로 피어나니까!

강의는 끝나고 4,000원의 복지관 지하 식당에서 점심을 먹는다. 그래도 닭살 국에 오뎅 조림으로 배불리 먹는다. 누구랄 것도 없이 Mr. Brezze coffee집이 우리의 휴식 공간이다. 나, 태석, 순덕, 춘실이 4명이 커피를 즐긴다. 오고 가는 이야기들은 역시나 했더니 김*연, 김*자, 김*덕, 신*옥, 양*언, 김*자, 서*숙 등이 모인다는 것이다.

이유인즉, 새로운 프로그램으로 4월부터 모임을 갖겠다는 이야기들이다. 모임의 약속은 13시인데 순덕 씨는 춘실 씨와 함께 밥을 먹었기 때문에 잡혀 그들과 함께하지 못하고 있었으니 마음과 눈은 그곳으로 향하고 있어 안절부절못한다. 괜스레 미안한 마음이 든다. 토요 산행을 천보산으로 가자고 이야기를 나누고 일어선다.

부용천을 걷다 물 사랑 공원에서 마음을 식히고 농협마트에 들러 이제 이것저것 아내가 준비한 것들이 떨어져 가니 양념과 채소를 들고 계산을 하고 집으로 걷지만 속은 편하지 않다. 마음을 쓰지 않으려고 하였으나 그렇치를 않는다.

인생은 속고 사는 것이지만, 어린아이도 아니고 칠십을 넘은 이들이 그렇게 자기 판단이 없고서야 삶이 아쉽다고나 할까! 프로그램에 참여하였다가 등록비 빼 갈 때는 언제이고, 지금의 행동은 또 뭣들 하는 건지 알 수가 없다. 삶은 자기가 가야 할 곳을 향해 바르게 선 사람이 그 자체가 아름답다. 방향도 대상도 바라볼 수 있는 삶이 말할 수 없는 큰 힘이 생기지 않을까! 누굴 두고 보자고 했으면 넌지시 볼 일이지 엿 먹이는 것도 아니고....

씁쓰름하다. 후텁지근한 마음도 입도 쓴 커피가 생각이 난다. Brezze 에서 마셨던 아메리카노가 머리를 맴돈다. 그들은 어디서 왔을까? 아메리카노 커피의 역사는 1773년 보스턴 차 사건 이후 미국인들이 홍차 대신 커피를 연한 스타일로 마신 것에서 시작한다.

제2차 세계 대전 때 이탈리아가 1943년 항복했을 때 로마에 입성한 연합군인 미군 병사들이 이탈리아식 커피인 에스프레소를 마시다 너무 쓴맛에 물을 희석하여 마신 것이 이탈리아어로 미국인을 뜻하는 아메리카노로 부르게 되었다.

그러니 카페 아메리카노이탈리아어 caffe americano는 에스프레소를 뜨거운 물을 부어 농도를 희석하여 마신 커피음료의 종류이다. 그 종류는 젊은 이들이 계절에 관계없이 얼음을 넣은 것, 뜨거운 물 대신 red eye인 드립 커피를 넣은 Canadiano가 있으며, 또 Long black은 아메리카노와 비슷하지만, 오스트레일리아와 뉴질랜드에서 유명한 뜨거운 물에 에스프레소 샷 둘을 더해 마시는 것들이다.

커피에서 오는 문화 또한 재미가 있다. 우리 한국에서는 젊은이들이 아이스 아메리카노를 주문할 때 '아아'라고 줄여서 말하기도 하고 '얼죽이'라고도 한다. 이는 얼어 죽어도 아이스 아메리카노를 마신다고 하여 유행된 신조어다. 이러한 말이 유행하자 스타벅스에서는 아이스 아메리카노가 30%나 매상이 증가했다고 한다.

아메리카노의 효능을 찾아보면 피곤한 아침 출근길과 나른한 오후에 일의 능률을 높이며 집중력과 활력을 높여 주니 직장인과 시험을 앞둔 이들에게 좋다. 또 몸속 지방을 태우는 갈색 지방이 활성화되니 이는 열을 발산하여 체온을 유지해 주어 추위를 이겨 낼 수 있도록 돕는다. 또 다른 것은 커피의 이뇨 작용 효과로 신진대사를 촉진시키고 심장 운동을 활성화시킨다. 그리고 혈액량을 늘려 소변의 배출량을 늘리는 효과가 있다.

그런가 하면 유산소운동의 효율을 높여 주니 유산소 운동하기 30분 전 커피 한 잔은 지방 연소 효과를 최대로 높인다고 한다. 그뿐 아니라 폴리페놀이 풍부하여 혈관 건강에 도움을 주니 적당한 커피는 혈관을 맑게 하고 고혈압의 염증 수치를 낮추는 데 도움이 된다.

여기에 뇌질환인 치매 알츠하이머 위험을 낮추어 준다. 왜? 알츠하이머병의 전구체로 간주되는 뇌 속 아닐로이드 단백질이 쌓이는 속도를 늦춰 주는 성분 때문이다. 그러니 설탕을 넣지 말고 아메리카노를 마시면 좋을 듯....

내 노트북은 이렇게 미주알고주알 쓰다 닫는다. 삶이 그대를 속일지라도 진실을 위해 피고 또 피자. 우물은 깊이 팔수록 맑고 깨끗한 물이 나오듯 생각도 긍정적으로 할수록 더 맑고 깨끗해지지 않을까 싶다.